दर्शन प्रदर्शन

दर्शन प्रदर्शन

देवेन्द्र राज अंकुर

राजकमल प्रकाशन
नयी दिल्ली पटना इलाहाबाद

मूल्य : ₹ 350

पहला संस्करण : 2002
पहली आवृत्ति : 2009

प्रकाशक : राजकमल प्रकाशन प्रा. लि.
1-बी, नेताजी सुभाष मार्ग
नई दिल्ली-110 002

शाखाएँ : अशोक राजपथ, साइंस कॉलेज के सामने, पटना-800 006
पहली मंजिल, दरबारी बिल्डिंग, महात्मा गांधी मार्ग, इलाहाबाद-211 001

वेबसाइट : www.rajkamalprakashan.com
ई-मेल : info@rajkamalprakashan.com

आवरण : नरेन्द्र श्रीवास्तव

मुद्रक : बी.के. ऑफसेट
नवीन शाहदरा, दिल्ली-110 032

DARSHAN PRADARSHAN
by Devendra Raj Ankur

ISBN : 978-81-267-0409-5

ब.व. कारन्त, प्रयाग शुक्ल
और राजेन्द्र गुप्त के लिए

रंग-प्रसंग, आलोचना, कसौटी, साहित्य, छाया-नट, वर्तमान साहित्य, थाती और जनसत्ता का आभार जिनमें ये लेख पहली बार प्रकाशित हुए।

स्वकथन

'पहला रंग' और 'रंग कोलाज' के बाद, अपनी तीसरी रचना के साथ पुनः आपके सामने प्रस्तुत हूँ। इसमें कुल मिलाकर उन्नीस लेख और दो साक्षात्कार शामिल हैं। इधर मैंने शिद्दत से महसूस किया है, कि लिखने के इस लगातार सिलसिले को कहीं रुकना चाहिए, इसलिए मैंने निश्चय किया है, कि अब अगले दो-तीन सालों तक लेखों के संग्रह के रूप में किसी नई पुस्तक पर काम नहीं करूँगा। इसका एकमात्र कारण यही है, कि लगातार लिखते चले जाने से स्वयं को ही एकरसता का आभास होने लगा है। ऐसा शायद कुछ तथ्यों, ब्यौरों और विवरणों के बार-बार दोहराव के कारण भी अनुभव होता है। इसकी बजाए अब सोचा यह है, कि आनेवाले दो-तीन साल ऐसी रचनाओं को समर्पित किए जाएँ जो विषय-विशेष पर केन्द्रित हों, ऐसी कम से कम तीन पुस्तकों की योजना मेरे मन में है। पहली पुस्तक 'भारतेन्दु का रंगमंच' होगी जिसके तहत मैं उनके सम्पूर्ण नाटकों का एक रंगमंचीय अध्ययन प्रस्तुत करने की कोशिश करूँगा। 'दूसरे नाट्यशास्त्र की खोज' वह रचना होगी जिसमें भरत के नाट्यशास्त्र के प्रत्येक अध्याय की अपने लिए, अपने समकालीन रंगकर्मियों के लिए और अपने समय के रंगमंच के लिए एक नई व्याख्या खोजने की चेष्टा रहेगी। 'रंग-सप्तक' अथवा 'रंग-नवरंग' के नाम से तीसरी पुस्तक में आठवें और नवें दशक के उन निर्देशकों का विस्तृत अध्ययन शामिल होगा, जिन्होंने अपनी एक अलग और विशिष्ट पहचान बनाई है।

बहरहाल वर्तमान पुस्तक रंगदृष्टि और रंग-सृष्टि से जुड़े अनेक सवालों का एक छोटा-सा उत्तर ढूँढ़ने की कोशिश है। इसीलिए इसका नाम रखा है 'दर्शन प्रदर्शन'। यह नाम हमारी अपनी पीढ़ी से पहलेवाली पीढ़ी के प्रतिनिधि रंगनिर्देशक ब.व. कारन्त ने सुझाया था। अतः यह पुस्तक उन्हीं को समर्पित है, उनके साथ-साथ प्रयाग शुक्ल और राजेन्द्र गुप्त को भी जो इस रचना प्रक्रिया में बराबर के सहयोगी रहे हैं।

राजकमल प्रकाशन के श्री अशोक महेश्वरी का भी हार्दिक आभार

जो मुझे लगातार प्रकाशन के माध्यम से प्रेरित करते रहे हैं।

हमेशा की तरह अपने दोस्तों, पाठकों और दर्शकों की खुली और निष्पक्ष प्रतिक्रियाओं की अपेक्षा के साथ...

7 दिसम्बर, 2001

—देवेन्द्र राज अंकुर

क्रम

नाटक, रंगमंच और अभिनय का दर्शन	11
दूसरे नाट्यशास्त्र की खोज	20
भरत की लोकधर्मिता	29
भारतेन्दु का नाट्यशास्त्र	35
प्रसाद का रंग चिन्तन	42
टैगोर की रंग अवधारणाएँ	50
भारतेन्दु और हमारा रंगमंच	54
अभिनेता का आलेख	61
अभिनय : विविध रूप-रंग	68
प्रस्तुति और प्रदर्शन स्थल	77
नाटक और रंगमंच का प्रशिक्षण	85
साहित्य, रंगमंच और रंग आलोचना	88
बीसवीं सदी का हिन्दी रंगमंच	93
साहित्य और रंगमंच में दूरी का सवाल	97
बीसवीं शताब्दी की हिन्दी नाट्यालोचना	101
इक्कीसवीं सदी का रंगमंच	109
'अभिज्ञान शाकुन्तल' की नाट्यशास्त्रीय प्रस्तुति परिकल्पना	115
'यहूदी की लड़की' का रचना विधान	127
आषाढ़ का एक दिन : नाट्यालेख से प्रस्तुति तक	134
भारतीय रंगकर्म प्रारम्भ से ही बहुआयामी रहा है (रॉबिनदास से बातचीत)	147
नाटक की अपनी मर्यादा होती है (सत्यदेव दुबे से बातचीत)	156

नाटक, रंगमंच और अभिनय का दर्शन

इसमें कोई सन्देह नहीं कि कविता, कहानी, उपन्यास की तरह नाटक भी साहित्य के अन्तर्गत आता है लेकिन इसके बावजूद उसकी अपनी कुछ निजी विशिष्टताएँ हैं, जो उसे साहित्य की दूसरी विधाओं से बिलकुल अलग कर देती हैं। स्वयं हमारी भारतीय परम्परा में नाटक को दृश्य काव्य की संज्ञा दी गई है। इसके समानान्तर पश्चिम में भी नाटक के लिए ड्रामा और प्ले—ये दो शब्द प्रयोग में आते हैं। यही वह आधारभूमि है जहाँ से नाटक अपनी निजी एवं विशिष्ट प्रकृति ग्रहण करना आरम्भ करता है और वह है उसका लिखित रूप से दृश्यता की ओर बढ़ना। हमारे अपने प्राचीन शब्द दृश्य काव्य में तो यह अर्थ स्वयं में ही समाहित है, पश्चिम में भी ड्रामा शब्द नाटक के लिखित रूप और प्ले उसके मंचित स्वरूप की ओर इंगित करता है। इसका स्पष्ट तात्पर्य यह है कि जहाँ साहित्य की शेष सारी विधाएँ अपने लिखित रूप में एक निश्चित, अन्तिम और सम्पूर्ण रूप को प्राप्त कर लेती हैं, वहाँ नाटक अपने लिखित रूप में एकांगी और एकायामी है और अन्ततः जब वह मंचित रूप में हमारे सामने आता है, तभी वह सम्पूर्ण होता है। सीधे-सीधे शब्दों में इसे यूँ कहा जा सकता है कि साहित्य की बाक़ी सारी विधाएँ मात्र पढ़ने और अधिक-से-अधिक सुनने की अपेक्षा रखती हैं लेकिन नाटक पढ़ने, सुनने के साथ-साथ देखने के तत्त्व को भी अपने में समाहित किए रहता है।

यहाँ इस बात का खुलासा करना ज़रूरी है कि आखिर वह बुनियादी अन्तर क्या है जो कहानी के शब्दों को मात्र पढ़ने तक सीमित कर देता है और नाटक के शब्दों को दृश्यता प्रदान करता है। इसमें कोई दो राय नहीं कि नाटक और बाक़ी दूसरी विधाओं में शब्द तो वही प्रयोग में आते हैं लेकिन दोनों में उनकी स्थिति बिलकुल अलग-अलग रहती है। कहानी, उपन्यास शब्दों के माध्यम से किसी स्थिति, वातावरण या कथानक का वर्णन करते हैं या अधिक-से-अधिक चित्रण करते हैं। इसीलिए ये विधाएँ मूल रूप से वर्णित विधाएँ अथवा नैरेटिव कही जा सकती हैं। यूँ तो कविता भी इसी कोटि में आती है लेकिन वह इस वर्णित को लाँघकर बिम्ब और प्रतीक में रूपान्तरित हो जाने की क्षमता भी रखती है, इसी कारण साहित्य की सभी विधाओं में कविता ही नाटक के सबसे ज़्यादा निकट पड़ती है। यह अकारण या संयोग नहीं है कि हमारे यहाँ नाटककारों को कवि, महाकवि की संज्ञा से ही अभिहित किया जाता रहा है। पश्चिम में भी सभी यूनानी नाटककारों ने अपने नाटक कविता में ही लिखे।

शेक्सपीयर के नाटक तो जगप्रसिद्ध हैं ही। कहा तो यहाँ तक भी जाता है कि एक कवि ही सफल नाटककार भी हो सकता है क्योंकि जिस प्रकार की सघनता, संक्षिप्तता और बहुआयामिता नाटक के लिए चाहिए, वह कविता में पहले से मौजूद है।

इससे यह अर्थ कदापि न लिया जाए कि कहानी और उपन्यास के शब्दों से वर्णित का कोई चित्र अथवा बिम्ब नहीं बनता लेकिन मूलतः एक पढ़ने का माध्यम होने के कारण वह वहीं तक अपनी अन्तिम परिणति भी प्राप्त कर लेता है। लेकिन नाटक की यात्रा तो दरअसल वहाँ से आरम्भ होती है। इसीलिए नाटक को यदि एक द्विजन्मी विधा कहा गया है तो सर्वथा उचित है अर्थात् उसका पहला जन्म एक लिखित आलेख के रूप में और दूसरा जन्म उसके प्रस्तुत हो जाने के साथ सम्पन्न होता है। इतना ही नहीं, नाटक दूसरी विधाओं की अपेक्षा काल और स्थान की सीमाओं में आबद्ध रहता है। नाटक का कथानक चाहे किसी भी काल से सम्बद्ध हो, लेकिन वह घटित हमेशा वर्तमान में होता है। दूसरी विधाओं के साथ काल की यह अनिवार्यता बिलकुल नहीं है। काल के साथ नाटक का यह सम्बन्ध कई स्तरों पर जुड़ता है—सबसे पहले तो अपनी संरचना के स्तर पर, जहाँ नाटककार को सुदूर अतीत अथवा भविष्य की घटनाओं को भी वर्तमान में संयोजित करना होता है। इसीलिए नाटक के मंच निर्देश सदैव वर्तमान काल में लिखे होते हैं, चाहे नाटक की कहानी का अपना काल कोई भी क्यों न हो। इससे भी आगे एक विशेष क्षण में, एक विशेष स्थान पर नाटक को घटित भी वर्तमान अथवा समकालीन काल में ही होना पड़ता है। उदाहरण के लिए किसी ऐतिहासिक घटना को कहानी, उपन्यास या कविता में उसके मूल सन्दर्भ में, उसी काल में रखकर भी उसका पाठ किया जा सकता है लेकिन नाटक में सुदूर अतीत का वह इतिहास भी उसी क्षण स्वयं हमारी आँखों के सामने घटित हो रहा होगा। काल के साथ ऐसी निकटता, ऐसा रोज़मर्रा का रिश्ता और ठीक उसी क्षण घटित रूप में देखे जाने की क्षमता केवल नाटक विधा में ही सम्भव है। थोड़ा और आगे बढ़ें तो समय अथवा काल एक और रूप में भी नाटक के साथ जुड़ता है और वह है उसका एक ही बार में आरम्भ से अन्त तक अपनी परिणति तक पहुँचना। कहानी, उपन्यास, कविता या किसी भी साहित्यिक विधा को हम जब चाहें कहीं पर भी पढ़ते-पढ़ते छोड़ सकते हैं, दुबारा शुरू कर सकते हैं लेकिन नाटक अपने प्रदर्शित रूप में यह सुविधा नहीं देता। यहाँ तक कि फ़िल्म और दूरदर्शन जैसे माध्यमों में भी यह सुविधा विद्यमान है कि आप जब चाहें, जहाँ चाहें और जहाँ से भी चाहें, पुनः देख सकते हैं लेकिन नाटक में हम उन क्षणों को कभी दुहरा नहीं सकते, जो एक बार सुने और देखे जा चुके हैं। आप कह सकते हैं कि आप दूसरे दिन आकर उस नाटक के दूसरे प्रदर्शन में अपनी यह इच्छा पूरी कर सकते हैं लेकिन आपका देखने का अनुभव कभी भी वैसे-का-वैसा नहीं होगा, जैसा कि पिछली संध्या को हुआ था।

ऐसा क्यों होता है ? इसका पहला कारण तो यही है कि जहाँ दूसरी विधाएँ अपने लिखित एवं रिकार्डेड रूप में एक ठोस, निश्चित् और अन्तिम स्वरूप ग्रहण कर लेती

हैं वहाँ नाटक अन्त तक उतना ही अनिश्चित् और अपूर्ण रहता है। यह भी सही है कि लिखित एवं दूसरी यान्त्रिक विधाओं की निश्चित्ता के बावजूद हम उनकी नई-नई व्याख्याएँ एवं अर्थ प्रस्तुत कर सकते हैं लेकिन नाटक का सबसे ज़्यादा खुला एवं रोचक पक्ष ही यही है कि चूँकि वह उसी क्षण हमारे सामने घटित हो रहा होता है, अतः हर बार एक नई व्याख्या और नए अर्थ लेकर उपस्थित होता है। इसका एक गहरा कारण है। शब्द और यन्त्र का पाठक, श्रोता या दर्शक जीवन्त अवश्य है लेकिन उसकी उपस्थिति से स्वयं शब्द अथवा यन्त्र में वर्णित रचना पर कोई प्रभाव नहीं पड़ता जबकि नाटक में यदि श्रोता-दर्शक जीवन्त हैं तो उसका शब्द भी अन्ततः सचमुच के जीवन्त रूप में हमारे सामने आता है। जीवन्तता की यह दोहरी उपस्थिति नाटक की अपनी निजी सम्पत्ति है, जो किसी और विधा में सम्भव ही नहीं है। कहने को संगीत एवं नृत्य भी जीवन्त कलाएँ हैं लेकिन आज हम यान्त्रिक साधनों के माध्यम से भी उनका उतना ही आनन्द उठा सकते हैं लेकिन नाटक के साथ हम यह सुविधा नहीं ले सकते। यहाँ यह प्रश्न सहज ही उठाया जा सकता है कि क्या फ़िल्म और दूरदर्शन में घटित हो रहे नाटक से भी हम उतना ही प्रभावित नहीं होते ? निश्चित् ही होते हैं लेकिन हमारी अनुभूत प्रतिक्रिया से इन अभिनेताओं पर सीधा कोई प्रभाव नहीं पड़ता! जबकि नाटक की प्रस्तुति में दर्शकों की तत्काल प्रतिक्रिया स्वयं अभिनेता में भी एक स्फुरण, सिहरन और कम्पन पैदा कर देती है।

नाटक का अपने आप में जीवन्त माध्यम होना ही वह निर्णायक तत्त्व है जो उसे दूसरी सारी विधाओं से एकदम अलग कर देता है। कहानी नाटक भी कहता है किन्तु वह हमेशा जीते-जागते, चलते-फिरते मानवीय शब्दों के भीतर से घटित होती है। उपन्यास किसी भी विषय पर लिखा जा सकता है, कहानी किसी वस्तु को लेकर रची जा सकती है, फ़िल्म किसी इमारत के बारे में भी बनाई जा सकती है—कहने का अर्थ यही है कि वहाँ आदमी की उपस्थिति रहे न रहे तो भी कोई फ़र्क नहीं पड़ता लेकिन नाटक की कल्पना आदमी के बिना नहीं की जा सकती। नाटक का कथानक चाहे जीव-जन्तुओं से जुड़ा हो, वस्तुओं से जुड़ा हो अथवा अमूर्त विचारों पर भी आधारित हो, उसे घटित अन्ततः मनुष्यों के माध्यम से ही होना है। नाटक में मनुष्य की उपस्थिति अनिवार्य है, इसीलिए उसके दूसरे तत्त्वों का जन्म होता है—सबसे पहले एक कहानी, फिर उसके चरित्र, चरित्रों के आपसी सम्बन्धों के माध्यम से आगे बढ़ती हुई कहानी और अन्ततः एक पाईंट पर आकर समाप्त होना। ज़ाहिर है कि नाटक की कहानी को एक पूर्वा पर विकास क्रम में आगे बढ़ना है, उसके लिए मात्र वर्णन या चित्रण से काम नहीं चलेगा, उसे घटित होना होगा। इस घटित होने में ही वह तनाव, घात-प्रतिघात, संघर्ष, उत्सुकता, रोमांच, रहस्य, सम्मिलित है जो उसे नाटक और नाटकीय बनाते हैं। शेष विधाओं में ये सारे तत्त्व न भी रहें तो भी एक सशक्त रचना की जा सकती है लेकिन आदमी की जीवन्त उपस्थिति के कारण उसके साथ पहली शर्त ही यही जुड़ी है कि उसे कम-से-कम दो विरोधी विचार तत्त्वों के माध्यम से आगे बढ़ना है। इसीलिए

नायक-प्रतिनायक, क्रिया-प्रतिक्रिया, एन्तेगोनिस्त-प्रोटेगोनिस्त जैसी परिकल्पनाएँ नाटक के जन्म के साथ ही अस्तित्व में आ गईं थीं।

यहाँ इन बातों को अलग से दोहराने की कोई ज़रूरत नहीं कि नाटक का एकमात्र यन्त्र है संवाद और इसके लिए कम-से-कम दो लोगों की आवश्यकता है। कभी मात्र एक व्यक्ति भी हो सकता है लेकिन तब भी उसका संवाद अनगिनत पात्रों से हो सकता है। दूसरे, नाटक को दृश्यों में घटित होना होता है, अतः उसका रूप विधान अनिवार्यतः ऐपिसोडिक होता है अर्थात् नाटककार को पहले तो घटनाओं का चुनाव करना पड़ता है, फिर उन्हें एक निश्चित् क्रम में रखना होता है। यह प्रक्रिया इतनी जटिल है कि एक ओर तो वह समय की नियमगत सीमाओं से मुक्त रहता है क्योंकि एक घटना से दूसरी के बीच कितना भी अन्तराल हो सकता है, दूसरी ओर उसे समय की एक व्यावहारिक सीमावधि के भीतर भी बँधना होता है। दर्शक लगातार अपनी आँखों के सामने घटित होते कथानक को कितनी देर तक झेल सकता है—यह प्रत्यक्ष एवं वैज्ञानिक दृष्टि भी उसे अपनानी पड़ सकती है।

लेकिन एक जिज्ञासा मन में उठती है—क्या किसी नाटक को कहीं अपने प्रस्तुति रूप में रख देने मात्र से वह रंगमंचीय अनुभव में स्थानान्तरित हो जाता है। यदि ऐसा होता तो संवादों में लिखी कोई भी विधा नाटक कहलाने की अधिकारी हो जाती। वह कौन-सी चीज़ है जो एक सशक्त नाटक को एक कमज़ोर नाटक से अलग करती है। मेरे विचार में वह चीज़ है संवादों का अपने-आप में वर्णन या चित्रण न होकर क्रियात्मक होना, दृश्यात्मक होना और लिखे और बोले जानेवाले संवादों से भी ज़्यादा उन संवादों के पीछे अनलिखे एवं अनकहे संवादों की ओर ले जाना, जिन्हें अंग्रेज़ी भाषा में सबटैक्स्ट कहा गया है। जिस नाटक में इस तत्त्व की जितनी ज़्यादा सम्भावनाएँ होंगी, वह नाटक उतना ही गहरा और जटिल होगा। उदाहरण के लिए हैमलेट का यह प्रसिद्ध संवाद—टू बी ऑर नॉट टू बी, स्कन्दगुप्त का यह संवाद—अधिकार सुख कितना मादक और सारहीन है—क्या अनलिखित और अनकथित की अनगिनत सम्भावनाओं को उजागर नहीं कर देते ? इसी के साथ नाटक के रंगमंचीय पक्ष से जुड़ा एक दूसरा पक्ष भी है जिसकी ओर प्रायः हमारा ध्यान नहीं जाता। इसमें कोई बहस की गुंजाइश नहीं कि प्रत्येक नाटक अपना निज का एक परिवेश, वातावरण या रंगभूमि निर्मित करता है लेकिन एक विशेष क्षण में वह नाटक कहाँ और कैसी व्यवस्था में प्रस्तुत किया जा रहा है, इसका भी उसकी ग्राह्यता पर गहरा असर पड़ता है—नाटक खुले में मंचित हो रहा है अथवा बन्द प्रेक्षागृह में ? नाटक दिन की रोशनी में प्रस्तुत किया जा रहा है अथवा रात्रि में ? दर्शक और अभिनेता आमने-सामने बैठे हैं, चारों तरफ़ बैठे हैं, तीन तरफ बैठे हैं, दो तरफ बैठे हैं—कहने का अर्थ यही है कि ये सारे व्यावहारिक तत्त्व भी कहीं-न-कहीं अनिवार्य रूप से नाटक के उस अनुभव से जुड़े रहते हैं, जिसमें से हम उसे देखते समय गुज़रते हैं। क्या किसी दूसरी विधा को अनुभूत करते समय हम उपर्युक्त तत्त्वों को लेकर आंशिक रूप में भी सजग रहते हैं ?

इसीलिए नाटक के दो आलेखों की चर्चा बार-बार की जाती है—नाटक का लिखित आलेख और उसका प्रस्तुति आलेख। दो आलेख इसलिए कि यह कभी सम्भव ही नहीं कि नाटक का लिखित आलेख हू-ब-हू अपने उसी रूप में प्रस्तुति आलेख में बदल जाए। कहने को प्रस्तुति आलेख में शब्द वही होते हैं लेकिन ज्योंहि वे वाचिक एवं दृश्य में परिवर्तित होते हैं, वे बिलकुल नए हो जाते हैं। उनका लिखित से जीवन्त हो जाना ही वह प्रक्रिया है जो नाटक को एक सम्पूर्ण रंगानुभव में स्थानान्तरित करती है। इस प्रक्रिया के दो ध्रुवों—नाटक का आलेख और रंगस्थल में बैठे दर्शक—इनके बीच एक तीसरा महत्त्वपूर्ण तत्त्व है अभिनेता, जो इस सारी प्रक्रिया को पहले तो स्वयं वहन करता है, फिर दर्शक तक सम्प्रेषित करता है।

इस प्रक्रिया का अपना दर्शन और सौन्दर्यशास्त्र क्या है ? क्या कवि-कहानीकार से कविता-कहानी सुनते हुए हम उसी सम्प्रेषण प्रक्रिया से नहीं गुजरते ? क्या गायक और नर्तक को सुनते या देखते हुए भी हमारा अनुभव वैसा ही नहीं होता ? उपर्युक्त सभी प्रश्नों का उत्तर केवल एक ही है—बिलकुल नहीं। इन सभी विधाओं में रचयिता अपने मूल एवं निजी व्यक्तित्व में ही हमारे सामने होता है जबकि नाटक की प्रस्तुति में अभिनेता कभी भी अपने वैयक्तिक रूप में विद्यमान नहीं होता। सच तो यही है कि वह चाहे भी तो ऐसा नहीं कर सकता क्योंकि तब दर्शकों की उसमें कोई रुचि नहीं रह जाएगी। वे उसे नाटक के पात्र या चरित्र की भूमिका में देखने आते हैं, न कि उसे अपनी व्यक्तिगत ज़िन्दगी में ? यहाँ तक कि यदि वह अपनी वैयक्तिक ज़िन्दगी पर आधारित नाटक भी प्रस्तुत कर रहा है, तो भी उस क्षण वह स्वयं न होकर चरित्र होता है। अभिनय इसीलिए एक कला है, उसका साधन भी अभिनेता है और साध्य भी अभिनेता है। वह चरित्र को हू ब हू वैसा ही बनकर प्रस्तुत करे, चरित्र के बाहर रहकर उसे दर्शकों के सामने प्रस्तुत करे अथवा इन दोनों प्रक्रियाओं के मिश्रण से अपनी एक नई प्रस्तुति शैली निर्मित करे—एक तथ्य ध्रुव की तरह से अटल एवं निश्चित् है कि जिस प्रकार किसी नाटक को देखते समय दर्शक भी अपने भीतर एक परिवर्तन महसूस करता है अर्थात् वह वही नहीं रहता, जैसा कि नाटक देखने से पहले तक था, ठीक उसी प्रकार अभिनेता भी इस रूपान्तरण-स्थानान्तरण की प्रक्रिया से गुज़रता रहता है। क्या यह अपने आपमें एक रोचक अध्ययन का विषय नहीं हो सकता कि यह जानते हुए भी कि हम कोई सचमुच की घटना नहीं, वरन् एक नाटक देखने आते हैं, फिर भी उसके प्रभाव से भीतर तक उद्वेलित एवं चमत्कृत क्यों हो जाते हैं ? ठीक यही बात अभिनेता पर भी लागू होती है। वह एक झूठ को मंच पर प्रस्तुत कर रहा है, एक-एक चीज़ को पूरी तैयारी के साथ प्रदर्शित कर रहा है, पूरे प्रदर्शन के दौरान वह लगातार इस बात को लेकर सचेत रहता है कि कहीं उससे कोई ग़लती न हो जाए, इस सबके बावजूद चरित्र के रूप में रूपान्तरण की यह कैसी प्रक्रिया है कि वह भी अपना व्यक्तिगत सब भूलकर चरित्र के साथ ऐसा रागात्मक, भावात्मक एवं संवेदनात्मक तादात्म्य स्थापित कर लेता है कि उसका एक-एक झूठा क्षण भी हमें सत्य से ज़्यादा

सच्चा एवं प्रामाणिक लगने लगता है।

अभिनय की इस प्रक्रिया पर स्वयं हमारे देश और पश्चिम में भी प्राचीन काल से ही चिन्तन-मनन होता रहा है और इस परिप्रेक्ष्य में अनेक व्याख्याएँ और परिभाषाएँ हमारे सामने उपस्थित हैं। यदि हमारे यहाँ प्रचलित अभिनय शब्द का अर्थ ही यही है कि नाटककार के शब्दों को सामने बैठे दर्शकों तक लेकर जानेवाली कला तो पश्चिम में भी एक्टिंग इज़ डूईंग, एक्टिंग इज़ बीईंग, एक्टिंग इज़ बीकमिंग, एक्टिंग इज़ बीलीविंग, एक्टिंग इज़ कन्विंसिंग–ये सारी उक्तियाँ भी प्रकारान्तर से उसी झूठ और सच की ओर संकेत करती हैं, जिसका उल्लेख ऊपर किया जा चुका है। हाँ, एक बात साफ़ है कि सच हो या झूठ--एकमात्र विश्वसनीयता ही वह कसौटी है जो अच्छे अभिनय एवं खराब अभिनय की पहचान करा देती है। यह विश्वसनीयता भी दोहरे स्तर पर क्रियाशील रहती है–अभिनेता मंच पर जो कुछ भी प्रस्तुत कर रहा है, वह स्वयं उसके लिए तो विश्वसनीय होना ही है, साथ-साथ दर्शकों को भी उतना ही विश्वसनीय लगना चाहिए। देखा जाए तो यह बात हर कला क़े बारे में उतनी ही सत्य है।

नाटक के लिखित एवं प्रस्तुति आलेख में एक और स्तर पर भी अन्योन्याश्रित सम्बन्ध है। प्रस्तुति अपने मंचन में क्या स्वरूप, आकार एवं शैली ग्रहण करेगी–यह बहुत दूर तक नाटक का लिखित आलेख ही निर्धारित कर देता है। उदाहरण के लिए भारतेन्दु, प्रसाद, टैगोर--इन नाटककारों के लिखित आलेखों के आधार पर कहीं से भी इसकी सम्भावना नज़र नहीं आती कि इन्हें यथार्थवादी शैली में मंच पर प्रस्तुत किया जा सकता है। इसके बावजूद जब-तब इस तरह से प्रस्तुत करने की कोशिशें हुईं तो वे प्रस्तुतियाँ बिलकुल असफल होकर रह गईं और यह निष्कर्ष प्रस्तुत कर दिया गया कि ये नाटक केवल पाठ्य नाटक हैं, इनका मंचन और अभिनेयता से कोई सम्बन्ध नहीं हो सकता। यदि इस दिशा में नाटक के आलेख में से उभरते प्रस्तुति आलेख को ध्यान में रखकर इन नाटकों का मंचन किया जाता तो कभी भी असफलता का सामना नहीं करना पड़ता। लिखित आलेख में निहित गीत, संगीत एवं लम्बे-लम्बे आलंकारिक संवाद, स्वगत एवं प्रकट–इन सबसे कहाँ यह संकेत मिलता है कि इन्हें यथार्थवादी ढंग से प्रस्तुत किया जा सकता है ? क्या यही संस्कृत नाटकों, लोक नाटकों और पारसी नाटकों के विषय में भी सत्य नहीं ? फिर यदि वे सब सफलतापूर्वक मंच पर प्रस्तुत किए जाते थे और किए जाते रहे हैं तो भारतेन्दु, प्रसाद और टैगोर क्यों नहीं? यह सही है कि नाटक के प्रस्तुतिकरण की पहली शैली उसके लिखित आलेख में से ही प्राप्त होती है, फिर भी कोई निर्देशक चाहे तो अपनी स्वतन्त्र शैली भी गढ़ सकता है और ऐसा एक नहीं, अनेक बार हुआ भी है। लेकिन इन प्रयोगों को अपवादस्वरूप ही लिया जा सकता है। यह अलग बात है कि यदि ये अपवाद भी उतने ही विश्वसनीय हो जाएँ तो उन्हें स्वीकार करने में कोई हिचक नहीं होनी चाहिए। इस दृष्टि से 1976 में अमाल अल्लाना द्वारा निर्देशित एवं प्रस्तुत मोहन राकेश के नाटक 'आधे-अधूरे' का उल्लेख किया जा सकता है। एक यथार्थवादी शैली के नाटक में निर्देशक ने अपनी परिकल्पना

के अनुसार गीत, संगीत एवं कोरस का प्रयोग किया जो जापान की नाट्य शैली, नोह से प्रेरित था। लेकिन ये सारी चीज़ें प्रस्तुति में इस तरह से घुल-मिल गई थीं कि उन्होंने नाटक के असर को और भी जानदार बना दिया। ऐसी ही एक प्रस्तुति डॉ. लक्ष्मीनारायण लाल के नाटक 'व्यक्तिगत' की भी याद की जा सकती है जिसमें निर्देशक रवि वासवानी ने नाटक में प्रस्तुत होनेवाले मंच उपकरणों को इतने अतिरंजित आकार में परिकल्पित किया था कि वे पति-पत्नी के सम्बन्धों की विद्रूपता को कार्टून जैसी शैली में अत्यन्त प्रभावी ढंग से व्यंजित करते थे। ज्ञानदेव अग्निहोत्री के नाटक 'शुतुरमुर्ग' की श्यामानन्द जालान द्वारा की गई मंच प्रस्तुति भी ऐसे अपवादों का एक अविस्मरणीय उदाहरण है, जिसमें निर्देशक ने नाटक के पात्रों की रूप सज्जा, वेशभूषा एवं गतिविधान को पूरी तरह से नृत्यगत शैलीबद्धता में व्याख्यायित करके नाटक की एक अत्यन्त मौलिक एवं कल्पनाशील प्रस्तुति को साकार किया।

अभी-अभी ऊपर इस बात का उल्लेख किया गया था कि एक निर्देशक को एक लिखित आलेख में से ही प्रस्तुति शैली का आकार एवं प्रकार उपलब्ध हो जाता है। देखना चाहिए कि प्रस्तुति शैली के नाम पर एक निर्देशक के पास किसी नाटक को प्रस्तुत करने के लिए कितने विकल्प हो सकते हैं। आज से लगभग दो हज़ार वर्ष पहले भरत ने अपने नाट्यशास्त्र में इस सन्दर्भ में मात्र दो विकल्प प्रस्तुत किए थे और वे हैं लोकधर्मी शैली और नाट्यधर्मी शैली। प्रायः रंगकर्मी, अध्येता और आलोचक लोकधर्मी को लोकनाट्य शैली के अर्थ में लेते रहे हैं जो उनके निरे अज्ञान का ही सूचक है। भरत का आशय लोकधर्मी के माध्यम से एक ऐसी शैली की परिभाषा देने का था जो मुख्यतः सहज, सरल, स्थानीय, दिन-प्रतिदिन के हाव-भाव और व्यापार से सम्बद्ध हो। आज की भाषा में कहें तो वह शुद्ध यथार्थवादी अथवा प्रकृतवादी (रियलिस्टक) शैली की ओर संकेत कर रहे हैं। दूसरी ओर नाट्यधर्मी शैली जो अपने रूपाकार में एकदम स्पष्ट है अर्थात् एक ऐसी शैली जो यथार्थ से परे हो, किसी भी प्रकार की रूढ़िबद्धता एवं रीतिबद्धता पर आधारित हो, उसका अपना एक शास्त्र और व्याकरण हो, और यदि नहीं भी हो तो भी वह किसी सुदीर्घ परम्परा के तहत विकसित और निश्चित हुई हो। इस क्रम में हमारे यहाँ के संस्कृत नाटकों की शास्त्रीय प्रस्तुति शैली तो आती ही है, साथ-साथ मध्यकाल में पल्लवित लोकनाट्य परम्पराओं को भी रखा जा सकता है। एक तीसरा विकल्प यह भी हो सकता है कि कोई निर्देशक इन दोनों शैलियों के मिश्रण से एक नई शैली का आविष्कार करना चाहे। स्वयं भरत ने भी नाट्यशास्त्र में प्रत्येक विषय के अध्ययन में इस मिश्रण की ओर संकेत किया है। स्वयं संस्कृत नाटकों में ही ऐसे अनगिनत उदाहरण उपस्थित हैं, जहाँ ये दोनों शैलियाँ परस्पर एक दूसरे में धुलमिल जाती हैं। उदाहरण के लिए 'अभिज्ञान शाकुन्तल' में मछुआरे का प्रसंग, 'मृच्छकटिक' का जुआरी प्रसंग, भगवद्अज्जुकम्, मत्तविलास, हास्यचूड़ामणि, धूर्त समागम जैसे रूपकों के लगभग सभी दृश्य।

यदि ये दोनों या तीनों विकल्प नाटक के लिखित एवं प्रस्तुति आलेख के अविभाज्य

अंग हैं, तो इनका अभिनय से सम्बन्ध किस रूप में आकर जुड़ता है। इस विषय में यही कहा जा सकता है कि अभिनेता की मूल स्रोत सामग्री तो नाटक का लिखित आलेख है और फिर उसे किस अभिनय शैली में प्रस्तुत होना है, प्रस्तुति शैली के समान्तर ही उस दिशा में भी उसके पास दो विकल्प हैं। इसे हमारी अपनी नाट्य परम्परा के सन्दर्भ में बहुत आसानी से समझा जा सकता है, जहाँ अभिनेता की परिकल्पना एक पात्र के रूप में की गई है अर्थात् वह मात्र एक माध्यम है नाटक को प्रस्तुत करने का। वह हू-ब-हू वही नहीं हो जाता जैसा कि नाटक का कोई चरित्र हो वरन् एक प्रकार से उस चरित्र का प्रदर्शन (डिमांस्ट्रेशन) करता है। इसके विपरीत दूसरा विकल्प सीधे-सीधे किसी चरित्र को पूरी तरह से अपने ऊपर ओढ़ लेने की उस प्रक्रिया से सम्बद्ध है जहाँ अभिनेता स्वयं न रहकर वही चरित्र बन जाने, हो जाने और दिखने का हर सम्भव प्रयत्न करता है। इस प्रक्रिया में अभिनेता के लिए यह बेहद ज़रूरी हो जाता है कि वह पूरी खोजबीन करे कि चरित्र की आयु कितनी है, उसका आर्थिक एवं सामाजिक स्तर क्या है, उसके दूसरे चरित्रों से क्या सम्बन्ध हैं, पूरे नाटक में उसके चारित्रिक विकास की यात्रा किस बिन्दु से आरम्भ होती है और कहाँ समाप्त होती है, इत्यादि। एक प्रकार से यह पूरी प्रक्रिया नाटक की यथार्थवादी शैली का अभिन्न अंग है, लेकिन इससे यह अर्थ कदापि न लिया जाए कि नाट्यधर्मी शैली के लिए इन बातों की कोई ज़रूरत नहीं। इस सारे अनुसंधान की अपेक्षा दोनों विकल्पों में लगभग समान रहती है, लेकिन अन्ततः प्रस्तुति के स्तर पर दोनों किसी नाटक को किस रूप में रूपायित करते हैं, वहाँ ये दोनों अलग-अलग हो जाते हैं। इस अन्तर को हम नृत्य के माध्यम से समझ सकते हैं। नृत्यकार अपनी पूरी वेशभूषा, रूपसज्जा, अलंकरण, हाव-भाव एवं अनुभूति के बावजूद कभी भी वह चरित्र नहीं बन जाता। एक मायने में वह दर्शकों के लिए उसका प्रस्तुतिकरण करता है अर्थात् डिमांस्ट्रेशन करता है कि देखो, यह मैं हूँ और आपके सामने किसी चरित्र विशेष से जुड़े प्रसंग को प्रस्तुत कर रहा हूँ। जैसा कि पहले ही कहा जा चुका है कि यथार्थवादी नाटक में अभिनेता को इस तरह के किसी भी अतिरिक्त स्पष्टीकरण की आवश्यकता नहीं होती क्योंकि वह प्रस्तुत ही चरित्र के प्रतिनिधि के रूप में होता है।

इस प्रकार यह स्पष्ट हो जाता है कि किसी भी नाटक को पढ़ने और मंच पर प्रस्तुत होने तक की यात्रा दर्शक के लिए कितनी ही अपरिचित क्यों न हो, नाटककार, निर्देशक, अभिनेता एवं दूसरे पार्श्व रंगकर्मियों के लिए वह उतनी ही जानी पहचानी होती है जितना कि हमारा नित्य प्रति का जीवन क्रम। लेकिन एक बात फिर भी उतनी ही जादुई और रहस्यात्मक रहती है कि जब तक किसी नाटक का सचमुच में मंचन नहीं हो जाता तब तक इस बात की बिलकुल भी कल्पना नहीं की जा सकती कि दर्शक उसे किस रूप में स्वीकार करेंगे। शायद यह बात हर कला माध्यम के बारे में रेखांकित की जा सकती है क्योंकि जिस प्रकार किसी कलाकृति की रचनास्वतः स्फूर्त अन्तःप्रेरणा से संचालित होती है उसी प्रकार किसी नाटक को देखकर उसे अनुभूत करने और उससे

प्रभावित होने का आनन्द भी उतना ही सहज होता है। इस सन्दर्भ में कोई नियम, व्याकरण, दर्शन और सौन्दर्यशास्त्र लागू नहीं किया जा सकता। हाँ, समीक्षा और समालोचना के लिए बेशक कुछ मानदंड स्थापित किए जा सकते हैं जिनकी बानगी इस पूरे आलेख में देने की कोशिश की गई है। पाठक, श्रोता और दर्शक एक नाटक में क्या देखें, क्या ढूँढ़ने की दिशा में प्रवृत्त हों और किन-किन तत्त्वों का विवेचन विश्लेषण करें इसे साहित्य की दूसरी विधाओं के साथ-साथ कुछ दूसरे कला माध्यमों के भीतर से गुज़रते हुए जाँचने-परखने की दिशा में एक प्रयास है यह आलेख।

दूसरे नाट्यशास्त्र की खोज

भरत का नाट्यशास्त्र इतनी शताब्दियों के बाद भी आज तक यदि वाद-विवाद और संवाद का विषय बना हुआ है तो यह तथ्य भारतीय रंग परम्परा और रंगमंच के सन्दर्भ में कम महत्त्वपूर्ण नहीं है। लेकिन आज तक का सम्पूर्ण विचार और विश्लेषण उसकी विषयवस्तु को लेकर नहीं वरन् दूसरी गुत्थियों में उलझा रहा है। उदाहरणार्थ भरत कौन थे, कब पैदा हुए थे, भरत एक व्यक्ति का नाम है अथवा यह एक उपाधि रही है। नाट्यशास्त्र की रचना किसी एक व्यक्ति ने की अथवा भरत के सौ पुत्रों, शिष्यों, समकालीन, पूर्ववर्ती और परवर्ती आचार्यों ने की ? नाट्यशास्त्र की भाषा, छन्द और व्याकरण के प्रयोगों के आधार पर उसके रचनाकाल को निश्चित् करने के प्रयत्न होते रहे हैं। विद्वानों को इतने से सन्तुष्टि नहीं हुई तो उन्होंने नाट्यशास्त्र में प्रयुक्त कुछ विशिष्ट शब्दों की विभिन्न व्याख्याएँ कर डालीं—द्वि भूमि, षड्दारुक, मत्तवारिणी, वृत्ति, प्रवृत्ति और यहाँ तक कि बहुत ही चिर-परिचित नाट्य सिद्धान्त रस भी इसका अपवाद नहीं है। ऐसा नहीं है कि यह सारा विवेचन मात्र बीसवीं शताब्दी में ही हुआ हो वरन् लगभग हज़ार-बारह सौ वर्षों से यह अध्ययन अनवरत रूप से चला आ रहा है, जिसमें अभिनवगुप्त, धनिक, धनंजय, नंदिकेश्वर, विश्वनाथ, रामचन्द्र गुणचन्द्र सदृश मध्यकालीन आचार्य तो हैं ही, इसी शताब्दी में डॉ. राघवन, सुश्री कपिला वात्स्यायन, कुमारस्वामी जैसे विद्वानों के योगदान को भी नकारा नहीं जा सकता। इसी के समान्तर मात्र भरत के रस सिद्धान्त को लेकर ही शंकुक, भट्टनायक, भट्ट लोलट्ट से होती हुई डॉ. नगेन्द्र तक की एक अलग शृंखला मौजूद है।

लेकिन विचार-विमर्श के इस लम्बे अन्तराल में नाट्यशास्त्र अपनी निजी प्रकृति एवं पहचान खोते हुए मात्र एक काव्यशास्त्र के ग्रन्थ में परिणत होता चला गया। इसमें कोई सन्देह नहीं कि भाषा, छन्द, अलंकार, दशरूपक, शब्द-शक्तियों एवं रस सिद्धान्त के रूप में विवेचित यह काव्यशास्त्रीय अध्ययन भी कम महत्त्वपूर्ण नहीं है, लेकिन साथ ही साथ इस तथ्य को रेखांकित किया जाना भी बेहद ज़रूरी है कि इससे नाटक के साहित्यिक पक्ष का तो अवश्य उद्घाटन हुआ लेकिन जिस दृष्टि से नाट्यशास्त्र की रचना हुई थी, वह दृष्टि पीछे छूटती चली गई। यहाँ तक कि परवर्ती काल में नाटक से भी ज़्यादा नाट्यशास्त्र का अध्ययन-विश्लेषण काव्य के परिप्रेक्ष्य में हुआ। इतना ही नहीं, संगीत, नृत्य, स्थापत्य, गायन आदि कलाओं के लिए नाट्यशास्त्र की उपयोगिता किसी सीमा

तक बनी रही लेकिन जिस मुख्य विषय को आधार बनाकर नाट्यशास्त्र की रचना हुई थी, उसका व्यावहारिक एवं प्रायोगिक पक्ष गौण होता चला गया और वह भी साहित्य की दूसरी विधाओं की भाँति मात्र सैद्धान्तिक विश्लेषण में ही समाहित हो गया।

आखिर ऐसा क्यों हुआ ? नाट्यशास्त्र को हिन्दू धर्म, दर्शन और शास्त्र के परिप्रेक्ष्य में विश्लेषित किए जाने के कारण ? हमें ज्ञात होना चाहिए कि कोई भी विधा, कला अथवा परम्परा पहले सहज और स्वाभाविक रूप से जन्म लेती और विकसित होती है और फिर न जाने कितनी शताब्दियों के बाद उसके शास्त्र और सौन्दर्यशास्त्र का निर्माण होता है। क्या पश्चिम में यूनानी नाट्य परम्परा के कम से कम तीन सौ वर्षों के बाद अरस्तू ने अपनी 'काव्यशास्त्र की कला' नामक रचना प्रस्तुत नहीं की ? यदि हमारे यहाँ भी नाट्यशास्त्र को उसी कसौटी पर परखा गया होता तो इस शास्त्र का पूरे जनमानस, नहीं तो कम से कम पूरे रंगजगत से एक अन्तरंग सम्बन्ध अवश्य बना रहता। ऐसा नहीं हुआ और नाट्यशास्त्र सम्पूर्ण रूप से विद्वानों के बीच की सम्पत्ति होकर रह गया और रंगमंच से उसका सम्पर्क बिलकुल समाप्तप्राय होता चला गया।

दूसरे नाट्यशास्त्र की खोज वास्तव में उसी दृष्टि से नाट्यशास्त्र के एक नए, समकालीन एवं आधुनिक अध्ययन की एक कोशिश है। मेरे मन में आज भी जिज्ञासा है कि अन्ततः नाट्यशास्त्र के पहले अध्याय से लेकर सैंतीसवें अध्याय तक की विषय वस्तु को मैं अपने आज के रंगकर्म, अपने समकालीन रंगकर्मियों की गतिविधियों और अन्ततः आधुनिक रंगमंच के साथ किस रूप में जोड़ूँ और उसकी ऐसी व्याख्या प्रस्तुत करूँ, जो आज के रंगकर्मी के लिए ग्राह्य हो सके। यों तो यह अध्ययन-विश्लेषण अध्याय दर अध्याय के बीच से गुज़रते हुए एक स्वतन्त्र पुस्तक की अपेक्षा रखता है लेकिन अभी इस आलेख के माध्यम से मैं नाट्यशास्त्र और आधुनिक रंगमंच के सन्दर्भ में एक भूमिका के रूप में कुछ ऐसे विचार-बिन्दुओं को उठाना चाहता हूँ, जो सीधे-सीधे रंगमंच के व्यावहारिक और प्रायोगिक पक्ष से जुड़ते हैं। सबसे पहले हम नाट्यशास्त्र के पहले अध्याय में ही उल्लिखित नाट्यशास्त्र के जन्म की कहानी पर ग़ौर करें। यदि भरत को साक्षी माना जाए तो नाटक और उसके शास्त्र--दोनों की उत्पत्ति को ही मिथकीय मानना पड़ेगा। लेकिन आज का रंगकर्मी इस मिथकीय उत्पत्ति को किस रूप में स्वीकार करे ? यदि इसे शुद्ध मिथक के रूप में लिया जाए तो बात गले नहीं उतरती और यदि इसे एक प्रतीक कथा माना जाए तो यह कहानी क्या व्यंजित करती है ? इसमें कोई सन्देह नहीं कि रचनाकार अपनी मौलिक खोज को स्थापित करने के लिए उसे किसी दैवी शक्ति या मिथकीय तत्त्व से जोड़ना चाहता है ताकि उसे अपने समय में इस कार्य के लिए एक सहज स्वीकृति मिल सके, फिर भी यदि इस मिथक कथा के पीछे झाँकने की चेष्टा की जाए तो भरत द्वारा प्रस्तुत ब्रह्म, ऋषियों, मुनियों, देवताओं और दानवों की कथा की एक समकालीन व्याख्या प्रस्तुत की जा सकती है--क्या यह नितान्त सम्भव नहीं है कि भरत के नाट्यशास्त्र के पहले हमारे देश में रंगमंच शिखर पर पहुँचकर पतन की ओर अग्रसर होने लगा हो और ऐसे समय में उसे शास्त्र के बहाने संस्कार देने और

परिमार्जित करने की आवश्यकता अनुभव हुई हो ? क्या हम लोगों ने ठीक अपने समय में यथार्थवाद के अतिवादी स्वरूप के विरोध में स्तानिस्लावस्की द्वारा प्रतिपादित आन्तरिक यथार्थवाद के उदय को नहीं देखा है ? स्वयं अपने देश में पश्चिम से आयातित यथार्थवाद के समानान्तर भारतीय लोकधर्मिता की खोज को नहीं देखा है ? बहुत ही अनगढ़ रूप में, दिल्ली जैसे महानगर में पंजाबी रंगमंच के नाम पर होनेवाले द्विअर्थी संवादबहुल अश्लील रंगमंच का आज नामोनिशान भी नहीं है। भरत के नाट्यशास्त्र में ही उल्लिखित उपरूपक-विवेचन में इस पूर्ववर्ती रंग परम्परा के सूत्र खोजे जा सकते हैं, जिनका परिष्कार करके भरत ने 'दशरूपक' जैसा नया नाट्यविधान दिया। इतिहास से एक और उदाहरण को प्रस्तुत करना हो तो चाणक्य का 'अर्थशास्त्र' उपस्थित है जिसमें कलाकारों, रंगकर्मियों के भ्रष्ट आचरण को देखते हुए उन्हें नगर से बाहर आवास सुविधाएँ देने का प्रावधान किया गया है। यह मात्र संयोग नहीं है कि इस तरह की घोषणा चाणक्य चौथी शताब्दी ई.पू. करते हैं और भरत के समय के दो छोरों में एक लगभग उसी समय के आसपास ठहरता है। एक और दृष्टि से भी यह समय बहुत रोचक जान पड़ता है और वह यह कि लगभग इसी समय अरस्तू भी अपना शास्त्र लेकर उपस्थित होते हैं। इसमें एक और निष्कर्ष भी सहज ही निकाला जा सकता है कि भले ही संसार में सभ्यताओं का विकास अलग-अलग भौगोलिक स्थितियों और समय पर हुआ हो, कम से कम कलाओं, विशेषतः नाट्यकला का विकास लगभग एक जैसे ही हुआ है।

इस समानता को एक और स्तर पर भी जाँचा-परखा जा सकता है, और वह है नाट्यकला की अवधारणा। अरस्तू का बहुश्रुत वाक्य है—'कला जीवन की अनुकृति है' तो भरत के अनुसार 'नाटक लोकानुकीर्तन है'। अनुकृति और अनुकीर्तन अपने अर्थों में भले ही एक दूसरे के एकदम विपरीत हों और दो अगल-अलग जीवन दृष्टियों का संकेत देते हों, लेकिन अहम बात यह है कि एक ही समय में दो अलग-अलग आचार्य और वह भी पूर्व और पश्चिम की दो भिन्न रंग परम्पराओं से सम्बद्ध नाटक का शास्त्र रचते हैं, कला की अवधारणा प्रस्तुत करते हैं और उसके प्रयोजन की भी पुष्टि करते हैं।

आज के रंगकर्मी और रंगमंच को भरत की सबसे बड़ी देन है विकृष्ट मध्यम नाट्यमंडप। विश्व में पहली बार छत से आच्छादित प्रेक्षागृह की परिकल्पना का श्रेय भरत को दिया जाना चाहिए। यद्यपि भरत ने भी अपने पहले प्रदर्शन खुले में ही मंचित किए थे किन्तु वह तुरन्त समझ गए कि खुले में प्रदर्शन अनायास ही कई बाधाओं को जन्म दे देता है। मसलन मौसम की बाधा, एक बड़े जनसमूह को नियन्त्रित करने की व्यवस्था, पात्रों द्वारा अनावश्यक चीख पुकार—ये सारे तत्त्व कहीं न कहीं भरत के उस सहृदय दर्शक के सौन्दर्यबोध को खंडित करते हैं, जिसकी उन्हें अपनी प्रस्तुतियों के लिए अपेक्षा है। यही नहीं, विकृष्ट मध्यम नाट्यमंडप की नाप इतनी आदर्श है कि दर्शक को अभिनेता के चेहरे के हाव-भाव और आवाज़ बहुत ही स्पष्टता से दिखाई और सुनाई देती है।

हम लोगों ने सदैव आमने-सामने बैठकर नाटक देखने की पद्धति को रंगद्वारी मंच से जोड़कर उसे पश्चिम का उत्स मान लिया है जबकि नाटक देखने की यह पद्धति पूरी तरह से हमारी अपनी रंग परम्परा का हिस्सा है। इसका आरम्भ हमारे यहाँ प्रचलित कथा गायन शैलियों व परम्पराओं से जोड़ा जा सकता है–कथा गायन सदा से सुनाने और सुननेवाले के बीच आमने-सामने बैठने या खड़े रहने की स्थिति में होता था और आज भी ठीक वैसे ही होता है। कथा गायन में गायक या वाचक के साथ एक वर्तुलाकार स्थिति में कभी संवाद नहीं हो सकता। कालान्तर में जब इसी कथा गायन ने एक या दो गायकों के स्थान पर एक पूरी नट मंडली के रूप में अपना विकास कर लिया, तब भी इस सीधे सम्प्रेषण की व्यवस्था में कोई अन्तर नहीं पड़ा। भरत के 'अभिनय' शब्द में भी अभि उपसर्ग में उसी सामने बैठे दर्शक का संकेत मिलता है। यों भी नाटक के प्रदर्शन में अधिक से अधिक नाटकीयता कब पैदा होती है ? एक आयताकार मंच पर वर्तुलाकार गतिविधान से अथवा वर्तुलाकार मंच पर वर्तुलाकार गतियों से ? इसीलिए हमारी कलाओं में वर्ग और घेरे की बात बार-बार की जाती है। मन्दिरों का स्थापत्य भी इसी धारणा की पुष्टि करता है, जहाँ परिक्रमा का प्रावधान रहता है। इस प्रकार दर्शकों से यह सीधे-सीधे संवाद भारतीय रंगमंच की अपनी निजी पहचान है। आज भी केरल में प्रचलित कूडियाट्टम नाट्य परम्परा में इस सम्प्रेषण के अवशेष दिखाई पड़ते हैं। इसीलिए मात्र आकार के आधार पर पश्चिम के रंगद्वारी मंच को ही अधिकृत मान लेना किसी भी दृष्टि से उचित नहीं जान पड़ता। पश्चिम में यूनान की नाट्य परम्परा में जिन बड़े-बड़े प्रेक्षागृहों का विधान मिलता है, वहाँ मुखौटों की उपस्थिति के कारण अभिनेता और दर्शक के बीच अन्तरंग सम्बन्ध की आवश्यकता ही नहीं रहती। क्या यह तथ्य अपने आप में काफ़ी दिलचस्प नहीं जान पड़ता कि भारत में एक आध अपवाद को छोड़कर शास्त्रीय अथवा लोक, किसी भी रंग-परम्परा में मुखौटों का प्रयोग नहीं मिलता। इसीलिए यहाँ अभिनेता और दर्शक के आपसी सम्बन्ध की निकटता अपरिहार्य है ताकि दर्शक अभिनेता के चेहरे के सूक्ष्म से सूक्ष्म भावों का रसास्वादन कर सकें। सात्विक अभिनय की अवधारणा के पीछे भी तो इसी सूक्ष्म अभिनय की अपेक्षा नहीं थी ? विकृष्ट मध्यम नाट्य मंडप से जुड़ी दूसरी जानकारियों की गहराई में जाने की ज़रूरत नहीं है। मैं यहाँ भरत की मात्र उस वैज्ञानिक, व्यावहारिक और रंगमंचीय सूझ-बूझ की ओर ध्यान दिलाना चाहता हूँ। एक तो बाहर से गुफ़ा के आकार का अर्थात् छत एक अर्ध गोल में हो ताकि ध्वनिता सुरक्षित रहे। मंच पर अनेक स्तम्भों के विधान के साथ-साथ सदैव यह चेतावनी भी कि कोई भी स्तम्भ किसी भी प्रवेश द्वार के ठीक सामने न हो क्योंकि इससे मंच पर आनेवाले पात्र के प्रवेश में व्याघात उत्पन्न होगा। अभिनय क्षेत्र पूर्व दिशा के सामने ताकि दिन के प्रदर्शन में सूर्य की किरणें ठीक मंच पर सामने से अभिनेता को आलोकित करें। क्या आज भी हम सामने से ही मंच को आलोकित नहीं करते ? संध्या या रात्रि के प्रदर्शनों में तो दीया-बत्ती का प्रकाश उपलब्ध रहता ही था।

मंच के रूप विधान में रंगपीठ के दोनों छोरों पर चार-चार स्तम्भों से निर्मित विशेष क्षेत्र, जिन्हें मत्तवारिणी नाम दिया गया है, पुनः भरत की मौलिक अभिकल्पक दृष्टि का सूचक है। विद्वानों ने इन क्षेत्रों की जितनी भी व्याख्याएँ प्रस्तुत की हैं, आज का रंगकर्मी मन उन्हें स्वीकार करने को तैयार नहीं है। रंगपीठ जैसे मुख्य अभिनय क्षेत्र पर यदि भरत मंच के दोनों छोरों पर दो क्षेत्र मात्र अभिनेताओं के विश्राम या पार्श्व मंच की तरह से छोड़ेगा तो शेष बचेगा ही क्या ? यों भी यदि हम देखने के वैज्ञानिक पहलू पर ग़ौर करें तो हमारी दृष्टि बाएँ से दाएँ जाती है अर्थात् दर्शकों के बाएँ वाला क्षेत्र सबसे ज़्यादा महत्त्वपूर्ण, फिर मध्य और अन्त में दाएँ वाला। आज भी कल्पनाशील निर्देशक अपने प्रभावशाली दृश्यों को मंच के इन्हीं भागों में संयोजित करता है। किसी सभा सेमिनार में मुख्य वक्ता का स्थान इसी बाईं ओर रहता है। ध्यान दिया जाना चाहिए कि चार-चार स्तम्भों की परिकल्पना क्यों ? इसलिए कि ये अभिनय क्षेत्र देखने में तो आकर्षित करें ही, साथ ही लताओं से घिरे कुंज में परिवर्तित हो जाएँ, नायक-नायिका के लिए उद्यान में बदल जाएँ अथवा समुद्र गृह में--कहने का तात्पर्य यह है कि वे अपने उपयोग प्रयोग में बेहद निस्संग और लचीले हो सकते थे। यों भी मंच सज्जा की दृष्टि से बिलकुल खाली मंच पर इन्हीं नाटकीय युक्तियों से अद्भुत दृश्यरचना की सृष्टि की जा सकती थी। यहीं पर हम भरत द्वारा निर्दिष्ट कक्ष्या विभाग का भी उल्लेख कर सकते हैं। मंच के ऊपर बिना किसी साज-सज्जा के मात्र पात्रों के प्रवेश और प्रस्थान से अलग-अलग अभिनय क्षेत्रों, वातावरण और परिवेश की सृष्टि करना भरत की नितान्त अधुनातन दृष्टि का परिचायक है। क्या आज के मंच को भी इसी से मिलते-जुलते छह अथवा नौ भागों में अदृश्य रूप से विभाजित नहीं किया जाता ताकि निर्देशक को नाट्य प्रस्तुति के विभिन्न दृश्यों को अलग-अलग भागों में परिकल्पित करने की सुविधा मिले। इतना ही नहीं यह पद्धति एक दूसरे रूप में आधुनिक रंगमंच में प्रयुक्त आलोक सज्जा के मूल उत्स की तरह से देखी जा सकती है। आज तो हमारे पास प्रकाश के रूप में यह बड़ी सुविधा है कि हम जब चाहें जितने अभिनय क्षेत्र में चाहें दर्शक की दृष्टि को एकाग्र कर सकते हैं। तत्कालीन रंगमंच में लगभग यही प्रक्रिया कक्ष्या विभाग की अवधारणा से फलीभूत हो जाया करती थी। उदाहरणार्थ, कभी एक अभिनेय क्षेत्र बिलकुल स्थिर और दूसरा गतिशील, नहीं तो अलग-अलग अभिनय क्षेत्रों में एक साथ घटित होता हुआ कार्य व्यापार और अन्ततः एक कक्ष रंगपटी से ढका हुआ ताकि उसके पीछे पात्रों को इस तरह की निश्चित् स्थितियों में अवस्थित किया जा सके जैसे कि संस्कृत नाटकों में प्रायः ऐसे निर्देश मिलते हैं कि शकुन्तला शिलाखंड पर लेटी या बैठी हुई दिखाई पड़ती है, चारूदत्त पूजा अभ्यर्थना की मुद्रा में बैठा दिखाई पड़ता है, इत्यादि।

इस प्रकार कक्ष्या विभाग जैसी सीधी-सादी युक्ति एक लगभग खाली मंच पर दृश्यों का अद्भुत कोलाज प्रस्तुत कर सकती थी। यह परिकल्पना आज के रंगमंच के लिए अनायास ही कितनी उपयोगी और व्यावहारिक साबित हुई है, इसके विषय में अलग

से टिप्पणी करने की ज़रूरत नहीं है। आज जिस फ्रीज़ तकनीक को हम पश्चिम से आयातित समझते हैं, उसके संकेत भरत ने कक्ष्या विभाग जैसी पद्धति में आज से कितने सौ बरस पहले प्रस्तुत कर दिए थे।

जो व्यावहारिक एवं वैज्ञानिक दृष्टि मंच के विधान में है, ठीक वही उनके अभिनय सिद्धान्त में भी है। पहले तो अभिनय जैसा सटीक शब्द जिसमें अभिनय की सम्पूर्ण व्याख्या तो समाहित है ही, रंगमंच के दूसरे तत्त्व भी अनायास इसमें सम्मिलित हो जाते हैं यथा आलेख, अभिनेता, प्रदर्शन स्थल और दर्शक। फिर अभिनय के चार प्रकार—वाचिक, आंगिक, आहार्य और सात्विक। इन्हें आज हम किस रूप में लें ? यदि अलग-अलग तो वाचिक प्रधान, आंगिक प्रधान, आहार्य प्रधान—ऐसी प्रस्तुतियों की कल्पना की जा सकती है। यदि मंच के लिए एक भूमिका की तैयारी के रूप में देखा जाए तो आज भी हम पहले वाचिक, फिर आंगिक, उसके बाद आहार्य और अन्ततः सात्विक की अवस्था तक पहुँचते हैं। सात्विक को आज भी अलग से व्याख्यायित करने की आवश्यकता नहीं। अच्छे अभिनय को सात्विक तो होना ही है। यदि उसका एक अर्थ सामान्य अभिनय लिया जाए, तो भी सटीक बैठता है अर्थात् वाचिक भी सात्विक, आंगिक भी सात्विक और आहार्य भी सात्विक। कुल मिलाकर ये सभी आपस में उस सामान्यावस्था तक पहुँचते हैं, जिसे सात्विक अभिनय कहा जाता है। क्या आज का अभिनेता इसी रचना प्रक्रिया से नहीं गुज़रता ? भरत के अभिनय सिद्धान्त की सार्थकता और समसामयिकता इसीलिए आज भी उतनी बनी हुई है। यह अकारण नहीं कि नाट्यशास्त्र को आज के अभिनेता की नोट बुक कहा जाता है। वास्तव में भरत का अभिनय सिद्धान्त पूर्व और पश्चिम में प्रचलित सभी अभिनय सिद्धान्तों के बीच एक पुल का काम करता है। यदि पश्चिम में प्रचलित कम से कम दो अभिनय सिद्धान्तों के सन्दर्भ में चर्चा की जाए तो बात स्पष्ट हो जाएगी। पहला है स्तानिस्लावस्की द्वारा प्रतिपादित अभिनय सिद्धान्त जिसमें एक अभिनेता अपने व्यक्तित्व के ऊपर बाहर से किसी दूसरे चरित्र को आरोपित करता है अर्थात् वह अपनी चाल-ढाल, वेशभूषा, रूप-सज्जा, आवाज़ के उतार-चढ़ाव, हाथ पैरों के संचालन और मंचीय कार्य व्यापार में हू-ब-हू वही चरित्र बनने और दिखने का भरसक प्रयास करता है जिसका वह अभिनय कर रहा है। यह एक प्रकार से यथार्थवादी अभिनय शैली की रचना प्रक्रिया है। दूसरा उदाहरण है ब्रेष्ट का, जो चरित्र निरूपण में अपने ऊपर अभिनेता द्वारा इस बाह्य आरोपण का विरोध करते हैं और अपने अलगाव सिद्धान्त की अवधारणा लेकर प्रस्तुत होते हैं। अर्थात् अभिनेता किसी चरित्र विशेष में डूबकर, किसी चरित्र विशेष को ओढ़कर वही बनने की कोशिश बिलकुल मत करे बल्कि इसके विपरीत मात्र उस चरित्र का डिमान्सट्रेशन करे जैसा कि एक नृत्यकार करता है। बिना किसी बाह्य आरोपण के अभिनेता स्वयं अपने भीतर से ही ऐसे रंगों, रेखाओं और तत्त्वों की खोजबीन करे जो अभिनीत पात्र से मिलते-जुलते हों। देखा जाए तो यह दोनों ही अवधारणाएँ अपनी मूल प्रकृति में निहायत एकांगी हैं और अभिनय के दो अतिवादी छोरों को प्रस्तुत करती हैं।

एक—अभिनेता हू-ब-हू वही चरित्र बन जाए और दूसरे में अभिनेता से यह अपेक्षा की गई है कि वह चरित्र से बाहर रहकर उसका निरूपण करे। ऐसे में भरत का अभिनय सिद्धान्त एक बहुत ही सन्तुलित एवं समन्वयवादी दृष्टिकोण को सामने रखता है। न तो यहाँ स्तानिस्लावस्की जैसा पूरी तरह से चरित्र बन जाने या उसमें डूब जाने पर आग्रह है और न ही ब्रेष्ट जैसी तटस्थता वरन् कहीं न कहीं इन दोनों के मिश्रण से एक नई अवधारणा को जन्म देता है। आज के अभिनेता को इससे अपने लिए बहुत कुछ सीखने को मिल सकता है, जब उसे यथार्थवादी अभिनय शैली, पारसी रंग शैली और लोक अथवा शास्त्रीय नाटकों की नाट्यधर्मिता से एक साथ जूझना पड़ता है। इसी समन्वयवादी दृष्टिकोण को हम भरत के रस सिद्धान्त से भी जोड़कर आज के रंगमंच के सन्दर्भ में उसकी महत्ता को आँक सकते हैं। वहाँ विभाव, अनुभाव और संचारी भाव के संयोग से रस निष्पति होती है—भरत के इस रस सूत्र की न जाने कितनी व्याख्याएँ प्रस्तुत की जा चुकी हैं। लेकिन फिर वे कहीं एक ही पक्षीय जान पड़ती हैं यानी अभिनेता रस को बिलकुल अनुभूत नहीं करता और दर्शक उसे सम्पूर्ण रूप में अनुभव करता है। यदि ऐसा है तो अभिनय को क्या मात्र तकनीक माना जाए और क्या तकनीक में इतनी क्षमता की संभावना है कि वह दर्शकों को अनुभूति के स्तर पर भी छू सके ? क्या इसका एक दूसरा विकल्प अथवा संभावना यह नहीं हो सकती कि पहले अभिनेता ही उस अनुभूति से गुज़रता है और जब तक वह दर्शक तक पहुँचती है तब तक वह उसकी वैयक्तिक अनुभूति न रहकर सार्वजनिक हो चुकी होती है। क्या साधारणीकरण की अवधारणा ठीक यही नहीं है ? इसीलिए आधुनिक अभिनेता के लिए भरत का रस सिद्धान्त इस नई यात्रा के द्वार खोलता है जहाँ अभिनेता में इतनी सामर्थ्य और क्षमता होनी चाहिए कि वह वैयक्तिक-सी दिखाई देनेवाली अनुभूतियों को बड़े स्तर पर प्रसारित कर सके कि वह एक ही क्षण में सबकी अनुभूति बन जाए। जब भरत यह स्वीकार करते हैं कि स्थायी भाव के रूप में कुछ भाव प्रत्येक प्राणी के भीतर पहले से विद्यमान रहते हैं और नाट्य प्रस्तुति के दौरान अभिनेता की अभिनय कला के माध्यम से वे रस की कोटि तक पहुँचते हैं, तब अभिनेता को ही उस अनुभूति यात्रा से अलग खड़ा करके देखना कहाँ तक उचित है और क्या ऐसा कभी सम्भव हो सकता है।

यहीं पर थोड़ा रुककर भरत द्वारा प्रतिपादित दो प्रस्तुति शैलियों की भी आज के रंगमंच के समानान्तर जाँच पड़ताल कर ली जाए। लोकधर्मी और नाट्यधर्मी यानी लोक के धर्म या स्वभावानुसार और नाटक के धर्म या स्वभावानुसार। इसी की अनेक व्याख्याएँ प्रस्तुत की जा सकती हैं—स्थानीय शैली, विशिष्ट शैली। देसी शैली, मार्गी शैली। सहज सुगम शैली। शास्त्रीय शैली। लेकिन प्रश्न व्याख्याओं का उतना नहीं है, जितना कि भरत द्वारा दोनों शैलियों को एक साथ लेकर चलने के समन्वयवादी दृष्टिकोण का। यह भी एक मिथक है कि भरत का रंगमंच पूरी तरह से शास्त्रीय को समर्पित है। यदि ऐसा होता तो फिर रूपकों में गद्य-पद्य की एक साथ उपस्थिति क्यों ? आहार्य अभिनय में बिलकुल आज के मुहावरे में पुस्त, संधिम, व्याजिम और संजीव जैसी

युक्तियों के माध्यम से मंच सामग्री व उपकरण बनाने का आग्रह क्यों ? किसी नाटक के लिए पात्रों का चयन करते समय अभिनेता के शारीरिक सौष्ठव, चाल-ढाल और हाव भाव का विस्तृत विवेचन क्यों ? यह भी सही है कि हर बार विचार-विश्लेषण के पश्चात् भरत नाट्य प्रयोक्ताओं को यह सुझाव भी देते हैं कि सामग्री को बनाने की विधि जानना आवश्यक है, लेकिन ज़्यादा अच्छी प्रस्तुति वही होगी जो चीज़ों को अपने प्राकृतिक रूप में कम से कम इस्तेमाल करे, यदि सम्भव हो तो पूरी तरह से मुद्राओं और संकेतों से काम ले। इसके साथ ही वह इस बात की भी पूरी छूट देते हैं कि उनके द्वारा वर्णित, परिगणित मुद्राओं, गतियों को अन्तिम सीमा न मानकर नट मंडली नई-नई मुद्राओं की रचना में भी प्रवृत्त हो सकती है। फिर उनका शास्त्रीय विधान भी कितना सहज, सरल और स्वतः स्फूर्त है—आंगिक अभिनय में सिर की तेरह गतियों में कौन-सी ऐसी गति या मुद्रा है जो आज भी हम लोगों के नित्य प्रति के व्यवहार में उसी अर्थ में प्रयोग में नहीं आती ? इसी के साथ हाथों की अलग-अलग मुद्राएँ, दोनों हाथों की संयुक्त मुद्राएँ—कौन-सा ऐसा तत्त्व है, जिससे हम परिचित नहीं ? इसीलिए समझ में नहीं आता कि भरत के नाट्यशास्त्र को उसके प्रयोगवाले पक्ष की व्यावहारिकता से काटकर उसे खामख्वाह का एक दार्शनिकता और शास्त्रीयता का आवरण क्यों ओढ़ा दिया गया और उसे एक ऐसे ग्रन्थ के रूप में एक उच्च आसन पर स्थापित कर दिया गया, जहाँ तक आम रंगकर्मी की पहुँच ही न हो सके। क्या इससे बड़ा विरोधाभास और अन्तर्विरोध कोई दूसरा हो सकता है कि जिस नाट्यशास्त्र की रचना इसलिए की गई थी क्योंकि शेष चारों वेद आम आदमी की पहुँच से परे थे, इसलिए पंचम वेद के नाम से एक ऐसे वेद की आवश्यकता थी, जिसे हर कोई पढ़ सके, सीख सके और व्यवहार में ला सके, वही नाट्यशास्त्र कालान्तर में स्वयं भी अपने पूर्ववर्ती वेदों का पर्याय होकर रह गया। अन्त में मैं भरत द्वारा प्रस्तावित दशरूपक के अन्तर्गत नाटक और प्रकरण के सन्दर्भ में विशेष रूप से व्याख्यायित पाँच अर्थ प्रकृतियों, पाँच कार्य अवस्थाओं और पाँच संधियों के विवेचन की तरफ विद्वान अध्येताओं का ध्यान आकर्षित करना चाहूँगा। यूँ तो भरत के समकालीन अरस्तू ने भी नाटक की संरचना में आरम्भ, मध्य और अन्त तीन प्रस्थान बिन्दुओं की चर्चा की है लेकिन उन्नीसवीं शताब्दी के उत्तरार्ध में जर्मन नाटककार फैदेतेव और उसके बाद अंग्रेज़ी आलोचक ब्रेंडेयर मैथ्यूस ने ठीक भरत की पाँच संख्या से मिलते-जुलते पाँच पड़ावों की चर्चा की है। यथा—इंट्रोडक्शन, एक्सपोज़ीशन, क्लाइमेक्स, एंटी क्लाइमेक्स और रिज़ोल्यूशन। क्या यह मात्र संयोग है कि ये पाँचों शब्द भरत की अर्थ प्रकृतियों में उल्लेखित बीज, बिन्दु, पताका, प्रकरी और कार्य, कार्यावस्थाओं में वर्णित आरम्भ, प्रयत्न, प्राप्त्याशा, नियताप्ति और फलागम और अन्ततः सन्धियों के रूप में चर्चित मुख सन्धि, प्रतिमुख सन्धि, गर्भ सन्धि, विमर्श सन्धि और निर्वहण सन्धि जैसे शब्दों के अनुवाद हैं। उससे भी बड़ी बात यह कि भरत नाटक की संरचना से जुड़ी यह सारी विवेचना तब कर रहे हैं जब अधिकांश देशों में नाट्य संरचना की बात तो दूर नाटकों के लिखित आलेखों ने भी जन्म नहीं लिया था। यही

कारण है कि भरत का यह विवेचन जितना उनके समय में रचित नाट्य साहित्य के लिए उपयोगी था, उससे कहीं ज़्यादा हम इसे आज के नाटकों के लिए सार्थक पाते हैं। फिर चाहे वे हमारे अपने देश के नाटक हों अथवा पश्चिम के। मेरे विचार में नाटकों के रूपविधान को लेकर भरत द्वारा किया गया यह सारा विवेचन अपने समय से बहुत आगे की चीज़ है और उसे उसी परिप्रेक्ष्य में जाँचा-परखा जाना चाहिए।

अतः आज इसकी ज़रूरत सबसे ज़्यादा अनुभव की जा रही है कि नाट्यशास्त्र का एक पुनर्पाठ प्रस्तुत किया जाए। यह पुनर्पाठ अपने शाब्दिक अर्थ में पुनर्पाठ न हो वरन् एक ऐसी पुनर्व्याख्या हो जो आधुनिक रंगमंच की दृष्टि से की जाए। जो कुछ भरत ने अपने समकालीन रंगमंच को दृष्टि में रखकर लिखा था, उसमें से जितना ज़्यादा से ज़्यादा हम अपने लिए ले सकें, ले लें और बाक़ी को छोड़ देने में कोई गुरेज़ न करें। मैंने अपने इस संक्षिप्त से आलेख में भरत की कुल जमा तीन-चार अवधारणाओं को लेकर अपने लिए, आज के अपने समकालीन रंगकर्मी के लिए और अन्ततः आधुनिक रंगमंच के लिए नाट्यशास्त्र की सार्थकता के कुछ संकेत देने की कोशिश की है, जिसे मेरी अगली रचना 'दूसरे नाट्यशास्त्र की खोज' की भूमिका मात्र कहा जा सकता है।

भरत की लोकधर्मिता

भरत ने अपने नाट्यशास्त्र में आलेख से प्रस्तुति तक की रचना-प्रक्रिया का अलग-अलग अध्यायों में विशद विवेचन किया है। दशरूपक और उपरूपक के अन्तर्गत नाट्यलेखन, अभिनय की चहुँमुखी व्याख्या, प्रदर्शन-स्थल के विभिन्न आकार और दर्शकों से की जानेवाली अपेक्षाएँ—कोई भी ऐसा पक्ष नहीं है, जो भरत की पैनी दृष्टि से अछूता रह गया हो। इन्हीं के साथ-साथ भरत ने प्रस्तुति से जुड़े एक दूसरे महत्त्वपूर्ण तत्त्व की भी बार-बार चर्चा की है और वह है किसी भी प्रयोग में प्रयुक्त प्रस्तुति-शैली। इसके अन्तर्गत वृत्तियों, प्रवृत्तियों और धर्मिताओं के रूप में उन्होंने प्रयोक्ता द्वारा किसी प्रदर्शन को किस शैली में प्रस्तुत किया जा सकता है, इसके व्यापक संकेत दिए हैं। इस दृष्टि से नाट्यशास्त्र में आए दो शब्द सबसे ज़्यादा महत्त्वपूर्ण हैं—लोकधर्मी और नाट्यधर्मी। इनमें भी नाट्यधर्मी को लेकर उसके अर्थ और व्याख्या के विषय में आज के रंगकर्मियों, अध्येताओं और आलोचकों में कोई मतभेद नहीं है, लेकिन लोकधर्मी प्रस्तुति-शैली के सम्भावित स्वरूप को लेकर बहुत-से मतभेद दिखाई पड़ते हैं, जिनके कारण भरत द्वारा प्रतिपादित दो अलग-अलग तरह की प्रस्तुति-शैलियों का स्पष्ट विभाजन ही गड्ड-मड्ड हो गया है।

ऐसा इसलिए होता चला गया है, क्योंकि भरत के लोक-धर्मी शब्द को लोकनाट्य-रूपों और शैलियों से जोड़ दिया गया है। लोकनाट्य-शैलियाँ और परम्पराएँ तो अपने आपमें पूरी तरह से नाट्यधर्मी शैलियाँ हैं, बेशक वे नाट्यधर्मी शैलियों जैसे शास्त्रीय हावभाव, मुद्राविधान, गतिविधान और चर्याओं पर आधारित नहीं हैं। लेकिन मौखिक रूप में वे उन्हीं रूढ़ियों, नियमों और रीतियों का अनुसरण करती रही हैं, जो उन्हें शास्त्रीय नाट्य-परम्परा के अवसान के बाद एक तरह से दाय के रूप में प्राप्त हुईं। सच्चाई तो यह है कि भारतीय रंगमंच में पहले सम्भवतः गायन, वाचन और अभिनटन के क्रम से गुजरते हुए लोकरंग की धारा का ही जन्म और विकास हुआ होगा। भरत ने इसी लोक-रंगमंच की पराकाष्ठा के भ्रष्ट स्वरूपों का अध्ययन और विश्लेषण किया होगा और उन्हें नाट्यशास्त्र जैसे ग्रन्थ के माध्यम से रंगकर्म को एक नियमबद्ध, रूढ़िबद्ध और शास्त्रीय रूप देने की प्रेरणा मिली होगी। प्रश्न यह उठाया जा सकता है कि यदि भरत को अपने से पूर्व लोक-रंगमंच की परम्परा से ही प्रेरणा मिली और वह लोक-रंगमंच अपनी मूल प्रकृति में ही नाट्यधर्मी था, तो उन्हें अलग से नाट्यशास्त्र के माध्यम से उसका एक निश्चित शास्त्र बनाने की आवश्यकता क्यों आ

पड़ी ? इसका सीधा-सा उत्तर यही है कि कोई भी शास्त्र शून्य में नहीं रचा जा सकता। दूसरे शब्दों में कहें, तो ऐसा कभी नहीं होता कि पहले शास्त्र की रचना की जाएगी और फिर उसके बाद उसके अनुकरण-अनुसरण पर कलाकृतियों की रचना की शुरुआत होगी। यूनानी नाटकों और रंगमंच की परम्परा के कम-से-कम दो सौ-ढाई सौ वर्षों के पश्चात् अरस्तू ने अपने काव्य-शास्त्र की रचना की और इस पूरी परम्परा को एक शास्त्रीय रूप प्रदान किया। पाँचवीं-छठी शताब्दी में विकसित जापान की नोह रंग-शैली को एक शास्त्र का रूप देने का दायित्व ज़ियामी ने चौदहवीं-पन्द्रहवीं शताब्दी में जाकर निभाया। इसी प्रकार हमारे अपने देश में भी लोक, शास्त्रीय और पुनः लोक की एक वर्तुलाकार रंगयात्रा के संकेत मिलते हैं, जो बाद में आकर पारसी रंगमंच और पाश्चात्य रंगमंच से गुज़रते हुए आधुनिक भारतीय रंगमंच तक अपनी निरन्तर उपस्थिति दर्ज करती है, बेशक बाहर से देखने पर लगता है कि हमारे देश में रंगमंच की नियमित परम्परा नहीं रह पाई और उसकी पूरी यात्रा टूटती, बनती और सँवरती रही।

पृष्ठभूमि और परम्परा के रूप में मिले लोक-रंगमंच की उपस्थिति के बावजूद भरत की लोकधर्मी प्रस्तुति-शैली वास्तव में उसका पर्याय नहीं है। इसके विपरीत लोकधर्मी और नाट्यधर्मी के रूप में उन्होंने दो मौलिक अवधारणाएँ प्रस्तुत कीं--पहली तो यही जो उन्हें लोक-रंगमंच में एक धरोहर के रूप में प्राप्त हुई थी और उन्होंने उसे नाट्यधर्मी की संज्ञा से अभिहित किया, अर्थात् एक ऐसी शैली, जो अपने रूपायन में निश्चित नियमों, रूढ़ियों और व्याकरण पर आधारित हो, जिसे निरन्तर अभ्यास और परिश्रम से अर्जित करना पड़े और इस प्रक्रिया में धीरे-धीरे वह अपना एक शास्त्रीय स्वरूप प्राप्त कर ले, ताकि परवर्ती युगों में भी रंगकर्मी उसको अपने प्रयोग में ला सकें। नृत्य की सभी शास्त्रीय शैलियों के सन्दर्भ में यह तथ्य अलग से रेखांकित किया जा सकता है। दूसरी अवधारणा है लोकधर्मी की और वह उनकी बिलकुल निजी और मौलिक खोज है। इतना ही नहीं, यदि नाट्यशास्त्र की रचना को कम-से-कम दो हजार वर्ष पूर्व भी माना जाए, तो यह अवधारणा विश्व-रंगमंच के सन्दर्भ में भी अत्यन्त मौलिक परिकल्पना है और अब तक के लिखे गए रंग-इतिहास को झुठला देती है। यह अवधारणा है नाट्यधर्मी के समानान्तर लोकधर्मी के रूप में एक ऐसी प्रस्तुति-शैली की ओर संकेत करना जो, अपने मूल स्वरूप, स्वभाव और प्रकृति में यथार्थवादी हो। यदि यथार्थवादी शब्द बहुत ही आज का, आधुनिक और समकालीन लगता है, तो सुविधा के लिए सहज, सरल अथवा स्वाभाविक शैली-जैसे शब्दों का प्रयोग किया जा सकता है। लेकिन अन्ततः भरत का मूल आशय वही रहता है, जिसकी चर्चा हम इस सन्दर्भ में करने जा रहे हैं। मेरी जानकारी में पहली बार लोकधर्मी की इस व्याख्या का उल्लेख आद्य रंगाचार्य ने किया था, लेकिन शायद नाट्यशास्त्र से सम्बन्धित सबकुछ को दार्शनिकता अथवा शास्त्रीयता अथवा नाट्यधर्मिता का जामा पहनाने के कारण इस व्याख्या को लगभग नज़रअन्दाज कर दिया गया। ठीक ऐसा ही कुछ आद्य रंगाचार्य द्वारा प्रस्तुत भरत के प्रस्तावित प्रेक्षागृह की संभावित व्याख्या के साथ भी हुआ। भरत के विकृष्ट नाट्यमंडप

में अभिनेता और दर्शक के पारस्परिक सम्बन्ध और स्थान को लेकर लगभग सहमति है, लेकिन चतुरस्र और त्र्यस्र—ये दो प्रकार दर्शकों के बैठने को लेकर दो नई संभावनाएँ अवश्य प्रस्तुत करते हैं। उदाहरण के लिए चतुरस्र में दर्शकों का मंच के चारों ओर बैठना और त्र्यस्र में मंच के तीन ओर बैठना। प्रायः इन दोनों प्रेक्षागृहों के सन्दर्भ में भी दर्शकों की उपस्थिति उसी एकतरफा कोण से देखी जाती रही है, जैसी कि विकृष्ट नाट्यमंडप में स्वीकृत है। यदि हम नाम के अनुरूप इस विकल्प पर विचार-विमर्श की शुरुआत करें, तो निश्चित ही भरत के समय में प्रेक्षागृह-परिकल्पना और उनमें प्रस्तुत किए जा रहे नाटकों के नए अभिकल्पन की ओर बढ़ा जा सकता है।

बहरहाल, हम लोकधर्मी प्रस्तुति-शैली की तरफ लौटकर आएँ। लोकधर्मी अर्थात् जैसा लोक का स्वभाव या प्रकृति है, उसी के अनुसार प्रस्तुति-शैली की रचना। दूसरे शब्दों में कहें, तो जैसे हम अपने दिन-प्रतिदिन के व्यवहार में बोलते हैं, चलते हैं और हाव-भाव प्रदर्शित करते हैं, यदि उसी व्यवहार को प्रस्तुति का आधार बनाया जाए, तो वह लोकधर्मी शैली के अन्तर्गत आएगा। हम आज तक की रंगमंचीय परम्परा और इतिहास को भी उठाकर देखें, तो हम पाते हैं कि बेशक रंगमंच में न जाने कितने दौर, परिवर्तन और उतार-चढ़ाव होते रहे हैं, किन्तु प्रस्तुति के स्तर पर रंगमंच में मात्र दो विकल्प ही हो सकते हैं—एक विकल्प नाट्यधर्मी, जिसके अन्तर्गत आज तक की सारी रंग-शैलियाँ, यथा शास्त्रीय, लोक, शेक्सपीयर, जापान की नोह-काबुकी, चीन की पीकिंग ऑपेरा, मौलियर, कॉमदिया, भारतेन्दु, प्रसाद, मेयर होल्ड, आर्तो ग्रोतोव्स्की, ब्रेष्ट—गरज यह कि भारतीय और विश्व-रंगमंच की कोई भी ऐसी प्रस्तुति-शैली, जो अपने मंचीय रूप में जीवन को एक शैलीबद्धता में प्रस्तुत करती है। कहीं यह शैलीबद्धता संगीत के माध्यम से, कहीं नृत्य और गतिविधान के माध्यम से और कहीं अपनी ही रचित और तैयार की गई अमूर्त दृश्यता के माध्यम से अपना चाक्षुष रूप ग्रहण करती है। सीधे-सीधे शब्दों में कहा जा सकता है कि नाट्यधर्मी में शैली के नाम पर जो कुछ भी है, जैसा कुछ भी है, वह जीवन की उसी रूप में अभिव्यक्ति नहीं है। यदि शास्त्र के ही शब्दों से उधार लिया जाए, तो हम यों भी कह सकते हैं कि यदि लोकधर्मी में जीवन की अनुकृति पर आग्रह है, तो नाट्यधर्मी अपने विशुद्ध रूप में जीवन का अनुकीर्तन कही जा सकती है।

इस अर्थ में लोकधर्मी यथार्थवाद का पर्याय है। लेकिन हमारे यहाँ कला और साहित्य में सदैव पश्चिम से आए प्रभावों के सन्दर्भ में यथार्थवाद को भी वहाँ से औद्योगिक क्रान्ति, वैज्ञानिक क्रान्ति के फलस्वरूप आए परिवर्तनों के साथ जोड़कर पूरी तरह से पाश्चात्य प्रभाव का अंग बना दिया गया। इसमें कोई सन्देह नहीं कि तात्कालिक विकास के तहत जिस यथार्थवाद की हम आज चर्चा करते हैं, वह पश्चिम से ही आयातित है, लेकिन एक दृष्टि के तौर पर, अवधारणा के स्तर पर और संभावित प्रस्तुति शैली के परिप्रेक्ष्य में वह हमारे अपने नाट्यशास्त्र में ही ठोस रूप में विद्यमान है। आवश्यकता इस बात की है कि हम अपनी इस थाती पर गर्व करना सीखें, न कि उसे पश्चिम से आया हुआ मानकर हीन भावना से ग्रसित हो जाएँ। मैंने पहले भी अपने

किसी लेख में संकेत किया था कि जब हमारे यहाँ दीनबन्धु मित्र के नाटक 'नीलदर्पण' की रचना और मंचन हुआ था, पश्चिम में इब्सन की चर्चा भी शुरू नहीं हुई थी, फिल्म जैसे यथार्थवादी माध्यम का जन्म भी नहीं हुआ था और चेखव तो रंगजगत के दृश्य-पटल पर उभरे भी नहीं थे। ऐसे में यदि भरत लोकधर्मी के रूप में आज से दो हजार वर्ष पूर्व यथार्थवाद की अवधारणा को लेकर उपस्थित होते हैं, तो इसे उनकी मौलिक खोज के रूप में क्यों नहीं स्थापित किया जाना चाहिए ?

यह प्रश्न स्वाभाविक रूप से उठाया जा सकता है कि नाट्यशास्त्र के सन्दर्भ में लोकधर्मी को यथार्थवादी प्रस्तुति-शैली से जोड़कर देखने का आधार क्या है ? मैं समझता हूँ कि स्वयं नाट्यशास्त्र में से ही वे साक्ष्य, प्रमाण और उदाहरण प्रस्तुत किए जाएँ, जो इस स्थापना की पुष्टि करते हैं।

भरत ने अपने नाट्यशास्त्र में दोनों धर्मिताओं के स्वरूप को स्पष्ट करते हुए लिखा है–

स्वभावभावोपगतं शुद्धं त्वविकृतं तथा।
लोकवार्ताक्रियोपेमङ्गलीलाविवर्जितम्॥
स्वभावाभिनयोपेतं नानास्त्रीपुरुषाश्रयम्।
यदीदृशं भवेन्नाट्यं लोकधर्मी तु सा स्मृता॥

अर्थात्–"शुद्ध अविकृत रूप से लोकव्यवहार तथा लोक में प्रचलित क्रियाओं को आंगिक लीलाओं के बिना हू-ब-हू मंच पर प्रस्तुत किया जाए, तो नाट्य की यह पद्धति लोकधर्मी है।"

लोकधर्मी में व्यावहारिक जगत का यथार्थ जैसे का तैसा सामने आता है। नाट्यधर्मी इसके आगे की स्थिति है, जिसमें लोकधर्मी द्वारा प्रस्तुत यथार्ध कला के सत्य और सौष्ठव से समन्वित होता है। रंगमंच की दृष्टि से भरत ने नाट्यधर्मी का स्वरूप इस प्रकार से व्याख्यायित किया है–

लोकव्यवहार की पद्धति में अतिशय लाकर–कुछ अपनी ओर से उसमें जोड़कर–आंगिक अभिनय, लीला आदि से उसे संवलित कर प्रस्तुत किया जाए, तो प्रस्तुति-पद्धति नाट्यधर्मी होती है। किसी चरित्र को अपने से भिन्न आचरण करता दिखाना, बोलने के लहजे पर स्वर, अलंकार का समावेश करने पर, किसी (जड़) पदार्थ को सजीव रूप में दिखाना, समीप स्थित व्यक्ति के द्वारा (ज़ोर से) कही गई बात को भी न सुनना (जनांतिक तथा अपवारित) और न कही गई बात को सुनना (आकाशभाषित), अभिनेता का स्वयं पर्वत, यान, विमान, आयुध आदि बन जाना, किसी अभिनेता का एक भूमिका करने के तुरन्त बाद उसी प्रस्तुति में दूसरी भूमिका में उतरना, गम्या स्त्री (पत्नी आदि) का अगम्या (बहिन आदि) की भूमिका करना या अगम्या स्त्री का गम्या की भूमिका करना, लालित्यपूर्ण नृत्य-मुद्राएँ, लोक-स्वभाव को चतुर्विध अभिनय से संवलित करके प्रस्तुत करना, इतिहास-वेद आदि के असामान्य प्रसंग, कक्ष्या-विभाग–ये सब नाट्यधर्मी हैं। यह सिद्धान्त रंग के सारे तत्त्वों में सामंजस्य स्थापित करते हुए सम्पूर्ण रंगमंच की अवधारणा को प्रकट करता है। यह नाट्यप्रयोग की बुनियादी शर्तों को

अपने में समाविष्ट करता है, अतः नाट्यधर्मी के बिना नाट्यप्रयोग ही संभव नहीं है–

नाटयधर्मी प्रवृतं हि सदा नाट्यं प्रयोजयेत्।
न ह्यङ्गभिनयात् किंचिद् ऋते रागः प्रवर्तते॥

नाट्यप्रयोग सदैव नाट्यधर्मी से संवलित करके ही अनुष्ठित होना चाहिए क्योंकि अंगाभिनयादि के बिना राग (रस) की प्रवृत्ति नहीं हो सकती।''

इसमें कोई सन्देह नहीं है कि अन्ततः भरत ने भी प्रस्तुति-शैली को लेकर नाट्यधर्मी पद्धति को ही प्रमुखता दी है, लेकिन इससे यह अर्थ कदापि न लिया जाए कि उन्होंने लोकधर्मी पद्धति को रेखांकित नहीं किया है। देखा जाए, तो ये दोनों धर्मिताएँ एक दूसरे की पूरक हैं। लोकधर्मी यदि प्रस्तुति के वस्तुपक्ष अथवा जगत् से सम्बन्ध रखती है, तो उसी रूप में नाट्यधर्मी उसके कला-पक्ष का संकेत देती है। भरत ने दोनों पक्षों का अन्तः सम्बन्ध स्पष्ट करते हुए लिखा है–

स्वभावो लोकधर्मी तु विभावो नाट्यमेव हि।

अर्थात् लोकधर्मी यदि स्वभाव या वस्तुओं का लोकप्रत्यक्ष सहज रूप है, तो नाट्यधर्मी उस स्वभाव को विभाव के रूप में ढाल देता है। इस प्रकार नाट्यधर्मी वास्तव में लोकधर्मी की ही कला के अनुशासन में परिणति है।

अतः यह स्वतः प्रमाणित है कि भरत की लोकधर्मिता भौतिक जगत के यथार्थ को अस्वीकार नहीं करती। यह अलग बात है कि संसार में जो चीज़ें जिस रूप में विद्यमान हैं, कलाओं में वे ही अन्य रूपों में भासित होती हैं।

भरत लोकधर्मी दृष्टि को मात्र परिभाषा और विवेचन तक ही सीमित नहीं रखते, वरन् नाट्यकला के हरेक पक्ष से उसे जोड़ते चलते हैं। उदाहरण के लिए आहार्य अभिनय के अन्तर्गत उन्होंने मंच-उपकरणों एवं अन्य सामग्री के निर्माण से सम्बद्ध जितनी भी विधियाँ हो सकती हैं, उनका विशद विवरण प्रस्तुत किया है। नाट्य-प्रस्तुति के सन्दर्भ में किस प्रकार की भूमिका के लिए कैसी वेशभूषा, कैसी रूप-सज्जा और यहाँ तक कि कैसा शारीरिक सौष्ठव होना चाहिए, इस विषय में भी विस्तार से चर्चा की है। मैं तो यहाँ तक कहना चाहूँगा कि नाट्यलेखन पर भी दशरूपक की अवधारणा के पीछे उनकी वही व्यावहारिक लोकधर्मी दृष्टि काम कर रही है, जब वह कथावस्तु, अंकविभाजन, रस और पात्रों की दृष्टि से अलग-अलग रूपकों का विधान करते हैं।

लोकधर्मी को एक अलग अर्थ में भी विवेचित किया गया है और वह है उसका स्थानीय होना। इसीलिए हमारी परम्परा में देशी और मार्गी जो दो शब्द मिलते हैं, वे आकस्मिक अथवा अकारण नहीं हैं। देशी यानी सहज, सरल और शुद्ध खाँटी रूप में किया गया व्यवहार और मार्गी अर्थात् संस्कारित, सुसंस्कृत और आचारबद्ध व्यवहार। प्रकारान्तर से ये दोनों शब्द भी लोकधर्मी और नाट्यधर्मी के अन्तर को ही परिलक्षित करते हैं।

स्वयं नाटकों के रचना-विधान में गद्य और पद्य का एक साथ प्रयोग–क्या यह युक्ति लोकधर्मी और नाट्यधर्मी के आपसी सामंजस्य को सामने नहीं लाती ? जैसा कि पहले कहा जा चुका है, यूनानी नाटक और शेक्सपीयर के नाटक तो शुद्ध काव्य में

ही लिखे गए थे, अतः वे अपने आपमें ही नाट्यधर्मी प्रस्तुति-शैली की ओर संकेत करते हैं। मौलियर के नाटक यद्यपि गद्य में लिखे गए हैं, लेकिन वह गद्य जिस प्रकार की प्रस्तुति-शैली की ओर प्रेरित करता है, वह यथार्थवादी तो हरगिज़ नहीं हो सकती। यदि और खुलासा किया जाना ज़रूरी हो, तो पूछा जा सकता है कि क्या मोहन राकेश के नाटकों की भाषा और मौलियर के नाटकों की भाषा एक ही जैसी है ? गद्य में लिखे होने के बावजूद दोनों नाटककारों के नाटक दो अलग-अलग प्रस्तुति-शैलियों की परिकल्पना के लिए आमन्त्रित करते हैं। हाँ, यदि कोई प्रयोग करना ही चाहे, तो 'आषाढ़ का एक दिन' को भी वह किसी शैलीबद्ध अर्थात् नाट्यधर्मी प्रस्तुति-शैली के माध्यम से प्रस्तुत कर सकता है और ऐसा एक नहीं, अनेक बार हुआ है। यूँ तो यथार्थवाद अथवा लोकधर्मी भी अन्ततः एक शैली के रूप में ही देखा जाना चाहिए, क्योंकि यह तो कभी संभव नहीं कि हम जिस रूप में यथार्थ को जीवन और जगत् में देखते हैं, उसकी हू-ब-हू अभिव्यक्ति रंगमंच अथवा किसी भी कला-माध्यम में प्रस्तुत कर सकें।

यही कारण है कि भरत ने लोकधर्मी और नाट्यधर्मी के रूप में बेशक दो अलग-अलग प्रस्तुति-शैलियों की चर्चा की, लेकिन लोकधर्मी के सन्दर्भ में विशेषतः हर बार इस बात पर ज़ोर दिया कि श्रेष्ठ प्रस्तुति वही होगी, जो ज़्यादा-से-ज़्यादा नाट्यधर्मी पर आधारित हो, क्योंकि हम कितना भी चाहें, भौतिक वस्तुओं को उनके वास्तविक आकार, वज़न और नाप में प्रस्तुत नहीं कर सकते, क्योंकि ऐसा करना रंगमंच पर व्यावहारिक नहीं है। दूसरे, यदि ऐसा कर भी लें, तो उसमें कलात्मकता क्या होगी ? यह बात साहित्य, चित्रकला, संगीत, नृत्य सभी विधाओं के बारे में अधिकारपूर्वक कही जा सकती है।

बहरहाल, यहाँ विवाद इस बात को लेकर नहीं है कि अन्ततः नाट्य प्रस्तुति-शैली को क्या नाम दिया जाए, वरन् 'लोकधर्मी' शब्द को लेकर हमारे मन-मस्तिष्क में बनी रूढ़ एवं गलत धारणाओं का निराकरण करने की आवश्यकता है। जैसा कि इस लेख के आरम्भ में ही संकेत किया गया था, लोकधर्मी में 'लोक' शब्द की उपस्थिति-मात्र से यह शैली लोक अथवा पारम्परिक नाट्य-शैली की पर्याय नहीं बन जाती। लोकनाटक और नाट्यधर्मी प्रस्तुति-शैली में कोई विरोध नहीं है। क्योंकि लोकनाटक की प्रस्तुति किसी अन्य शैली में की ही नहीं जा सकती। इसके विपरीत लोकधर्मी निश्चित् रूप से एक अलग एवं स्वतन्त्र प्रस्तुति-शैली की ओर संकेत करता है। यह अलग बात है कि हम उसे यथार्थवाद के चौखटे में बन्द न करना चाहें, लेकिन सच्चाई यही है कि लोकधर्मी के माध्यम से भरत ने यथार्थवादी दृष्टि का संकेत आज से न जाने कितने वर्ष पहले दे दिया था। तब तक पश्चिम में तो इस अवधारणा का कोई नामलेवा भी नहीं था। इसे नाटकीय विडम्बना ही कहा जा सकता है कि जिस व्यावहारिक, सहज, सरल और प्रकृतवादी अवधारणा का जन्म नाट्यशास्त्र में हुआ, उसे हम पश्चिम से आयातित मानकर आज उसका तिरस्कार कर रहे हैं और न जाने कौन-सी अबूझ और निगूढ़ भारतीयता की तलाश कर रहे हैं।

भारतेन्दु का नाट्यशास्त्र

भरत के नाट्यशास्त्र का रचनाकाल ईसा पूर्व चौथी शताब्दी से चौथी ईसवी के बीच माना जाता रहा है। सुविधा के लिए यदि हम ईसा की चौथी ईसवी को भी उसके रचनाकाल की अन्तिम सीमा मान लें तो इसके आगे के पन्द्रह सौ वर्षों में नाट्यशास्त्र को आधार बनाकर 'अभिनव भारती', 'दशरूपक', 'अभिनय दर्पण', 'साहित्य दर्पण', 'ध्वन्यालोक' इत्यादि जितने भी शास्त्रीय ग्रन्थों की रचना हुई, वे सब मूलतः संस्कृत भाषा के थे। इस बीच संस्कृत से इतर किसी भी लोक, क्षेत्रीय बोली अथवा भाषा में नाट्य और रंगमंच विषयक ग्रन्थ की रचना की कोई प्रामाणिक जानकारी उपलब्ध नहीं है। इस परिप्रेक्ष्य में यह तथ्य काफी महत्त्वपूर्ण हो जाता है कि पहली बार सन् 1883 में भारतेन्दु हरिश्चन्द्र ने 'नाटक अथवा दृश्यकाव्य सिद्धान्त-विवेचन' शीर्षक से संस्कृत से अलग हिन्दी भाषा में लगभग पच्चीस पृष्ठों में एक लम्बा निबन्ध लिखा और प्रकाशित कराया। इतिहासकारों ने प्रायः इस निबन्ध की चर्चा करके हाशिए पर ही छोड़ दिया और अधिकतर भारतेन्दु के रचनाकार वाले व्यक्तित्व पर ही केन्द्रित रहे। एक दृष्टि से देखा जाए तो यह निबन्ध उनके समस्त रचनात्मक लेखन के बाद लिखी गई सैद्धान्तिक कृति है अर्थात् कम से कम पन्द्रह बीस वर्ष तक लगातार नाटकों को लिखने, उनमें अभिनय करने, उनका निर्देशन करने, पूरे देश के अलग-अलग भागों में होनेवाली नाट्य गतिविधियों को साक्षात् देखने, भारतीय और विदेशी नाटकों का अनुवाद करने के विशद अनुभव के पश्चात् इस निबन्ध का प्रणयन हुआ है। एक बार फिर से इस बात की पुष्टि होती है कि किसी भी सैद्धान्तिक कृति की रचना शून्य में नहीं हुआ करती वरन् उसके पीछे व्यावहारिक रंगकर्म की एक लम्बी परम्परा और प्रयोग का योगदान होता है। इसी के साथ यदि स्वयं भारतेन्दु द्वारा उपक्रम में उल्लिखित 'दशरूपक', 'भारतीय नाट्यशास्त्र', 'साहित्य दर्पण', 'काव्य प्रकाश', 'विलसंस हिन्दू थिएटर्स', 'लाइफ ऑफ दी एमीनेंट पर्सन्स', 'ड्रामेटिस्ट एंड नावेलिस्ट', 'हिस्ट्री दि इटालिक थिएटर्स' और 'आर्य दर्शन' जैसे ग्रन्थों की सूची को भी शामिल कर लिया जाए तो भारतेन्दु के अगाढ़ अध्ययन का अनायास ही संकेत मिल जाता है।

यहीं पर थोड़ा रुककर एक और तथ्य का भी उल्लेख कर लिया जाए और वह यह कि भरत के बाद भारतेन्दु ही पहले ऐसे व्यक्ति के रूप में सामने आते हैं जो स्वयं ही सिद्धान्तकार भी हों, रचनाकार भी हों और प्रयोक्ता भी हों। यहाँ तक कि पश्चिम

में भी इस तरह के त्रिआयामी व्यक्तित्ववाला व्यक्ति बहुत वर्षों के बाद ब्रेष्ट के रूप में पैदा होता है। स्तानिस्लावस्की भी मात्र प्रयोक्ता और सिद्धान्तकार थे। भारतेन्दु का महत्त्व एक अर्थ में भरत से भी ज़्यादा आँका जा सकता है और वह इस तरह से कि स्वयं भरत ने तो किसी नाटक की रचना नहीं की। दूसरे, अपने समय में अपने नाटकों का प्रयोग भी किस प्रकार किया होगा, इस विषय में भी भरत का नाट्यशास्त्र कोई संकेत नहीं देता। इसके विपरीत भारतेन्दु न केवल एक शास्त्र की रचना करते हैं वरन् उस शास्त्र में विवेचित सिद्धान्तों के आधार पर नाटकों के प्रयोग कैसे किए जाएँ, इसकी भी बार-बार चर्चा करते हैं। तीसरी और सम्भवतः सबसे महत्त्वपूर्ण बात यही कही जा सकती है कि आज के भारतीय रंगमंच में जिस प्रकार से प्राचीन और आधुनिक, पूर्वी और पश्चिमी नाट्य परम्पराओं और रंग शैलियों के आपसी मेलजोल से जिस नए, ताज़े भारतीय रंगमंच की खोज का काम पूरे ज़ोर-शोर से किया जा रहा है, उसकी ठोस ज़मीन भारतेन्दु अपने इस निबन्ध के माध्यम से आज से 118 वर्ष पूर्व ही तैयार कर देते हैं।

इसमें कोई सन्देह नहीं कि इससे पूर्व पश्चिम में चौथी शताब्दी ईसवी पूर्व में अरस्तू का काव्यशास्त्र लिखा जा चुका था, सोलहवीं शताब्दी में यूरोप में आए पुनर्जागरण काल के फलस्वरूप रोमन वास्तुकार वित्रुवियस की पुस्तक 'द आर्किटेक्चरा' का पुनराविष्कार हो चुका था, कालिदास के नाटक 'अभिज्ञान शाकुन्तल' का जर्मन भाषा में अनुवाद किया जा चुका था और जर्मन नाटककार व सिद्धान्तकार फेदेतेव द्वारा नाटक की संरचना और शिल्प को लेकर पर्याप्त विचार-विमर्श किया जा चुका था। इब्सन जैसे नाटककार का जन्म और उसके नाटकों का मंचन होने लगा था और भारत में भी अंग्रेज़ी नाटकों के प्रभाव में पारसी नाटक और रंगमंच की एक नई शैली लोक रंगमंच के बाद जन्म ले चुकी थी और जिन विदेशी भाषाओं की पुस्तकों का ज़िक्र स्वयं भारतेन्दु ने किया है वे तो उनके सामने मौजूद थीं ही। इतना सब कुछ होते हुए भी एक नया सिद्धान्त और शास्त्र रचने जैसा कार्य भारतेन्दु जैसा बहुमुखी व्यक्तित्व ही सम्पन्न कर सकता था। अतः भारतेन्दु के इस निबन्ध को भारतेन्दु का नाट्यशास्त्र अथवा भारतीय रंगमंच में पहले आधुनिक नाट्यशास्त्र की संज्ञा से अभिहित किया जाना चाहिए।

भारतेन्दु ने मात्र पच्चीस पृष्ठों की मुद्रित सामग्री में जिस संक्षिप्तता के साथ बहुविध सामग्री का विवेचन किया है, वह देखते ही बनता है। उदाहरण के लिए नाटक अथवा दृश्यकाव्य की परिभाषा, दशरूपक, उपरूपक, पाश्चात्य एवं भारतीय नाटक, नाटक रचना, मंच विधान, अभिनय, रस सिद्धान्त और नाटकों का संक्षिप्त इतिहास अर्थात् कोई भी विषय ऐसा नहीं है जो नाटक के सिद्धान्त और उसके प्रयोग पक्ष से अछूता रहा हो। नाटक अथवा दृश्यकाव्य की दृष्टि से काव्य के दो भेद, दृश्य और श्रव्य, की अवधारणा का जन्म सबसे पहले भारतेन्दु के यहाँ मिलता है। ध्यान रहे, तब तक ध्वनि अथवा रेडियो जैसे श्रव्य माध्यम का जन्म भी नहीं हुआ था। भारतेन्दु दृश्य श्रव्य, इन दो शब्दों की मात्र स्थापना ही नहीं करते बल्कि 'अभिज्ञान शाकुन्तल' के एक ही उदाहरण से दोनों भेदों को बखूबी स्पष्ट करते हैं। इसी तरह से नाटक को साहित्य के

रूप में न लेते हुए उसकी अर्थग्राहिता को रंगस्थ खेल के अन्तर्गत ही विश्लेषित करते हैं। प्राचीन समय में अभिनय के सन्दर्भ में नाट्य, नृत्य, नृत्त, तांडव और लास्य इन पाँच शब्दों की व्याख्या करने के पश्चात् केवल नाट्य को नाटक के साथ जोड़कर देखने की दृष्टि नितान्त आधुनिक एवं मौलिक सोच-विचार का परिणाम है। प्रायः आज रंगमंच में गीत, संगीत और नृत्य को नाटक और रंगमंच का अनिवार्य अंग मान लिया जाता है। लेकिन यदि हम पहले भरत के नाट्यशास्त्र को और उसके बाद भारतेन्दु की इन स्थापनाओं को साक्ष्य के रूप में उपस्थित करें तो यह अवधारणा स्वयं ही खंडित हो जाती है। नाट्य के अतिरिक्त बाकी चार भेदों को भारतेन्दु ने भी नाचनेवालों के लिए छोड़ दिया है। भारतेन्दु से पूर्व भरत ने भी नाटक में इन तत्त्वों का समावेश शिव के कहने पर ही किया था। अतः रंगमंच अपने आप में एक पूर्ण, मौलिक और शुद्ध कला है, यह निष्कर्ष सहज ही निकाला जा सकता है। गीत, संगीत और नृत्य उसके सहायक तत्त्व भले ही हो जाएँ, वे उसके अनिवार्य तत्त्व नहीं हैं। क्या आज हमारे अपने समय में फ़िल्म को लेकर उसकी अपनी रंगमंच से अलग एक मौलिक भाषा और व्याकरण की दिशा में सोच-विचार नहीं हो रहा है ?

दशरूपक, उपरूपक, नया नाटक, प्राचीन नाटक, कोई भी विषय-विवेचन क्यों न हो, भारतेन्दु ने हर परिभाषा को उसके उदाहरण से भी पुष्ट किया है। और जहाँ उनके पास संस्कृत अथवा हिन्दी या किसी और भारतीय भाषा में कोई उदाहरण उपलब्ध नहीं है तो उन्होंने इस सूचना को भी महत्त्व दिया है। इस पूरे विवेचन में उनके तीन निष्कर्ष बहुत ही सार्थक दिखाई पड़ते हैं। एक तो यह कि आज न तो यह ज़रूरी है कि किसी नाटक की रचना में प्राचीन रीति का पूरी तरह से परित्याग कर दिया जाए और न ही इस बात की कोई गारंटी है कि जो कुछ आधुनिक है उसे दर्शक पूरी तरह से स्वीकार ही कर लेंगे। इससे मिलता-जुलता मत कालिदास जैसे नाटककार ने भी अपने नाटक 'मालविकाग्निमित्र' में व्यक्त किया है। दूसरे, आज के नाटक में अस्वाभाविक लगनेवाली सामग्री को बिलकुल भी प्रस्तुत न किया जाए और अलौकिक विषयों को आधार न बनाया जाए तो ज़्यादा अच्छा होगा। तीसरे और सम्भवतः सबसे महत्त्वपूर्ण निष्कर्ष के रूप में यह विचार कि संस्कृत नाटकों में उपलब्ध नाट्यालंकार, पंच सन्धि, प्रकरी अथवा ऐसे ही अन्य तत्त्वों की हिन्दी नाटकों की रचना में कोई आवश्यकता नहीं है। भरत मुनि ने संस्कृत नाटकों की रचना के सन्दर्भ में उपर्युक्त तत्त्वों का विवेचन, विश्लेषण किया था। आज उनमें से जो तत्त्व सीधे-सीधे हमारी नाट्य रचना से जुड़ते हैं, उनका उपयोग किया जाए और जिन्हें छोड़ा जा सकता हो उन्हें निःसंकोच छोड़ देना चाहिए। इस प्रकार कुल मिलाकर नए और पुराने के प्रयोग को लेकर भारतेन्दु के समन्वयवादी और सर्वग्राही दृष्टिकोण का पता चलता है।

नाटक की संरचना और शिल्प के बाद भारतेन्दु उसके मंचन और प्रस्तुति से सम्बन्धित तत्त्वों पर नई दृष्टि से चिन्तन करते हैं। यद्यपि उन्होंने बार-बार अपने विश्लेषण में चित्रपट द्वारा नदी, पर्वत, वन या उपवन दिखलाने का प्रावधान किया है

लेकिन लगता है कि यह चित्रपट अथवा अन्तःपटी भरत द्वारा उल्लिखित रंगपटी नहीं है वरन् भारतेन्दु के अपने समय में प्रचलित पारसी रंगमंच के पर्दों की याद दिलाती है। यद्यपि वह स्वयं स्वीकार करते हैं कि स्वयं भरत ने भी चित्रपट द्वारा दृश्य और परिवेश दिखाने का कोई संकेत नहीं दिया है, फिर भी उनकी दुविधा यह है कि यह कैसे संभव हो सकता था कि एक ही रंगस्थल में एक ही समय में अयोध्या का राजप्रासाद और बाल्मीकि का आश्रम एक साथ दिखाए जा सकते हैं। सम्भवतः भारतेन्दु भरत की कक्षा विभाग पद्धति से बहुत गहरे में परिचित नहीं थे अन्यथा वे ऐसी जिज्ञासा न करते। भारतेन्दु मंच पर एक ही समय में अलग-अलग अभिनय क्षेत्रों की सम्भावना की उपस्थिति से तो परिचित जान पड़ते हैं लेकिन उस सम्भावना का जो हल वे चित्रपट द्वारा प्रस्तुत करते हैं, उसे आंशिक रूप में ही स्वीकार किया जा सकता है। हाँ, यवनिका अथवा बाह्य पट्टी के रूप में जिस ड्राप सीन नामक पर्दे का उल्लेख भारतेन्दु कर रहे हैं वह आज के प्रोसीनियम अथवा रंगद्वारी मंच पर प्रस्तुत किया जानेवाला सामने का पर्दा है। स्वयं भारतेन्दु के समय में पारसी नाटक मंडलियाँ इसका खुलकर इस्तेमाल कर रही थीं। नाटक के नेपथ्य से जुड़े एक और बहुत ही आवश्यक तत्त्व की आवश्यकता पर भारतेन्दु ने सबसे ज़्यादा बल दिया है और वह है एक रसज्ञ वेशविधायक। भारतेन्दु के समय में मंच सज्जा और आलोक-सज्जा को लेकर भले ही बहुत गम्भीर सोच-विचार शुरू न हुआ हो, यह बात तो निश्चित् जान पड़ती है कि रूप सज्जा और वेशभूषा की दृष्टि से काफी सोच-विचार और व्यवहार की प्रक्रिया आरम्भ हो चुकी थी।

भारतेन्दु के अपने नाटक 'सत्य हरिश्चन्द्र' में 'दरिद्र वेश से हरिश्चन्द्र का प्रवेश' जैसे रंग-संकेत इस बात के प्रमाण जान पड़ते हैं। जिस प्रकार भारतेन्दु नाटक के मंचन को लेकर गहन मनन, चिन्तन करते हैं उससे भी कहीं ज़्यादा वह उसकी रचना को लेकर भी सजग दिखाई पड़ते हैं। इस दिशा में उनके कुछ निष्कर्ष तो निहायत ही उपयोगी और समकालीन जान पड़ते हैं। कुछ उदाहरण यहाँ उद्धृत करना अप्रासंगिक नहीं होगा–

1. नाटक लिखना आरम्भ करके, जो लोग उद्देश्यवस्तु परम्परा से चमत्कारजनक और मधुर अति वस्तु निर्वाचन करके भी स्वाभाविक सामग्री परितोष के प्रति दृष्टिपात नहीं करते, उनका नाटक, नाटकादि दृश्यकाव्य लिखने का प्रयास व्यर्थ है क्योंकि नाटक आख्यायिका की भाँति श्रव्य काव्य नहीं है।

2. पात्र की बात सुनकर उसके स्वभाव का परिचय ही नाटक का प्रधान अंग है।

3. थोड़ी सी बात में अधिक भाव की अवतारणा ही नाटक जीवन का महौषध है।

इसलिए उनका यह निष्कर्ष बिलकुल सही जान पड़ता है कि यदि किसी को नाटक लिखने की वासना हो तो नाटक किसको कहते हैं इसका तात्पर्य हृदयंगम करके नाटक रचयिता को सूक्ष्म रूप से ओत-प्रोत भाव में मनुष्य प्रकृति की आलोचना करनी चाहिए। यहाँ तक कि नाटक रचना में शैथिल्य दोष कभी न होना चाहिए। वह अपने मन्तव्य को एक उदाहरण द्वारा भी स्पष्ट करते हैं–शकुन्तला के पतिगृह जाने के अवसर पर

कण्व ऋषि की चिर-परिचित प्रतिक्रिया, "हाय। हम वनवासी तपस्वी हैं, सो जब हमारे हृदय में ऐसा वैकल्य होता है तो कन्या के वियोग के अभिनव दुख में बिचारे गृहस्थों की क्या दशा होती होगी।" इसके विषय में भारतेन्दु हरिश्चन्द्र की टिप्पणी पर विचार किया जाए—सहृदय पाठक। आप विवेचना करके देखिए कि इस स्थान में कविश्रेष्ठ कालिदास कुलपति कण्व ऋषि का रूप धारण करके ठीक उनका मानसिक भाव व्यक्त कर सके हैं कि नहीं ?

इसके बदले कालिदास यदि कण्व ऋषि का छाती पीटकर रोना वर्णन करते तो उनके ऋषि जनोचित धैर्य की क्या दुर्दशा होती अथवा कण्व का शकुन्तला के जाने पर शोक ही न वर्णन करते तो कण्व का स्वभाव मनुष्य स्वभाव से कितना दूर जा पड़ता है। इस सन्दर्भ में भारतेन्दु द्वारा नाटकों की रचना और मंचन से जुड़ी दो-तीन स्थापनाएँ अनायास ही ध्यान आकृष्ट कर लेती हैं। यथा वेश और वाणी दोनों ही पात्र की योग्यतानुसार होनी चाहिए। नाटक में विदूषक की अनिवार्यता का कोई अर्थ नहीं है, विशेष रूप से वीर या करुण रस के नाटकों में। अभिनय करते हुए कोई अभिनेता दर्शकों से कैसे सम्बन्ध स्थापित करे, इसको लेकर भी भारतेन्दु की दृष्टि बहुत सजग जान पड़ती है। जब वह स्पष्ट करते हैं कि यद्यपि परस्पर वार्ता करने में पात्रों को दर्शकों की ओर देखकर बोलना पड़ेगा लेकिन अभिनेता का कौशल इस बात में है कि पात्र दर्शकों की ओर देखें ज़रूर, किन्तु यह अहसास कभी न होने दे कि वह दर्शकों से बात कर रहा है। प्राचीन रंगमंच में पात्रों द्वारा दर्शकों को अपनी पीठ न दिखलाने का एक साधारण सा नियम प्रचलित था। लेकिन भारतेन्दु ने इस नियम के शतशः पालन का विरोध किया है। उनका मानना है कि यदि किसी दृश्य में पात्र को सचमुच में दर्शकों की ओर पीठ करके खड़ा होना है और वह ऐसा न करे तो इससे ज्यादा हास्यास्पद स्थिति और कोई नहीं हो सकती।

इसी सन्दर्भ में पात्रों के परस्पर कथोपकथन के विषय में भारतेन्दु के विचार दृष्टव्य हैं अर्थात् पात्रगण आपस में जो वार्ता करें उनको कवि (रचयिता) निरे काव्य की भाँति न ग्रथित करे यथा, नायिका से नायक साधारण काव्य की भाँति 'तुम्हारे नेत्र कमल हैं, कुच कलश हैं, इत्यादि न कहे। परस्पर वार्ता में हृदय के भावबोधक वाक्य ही करने योग्य हैं। किसी मनुष्य अथवा स्थानादि के वर्णन में लम्बी-चौड़ी काव्य रचना नाटक के लिए उपयोगी नहीं होती। इन सारी बातों से बार-बार भारतेन्दु की उस सहज और स्वाभाविक दृष्टि का पता चलता है जो नाटक की रचना और उसके प्रदर्शन में कभी भी अतिरंजित होकर अभिव्यक्त न होने पाए। क्या इसे मात्र संयोग मानकर छोड़ दिया जाए कि अभिनय को लेकर जिस आन्तरिक सत्य की तलाश पर बाद में स्तानिस्लावस्की, ब्रेष्ट और ग्रोतोवस्की जैसे रंगचिन्तकों और प्रयोक्ताओं ने बार-बार ज़ोर दिया है, वह भारतेन्दु के यहाँ न जाने कब से उपस्थित है और किसी विद्वान रंग अध्येता का इस ओर ध्यान नहीं गया। इतना ही नहीं, यह विचार इसलिए भी अवश्य रेखांकित किए जाने चाहिये क्योंकि जिस समय भारतेन्दु इन्हें व्यक्त कर रहे हैं उस समय मात्र शैलीबद्ध

अभिनय का ही प्राधान्य था। चाहे वह पूर्व का रंगमंच हो अथवा पश्चिम का रंगमंच। यों पश्चिम में एलेक्जेंडर ड्यूमा जैसे उपन्यासकार और इब्सन जैसे नाटककारों द्वारा प्रकृतवाद, स्वाभाविकतावाद और अन्ततः यथार्थवाद की चर्चा और रचनाकर्म आरम्भ हो चुका था लेकिन भारतेन्दु उससे बहुत ज़्यादा परिचित होंगे, इसके विषय में निश्चित् रूप से कुछ नहीं कहा जा सकता।

नाटक की रचना को लेकर भारतेन्दु की यह धारणा भी अत्यन्त महत्त्वपूर्ण है कि नाटक की कथा की रचना ऐसी विचित्र और पूर्वापरबद्ध होनी चाहिए कि जब तक अन्तिम अंक न पढ़ा जाए, यह बोध कदापि न हो कि नाटक समाप्त कैसे होगा। यह नहीं कि 'सीधा एक को बेटा हुआ, उसने यह किया वह किया।' प्रारम्भ में ही कहानी का मध्यबोध हो। आज नाटक के कथानक को लेकर जिस उत्सुकता, तनाव, संघर्ष और विकास की बात की जाती है, भारतेन्दु ने उसी से मिलते-जुलते विचार सहज रूप में ही प्रस्तुत कर दिए हैं। यूँ आज ऐसे मंच संकेत बहुत ही साधारण जान पड़ते हैं जैसे कि 'शोक, हर्ष, हास, क्रोध आदि के समय में पात्रों को स्वर भी घटाना बढ़ाना उचित है। जैसे स्वाभाविक स्वर बदलते हैं वैसे ही कृत्रिम भी बदलें। आप ही आप ऐसे स्वर में कहना चाहिए कि बोध हो कि धीरे-धीरे कहता है किन्तु तब भी इतना उच्च हो कि श्रोतागण निष्कंटक सुन लें।' लेकिन फिर भी इनसे यह जानकारी तो अवश्य मिलती है कि भारतेन्दु मात्र नाटक की रचना को लेकर ही नहीं उसके प्रयोग से जुड़े हर पक्ष को लेकर भी कितने जागरूक रहते थे। अपने इस निबन्ध के अन्तिम अध्याय के रूप में भारतेन्दु ने नाटक के जन्म से लेकर अपने समय तक के नाटकों का पूरा इतिहास और उनकी एक विस्तृत तालिका प्रस्तुत की है। उन्होंने ऐतिहासिक और साहित्यिक प्रमाणों के द्वारा इस तथ्य की पुष्टि की है कि सबसे पहले नाट्यकला का जन्म भारत में ही हुआ था। इसी के साथ उनकी दी हुई तालिका से एक तथ्य और उजागर होता है कि हमारे यहाँ संस्कृत नाट्य परम्परा के बाद मध्यकाल में नाटकों को लिखे जाने की परम्परा समाप्त हो गई, यह स्थापना बिलकुल निर्मूल है। वास्तव में इस तरह के निष्कर्ष पश्चिमी रंगमंच की देन हैं क्योंकि उनके यहाँ रोमन नाट्य परम्परा के बाद लगभग चौदहवीं-पन्द्रहवीं शताब्दी तक कोई लिखित नाटक नहीं मिलता। अतः उन्होंने मान लिया कि शायद दूसरे देशों के रंग इतिहास में भी ऐसा ही कुछ हुआ होगा। नाटकों की दी गई सूची में कहीं भी भास जैसे नाटककार का उल्लेख नहीं मिलता। यह बात काफ़ी रोचक और स्वयंसिद्ध है कि तब तक भास के तेरह नाटकों की खोज ही नहीं हुई थी। फिर भी यदि भारतेन्दु कालिदास के 'मालविकाग्निमित्र' से परिचित हैं तब वह भास के नाम से कैसे अपरिचित रह गए, इस पर ज़रूर आश्चर्य होता है। बहरहाल, इससे भी ज़्यादा गहरा और मार्मिक विवेचन इस इतिहास का वह हिस्सा है जहाँ भारतेन्दु संस्कृत नाटकों के हिन्दी भाषा में किए गए भ्रष्ट अनुवादों की जमकर खबर लेते हैं।

इस प्रकार यह पूरा निबन्ध भारतेन्दु के चिन्तक पक्ष का एक ऐसा चित्र प्रस्तुत करता है जिसे आज के रंगकर्मी के लिए जानना बहुत ही आवश्यक है। जितना एक

नाटककार को इससे नाटक लिखने की दिशा में सहायता मिलती है उससे कहीं ज़्यादा अभिनेता को नाटक की प्रस्तुति से सम्बद्ध जानकारी प्राप्त होती है और वह भी एक ऐसी सहज, सरल और व्यावहारिक भाषा में जो सीधे-सीधे सम्प्रेषित हो सके। क्या इस सम्पूर्ण विश्लेषण से ऐसा स्वयं में प्रमाणित नहीं हो जाता कि भारतेन्दु ने सदैव रंगकर्म में स्वाभाविकता और विश्वसनीयता पर बल दिया है, चाहे वह नाट्य रचना हो अथवा नाट्य मंचन ? यही कारण है कि भारतेन्दु के इस निबन्ध 'नाटक अथवा दृश्य काव्य सिद्धान्त विवेचन' को आधुनिक भारतीय रंगमंच का पहला नाट्यशास्त्र कहा जाए तो अत्युक्ति न होगी।

प्रसाद का रंग चिन्तन

यदि उन्नीसवीं शताब्दी के अन्तिम तीन-चार दशक हिन्दी साहित्य में भारतेन्दु जैसे नाटककार की रचनाओं और उनके 'नाटक' शीर्षक लम्बे शोधपरक निबन्ध के कारण जाने जाते हैं तो ठीक उसी तरह बीसवी शताब्दी के पहले तीन चार दशक पुनः एक बहुत बड़े नाटककार की रचनाओं और उनके चिन्तनपरक लेखन के कारण जाने जाएँगे। वह नाटककार है जयशंकर प्रसाद। एक अर्थ में प्रसाद, भारतेन्दु से भी बड़े रचनाकार हैं। जहाँ भारतेन्दु ने अपना ज़्यादा लेखन मूलतः नाट्य रचना पर ही केन्द्रित रखा, वहाँ प्रसाद ने नाटकों के साथ-साथ कहानियाँ, उपन्यास और एक से बढ़कर एक काव्य रचनाएँ भी प्रस्तुत कीं। यहाँ तक कि हिन्दी साहित्य की कविता में छायावाद के तो प्रवर्तक माने जाते हैं प्रसाद। अपने इस बहुआयामी लेखन के कारण प्रसाद अपने ही समकालीन बांग्ला के टैगोर के समकक्ष कहे जा सकते हैं। ये दोनों रचनाकार जितने बड़े नाटककार माने जाते हैं, उतने ही बड़े कहानीकार भी और कवि के रूप में तो दोनों की मार्मिकता जगज़ाहिर है। इसमें कोई सन्देह नहीं कि यदि प्रसाद के अपने समय में 'कामायनी' का भी अंग्रेज़ी अनुवाद हो गया होता तो निश्चित् रूप से पाश्चात्य विद्वानों और आलोचकों का ध्यान उस ओर आकृष्ट होता। मुझे नहीं लगता कि मिल्टन की 'पैराडाइज़ लॉस्ट' के मुकाबले 'कामायनी' का महत्त्व किसी भी तरह से कम आँका जा सकता है। मैं तो यहाँ तक कहना चाहूँगा कि सृष्टि के जन्म से लेकर मानव और सभ्यता के विकास को कविता में बाँधनेवाली अकेली कृति है 'कामायनी'।

एक और दृष्टि से भी प्रसाद और टैगोर एक दूसरे के समानधर्मी कहे जा सकते हैं। दोनों ने पहली बार भारतेन्दु के बाद भारतीय रंगमंच को अपने नाटकों के माध्यम से वह कथ्य, शिल्प और संरचना देने का प्रयत्न किया जो एक साथ शास्त्रीय भी है, लोक भी है, भारतीय भी है, पाश्चात्य भी है, मूर्त भी है, अमूर्त भी है, अर्थात् सभी धाराओं के मिश्रण से बना एक समन्वित रूप और आकार, जिसकी परिणति बाद में सातवें-आठवें दशक के नाटककारों में जाकर दिखाई पड़ती है। इस दृष्टि से ये दोनों नाटककार अपने परवर्ती रचनाकारों से कम से कम पचास वर्ष आगे थे। उनके अपने नाटकों का स्वयं उनके अपने समय में व्यावहारिक परीक्षण नहीं हो सका—इस कटु सत्य और तथ्य के भी दोनों बराबर के साक्षी हैं। दोनों के नाटकों पर यह लेबल एक साथ चिपका दिया गया कि इनके नाटक केवल पाठ्य नाटक हैं और वे मंच पर प्रस्तुत किए

जाने की दृष्टि से अनभिनेय हैं। लेकिन बाद में जब छठे-सातवें दशक में बंगाल में शम्भू मित्र ने टैगोर के और ब.व. कारन्त ने प्रसाद के नाटकों को मंच पर अत्यन्त सफलतापूर्वक प्रस्तुत किया तो यह मिथ अपने आप ही टूट गया कि प्रसाद और टैगोर के नाटक मंच के अनुकूल नहीं हैं। दरअसल उनके नाटक भाषा और संवेदना के स्तर पर अपने युग के अभिनेता से जिस तैयारी की अपेक्षा रखते हैं, पारसी नाटकों और रंगमंच की अपनी भाव-विह्वल अभिनय शैली के कारण उस समय उन्हें उपलब्ध नहीं हो पाई अन्यथा ऐसा इतिहास रचे जाने का और कोई कारण नहीं था।

लेकिन दोनों नाटककारों के कृतित्व का एक ऐसा पक्ष भी है जिसके लिए वे पूरी तरह से भारतेन्दु के ऋणी जान पड़ते हैं और वह है मात्र नाटकों की रचना ही नहीं वरन् उनको लेकर चिन्तन भी करना। टैगोर ने 'नाटक' शीर्षक से एक छोटे से निबन्ध को उन्नीस सौ तीन में प्रकाशित कराया था। बाद में अभिनय कला को लेकर भी उनके दो-तीन निबन्ध इधर-उधर प्रकाशित हुए मिलते हैं। इसी के समानान्तर प्रसाद के चार निबन्ध उनके गहरे, गम्भीर और मार्मिक रंगचिन्तन के परिचायक हैं। ये चार निबन्ध हैं :

1. हिन्दी में नाटक का स्थान
2. नाटक का आरम्भ
3. नाटकों में रस का प्रयोग
4. रंगमंच।

इनमें पहला निबन्ध दरअसल उन्नीस सौ तेईस में हिन्दी साहित्य सम्मेलन, कानपुर में एक भाषण के रूप में दिया गया था। अब यह निबन्ध रत्नशंकर प्रसाद द्वारा संकलित 'अभिषेक' निबन्ध संग्रह में प्रकाशित हो गया है। बाक़ी तीनों निबन्ध क्रमशः हंस नवम्बर, उन्नीस सौ छत्तीस, हंस दिसम्बर उन्नीस सौ छत्तीस और हिन्दुस्तानी, जुलाई उन्नीस सौ सैंतीस के अंकों में प्रकाशित हुए थे और बाद में प्रसाद की मृत्यु के बाद प्रकाशित उनके निबन्ध संग्रह 'काव्य और कला तथा अन्य निबन्ध' में संकलित हैं, जिसे आचार्य नन्ददुलारे वाजपेयी ने अपनी एक लम्बी भूमिका के साथ उन्नीस सौ उनतालीस में प्रस्तुत किया था।

ये चारों निबन्ध प्रसाद के उस रंगचिन्तन से सम्बद्ध हैं, जो उनके नाटकों की रचना के बाद हमारे सामने आता है। बेशक पहला निबन्ध कालक्रम की दृष्टि से उन्नीस सौ तेईस का है लेकिन अपने सही रूप में भी वह किसी अधिवेशन के अवसर पर दिया गया भाषण ही ज़्यादा जान पड़ता है। लेकिन फिर भी नाटक के सम्बन्ध में कुछ आधारभूत स्थापनाओं के संकेत यहाँ भी उपलब्ध होते हैं। प्रसाद ने एक बार फिर इस तथ्य की ओर ध्यान दिलाया है कि यद्यपि हिन्दी साहित्य में काव्य के बाद जिस विधा का पहले-पहल जन्म हुआ, वह नाटक ही है लेकिन उसे हिन्दी में वह स्थान प्राप्त नहीं हुआ, जिसका वह अधिकारी है। क्या आज पचहत्तर वर्ष बाद भी साहित्य में नाटक और नाट्य चिन्तन को लेकर वही स्थिति नहीं है ?

यहीं पहली बार नाटक का भाषा की प्रचार-प्रसार क्षमता के सन्दर्भ में महत्त्व आँकने का प्रयत्न किया गया है। प्रसाद ने यह स्वीकार किया है कि जितनी सरलता और सहजता से भाषा और वह भी हिन्दी भाषा का विकास नाटक जैसी विधा के माध्यम से किया जा सकता है, किसी और विकल्प से नहीं। इसका एकमात्र कारण यही है कि नाटकों में भाषा केवल अपने लिखित रूप में ही नहीं वरन् अपने वाचिक रूप में भी सुरक्षित रहती है। यह तथ्य तो अपने आप में स्वयंसिद्ध है कि कोई भी भाषा तभी तक जीवित रह सकती है, जब तक वह व्यवहार में आती रहे। संस्कृत भाषा के मध्यकाल में अवसान के पीछे सबसे बड़ा कारण क्या यही नहीं था कि वह नित्य प्रति के व्यवहार से अलग होती चली गई और मात्र एक लिखित लिपि के रूप में परिवर्तित होकर रह गई। इसे एक दूसरे रूप में यों भी कहा जा सकता है कि जिस नाट्य परम्परा में संस्कृत भाषा अपने वाचिक रूप में लगातार ज़िन्दा रही, उनके मंचन की परम्परा लगभग समाप्त प्राय होते जाने से संस्कृत का भी आम सहृदय दर्शक से कोई सम्बन्ध नहीं रहा।

प्रायः भारतेन्दु और प्रसाद को पारसी नाटक और रंगमंच के विरोध में ही प्रस्तुत किया जाता है। आश्चर्य की बात है कि इसी निबन्ध में प्रसाद ने पारसी नाटकों के उसी महत्त्व को खुले हृदय से स्वीकार किया है जिसके कारण वे जनमानस में इतने लोकप्रिय हुए और वह है उनमें प्राप्त एक ऐसी भाषा, जो सहज ही लोगों की ज़ुबान पर चढ़ जाती है। उनकी यह अपेक्षा बिलकुल सही जान पड़ती है कि यदि पारसी नाटकों में प्रयुक्त गीत, ग़ज़ल और उर्दू भाषा समाज में इतनी लोकप्रिय हो सकती है तो नाटकों के माध्यम से हिन्दी को वह स्थान क्यों नहीं प्राप्त हो सकता ? हाँ, दूसरी ओर वह हिन्दी में दूसरी भाषाओं, बोलियों, ध्वनियों और उपभाषाओं के प्रयोग के विरुद्ध हैं। यहाँ उनका भाषा को लेकर शुद्धतावादी पक्ष ज़्यादा उभरता है, जिसे उनके नाटकों में प्रयुक्त भाषा भी पुष्ट करती है। एक स्तर पर उनका यह रवैया कुछ हद तक तर्कसंगत भी जान पड़ता है कि यदि किसी नाटक में अलग-अलग प्रान्तों के पात्र वहीं की भाषा, बोलियों का प्रयोग करेंगे तो वह हिन्दी का नाटक कहाँ रह जाएगा ? अलग-अलग प्रान्तों, राज्यों, क्षेत्रों की भाषाओं, बोलियों को थोड़ी देर के लिए छोड़ा जा सकता है, लेकिन नाटक में यदि हिन्दी भाषा के ही विविध रूप-रंग प्रस्तुत किए जाएँ तो नाटक ज़्यादा सशक्त और जीवन्त होकर सामने नहीं आएगा ? भारतेन्दु के नाटक इसका ज्वलन्त उदाहरण हैं। क्या यही वह कारण नहीं कि जहाँ भारतेन्दु के नाटक रंगप्रेमियों और रंगकर्मियों के बीच ज़्यादा लोकप्रिय हुए, वहीं प्रसाद के नाटक अपना वह स्थान नहीं बना सके। आज तो यों भी नाटकों में भाषा के जिस स्वरूप पर सोच-विचार हो रहा है, उसके परिप्रेक्ष्य में प्रसाद की उपर्युक्त स्थापनाओं पर प्रश्न-चिह्न लगाया जा सकता है।

हाँ, नाटक की मूल प्रकृति और उद्देश्य के सम्बन्ध में उनके विचार निश्चय ही अत्यन्त महत्त्वपूर्ण हैं। वह नाटक को एक त्रिआयामी विधा के रूप में स्वीकार करते

हैं अर्थात् वह श्रव्य भी है, दृश्य भी, ठोस भी है और अमूर्त भी है। इसीलिए वह नाटक को गीत, संगीत, नृत्य, चित्रकला, मूर्तिकला और यहाँ तक कि काव्य अथवा साहित्य से भी बड़ी कला मानते हैं। यहाँ उनके इस विचार से किसी को कोई असहमति नहीं हो सकती कि जहाँ दूसरे सभी कला माध्यम एकायामी अथवा अधिक से अधिक द्विआयामी हैं, वहाँ नाटक ही मात्र त्रिआयामी और इसलिए सर्वोपरि माध्यम है।

साहित्य और नाटकों में यथार्थवाद के जन्म का श्रेय प्रसाद भारतेन्दु को देते हैं और इसके लिए उन्होंने यह तर्क प्रस्तुत किया है कि भारतेन्दु ने पहली बार काव्यों महाकाव्यों की विशालता, कल्पनाशीलता और व्यापक फलक के समानान्तर जीवन की लघुता, दिन प्रतिदिन के व्यवहार और एक तरह की सामाजिक व्यावहारिकता को अपने नाटकों का विषय बनाया। भारतेन्दु के नाटकों में चित्रित परिवेश का इतना सही आकलन सम्भवतः पहली बार प्रसाद ने ही प्रस्तुत किया है। आश्चर्य है कि जिस भारतीय यथार्थवाद अथवा लोकधर्मिता की खोज में आज हम लगे हुए हैं, उसकी ओर प्रसाद ने अपने पहले निबन्ध में ही ध्यान दिला दिया था।

प्रसाद के बाक़ी तीनों निबन्ध यथा नाटकों का आरम्भ, नाटकों में रस का प्रयोग और अन्ततः रंगमंच इस दिशा में उनके प्रौढ़ एवं अन्तिम वक्तव्य के रूप में व्याख्यायित किए जाने चाहिए। पहला निबन्ध यदि नाट्य रचनाओं के आरम्भकाल में लिखा गया था तो उपर्युक्त तीनों निबन्ध उस दौर की रचनाएँ हैं, जब वह अपना रचनात्मक लेखन समाप्त कर चुके थे। इस दृष्टि से भारतेन्दु का 'नाटक' और प्रसाद के ये तीनों निबन्ध पुनः इस सत्य और तथ्य को पुष्ट और प्रमाणित करते हैं कि पहले रचना और बाद में सिद्धान्त, व्याकरण और नियमों का निर्माण हुआ करता है। यह भी उतना ही सच है कि जिस तरह से भारतेन्दु का निबन्ध उनके समस्त रंगजीवन का निचोड़ है, उसी तरह से प्रसाद के ये विचार मानो उनके समस्त रचनात्मक नाट्य लेखन के बाद का अन्तिम वक्तव्य हो। आइए, देखें कि प्रसाद के इन तीनों निबन्धों में सम्मिलित उनकी मुख्य स्थापनाएँ क्या और कौन-सी हैं ? इन्हें एक साथ लेने का कारण यही है कि ये तीनों निबन्ध एक लम्बे शोधपरक निबन्ध के तीन अध्याय जैसे जान पड़ते हैं। दूसरे शब्दों में यह भी कहा जा सकता है कि ये तीनों निबन्ध किसी नाटक के आरम्भ, मध्य और अन्त से भी मिलते-जुलते हैं। इससे भी ज़्यादा ये नाटक की मूल प्रकृति, उद्देश्य और व्यावहारिक पक्ष—इन तीनों आयामों से जुड़े हुए हैं। इसीलिए इसे मात्र संयोग या अकारण नहीं माना जा सकता कि ऐतिहासिक कालक्रम की दृष्टि से भी तीनों इसी क्रम में लिखे और प्रकाशित हुए हैं।

नाटकों के आरम्भ को लेकर प्रसाद के विचार काफ़ी दूर तक भारतेन्दु और प्रकारान्तर से भरत के नाट्यशास्त्र का ही अनुसरण करते हैं। प्रसाद भी गीत और नृत्य को नाटक का अनिवार्य अंग नहीं मानते। इसमें कोई सन्देह नहीं कि हमारे यहाँ महाकाव्यों को गाकर सुनाने की परम्परा प्राचीन काल से चली आ रही है लेकिन इसी के साथ ऋग्वेद जैसे वेद में उपलब्ध संवाद अंश शुद्ध गद्य में हैं। स्वयं भरत के

नाट्यशास्त्र को भी यदि साक्ष्य के रूप में स्वीकार किया जाए तो नाटक को और ज़्यादा मनोहर, मनोरंजक और चाक्षुष दृष्टि से आकर्षक बनाने के लिए ही शिव के सुझाव पर लास्य और तांडव जैसे नृत्यों को नाटक के साथ जोड़ा गया। इसीलिए यह निष्कर्ष ज़्यादा सही जान पड़ता है कि नाटक का जन्म न तो नृत्य से हुआ, न कठपुतली कला से बल्कि स्वयं नाटक ने अपने विकास के बाद इन कलाओं को अपने साथ जोड़ा। यों भी किसी प्रदर्शनकारी माध्यम की पहली अभिव्यक्ति एक समूह के रूप में ही हुआ करती है। कठपुतली के साथ जुड़े सूत्रधार शब्द को लेकर इस कला को नाटक के जन्म के साथ जोड़ देना बिलकुल ही असंगत होगा। इसीलिए प्रसाद का यह मत शत-प्रतिशत सही है कि कथावस्तु और नाटकीय प्रयोजन के सब उपादानों का जो ठीक-ठीक संचालन करता हो, वह सूत्रधार आजकल के डाइरेक्टर की ही तरह का होता था। ध्यान रहे कि यह बात प्रसाद उन्नीस सौ सैंतीस में कह रहे हैं। इस तथ्य के प्रकाश में डाइरेक्टर शब्द का प्रयोग इसकी जानकारी प्रस्तुत करता है कि तब तक केवल पश्चिम ही नहीं, भारत में भी उसकी स्वतन्त्र सत्ता स्थापित हो चुकी थी। इसके लिए यदि एक ओर पारसी नाटकों का व्यावसायिक रंगमंच ज़िम्मेदार था तो फ़िल्म जैसे माध्यम का योगदान भी कम नहीं है। यह निश्चित् है कि प्रसाद पारसी रंगमंच के सुप्रसिद्ध डाइरेक्टर सोराब जी की कार्यशैली से परिचित होंगे। स्वयं उनके अपने नाटकों के निर्देशकों से तो उनका सीधा सम्बन्ध रहा ही होगा।

कला की अवधारणा को लेकर पाश्चात्य और भारतीय दृष्टि में मूलतः क्या अन्तर है, इसे आधुनिक हिन्दी रंगचिन्तन में पहली बार प्रसाद ने ही स्पष्ट किया है। पश्चिम में कला को जीवन का अनुकरण माना गया है लेकिन भारत में कला जीवन का अनुकरण न होकर उसका दार्शनिक सत्य है। यही कारण है कि पश्चिमी साहित्य और रंगमंच में त्रासद तत्व का प्राधान्य है, जबकि हमारे यहाँ आनन्दवाद की प्रतिष्ठा है। यह दुःखवादी दृष्टिकोण उनके यहाँ उनकी जीवन पद्धति में से निकलकर आया है—शायद दुर्गम भू-भागों में उपनिवेशों की खोज में, उन लोगों ने अपने को विपरीत दशा में ही भाग्य से लड़ते हुए पाया। उन लोगों ने जीवन की इस कठिनाई पर अधिक ध्यान देने के कारण इस जीवन को (ट्रेजडी) दुःखमय ही समझ पाया। ग्रीक और रोमन लोगों को बुद्धिवाद भाग्य से और उसके द्वारा उत्पन्न दुःखपूर्णता से संघर्ष करने के लिए अधिक अग्रसर करता रहा। परन्तु अपने घर में सुव्यवस्थित रहनेवाले आर्यों के लिए यह आवश्यक न था। उन्हें निराशा नहीं थी। यों हमारे यहाँ भी करुण रस था लेकिन उसमें दया, सहानुभूति की कल्पना से अधिक थी रसानुभूति। उन्होंने प्रत्येक भावना में अभेद, निर्विकार आनन्द लेने में अधिक सुख माना।

यहीं से उत्पन्न होता है दो विभिन्न धर्मों, दो विभिन्न जीवन दर्शनों का भेद—पश्चिम के ईसाई धर्म और दर्शन में जीवन समाप्त हो जाता है, इसीलिए दुःख और शोक का विषय है और मानव शरीर के अवशेषों को सुरक्षित रखने की प्रथा। इसके विपरीत हिन्दू दर्शन में जीवन एक उत्सव है, अनुष्ठान है और इसीलिए शाश्वत है, निरन्तर गतिशील

प्रक्रिया है। एक बार समाप्त हो जाने के बाद पुनः जीवित हो उठता है। यही दर्शन उनके कलारूपों में भी अभिव्यक्ति पाता है। पश्चिम में यदि सीधी रेखाओं का अंकन है तो हमारे यहाँ वर्तुलाकार आकृतियों का महत्त्व है। मन्दिरों में परिक्रमा और प्रदक्षिणा के पीछे भी यही अवधारणा क्रियाशील है। मृत्यु के अवसर पर पहने जानेवाले वस्त्रों में भी इस अन्तर को अनुभव किया जा सकता है। पश्चिम में ऐसे अवसरों पर काले वस्त्र पहनने का प्रचलन है, जो दुःख के प्रतीक हैं। हमारे यहाँ श्वेत वस्त्र, जो शान्ति और सुकून के प्रतीक हैं।

रस की अवधारणा में प्रसाद ने पुनः इस विवाद पर विचार किया है कि अन्ततः रस की अनुभूति किसे होती है ? इस सन्दर्भ में प्राचीन काल से लेकर आज तक के वाद-विवाद को लेकर प्रसाद जिस निष्कर्ष पर पहुँचते हैं, वह सम्भवतः सबसे ज़्यादा तर्कसंगत जान पड़ता है अर्थात् वह रचनाकार अभिनेता अथवा सामाजिक—किसी एक पक्ष द्वारा अनुभूत नहीं किया जाता वरन् उपर्युक्त तीनों तत्त्व समान रूप से इस प्रक्रिया में भागीदारी करते हैं। यदि कवि में रसास्वादन की क्षमता नहीं है तो वह रचनाकर्म की ओर कैसे प्रवृत्त हो सकते हैं। यदि अभिनेता या नट में स्वयं रस को अनुभूत करने की प्रक्रिया गतिशील नहीं है तो वह सूक्ष्म से सूक्ष्म भावों की अभिव्यक्ति कैसे करेगा और अन्ततः यदि सामाजिक या दर्शक के अपने भीतर ही रस को अनुभूत करने की वह क्षमता उपस्थित नहीं है तो रसास्वादन का सिद्धान्त ही खंडित हो जाएगा। कवि, नट और सामाजिक में रस का यह अभेद ही साधारणीकरण कहलाता है यानी रस किसी की वैयक्तिक सम्पत्ति न होकर एक सामूहिक अनुभव में परिवर्तित होता जाता है। यही कारण है कि शान्त रस भी अभिनीत हो सकता है।

आधुनिक रंगमंच में रस निष्पत्ति से अधिक चरित्र चित्रण की जिस प्रक्रिया पर ज़ोर है, प्रसाद उससे भी अपरिचित नहीं जान पड़ते। चरित्र चित्रण पद्धति में सामूहिक की अपेक्षा व्यक्ति वैचित्र्य का प्राधान्य है, इसीलिए वह यथार्थवाद से ज़्यादा सम्बद्ध है, जबकि भारतीय अवधारणा में वैयक्तिक पर उतना ज़ोर न होकर सामूहिक प्रस्तुतिपरक पद्धति का अनुसरण किया जाता है। इसीलिए यहाँ आदर्शवाद की प्रतिष्ठा है तो वहाँ यथार्थवाद का अस्तित्व है।

इसमें कोई दो राय नहीं हो सकतीं कि प्रसाद के सबसे ज़्यादा उत्तेजक और विवादास्पद विचार उनके 'रंगमंच' शीर्षक निबन्ध में व्यक्त हुए हैं। जैसा कि हम पहले भी कह आए हैं कि प्रकाशन वर्ष की दृष्टि से भी यह उनका अन्तिम निबन्ध है। इस विषय में उनकी सुप्रसिद्ध उक्ति तो यही है कि रंगमंच के सम्बन्ध में यह भारी भ्रम है कि नाटक रंगमंच के लिए लिखे जाएँ। प्रयत्न तो यह होना चाहिए कि नाटक के लिए रंगमंच हों जो व्यावहारिक है। यदि ऐतिहासिक दृष्टि से विचार और विश्लेषण किया जाए तो प्रसाद के इस मत से किसी को कोई असहमति नहीं हो सकती क्योंकि पहले रचना होगी, तभी उसके अनुसार प्रेक्षागृहों का निर्माण होगा। इसे दूसरे रूप में ऐसे भी कहा जा सकता है कि पहले परम्परा का जन्म हुआ करता है और उसके बाद शास्त्र। लेकिन

यह सिक्के का मात्र एक ही पहलू है। यदि प्रसाद ने स्वयं अपने समय में प्रचलित कम से कम दो प्रकार के रंगमंचों को याद कर लिया होता तो सम्भवतः वह इस मत का दूसरा पक्ष भी रखते और वह यह कि आरम्भ के लिए तो यह मत बिलकुल सही है लेकिन रंगमंच के एक लम्बे दौर के बाद नाट्य रचना भी युग विशेष में उसी के अनुसार होती चलती है। क्या उनके सामने पारसी रंगमंच का उदाहरण नहीं था ? फ़िल्म जैसे यथार्थवादी माध्यम के प्रभाव में हिन्दी में भी यथार्थवादी नाटकों के जन्म से वह भलीभाँति परिचित थे। इतना ही नहीं, ये दोनों धाराएँ तो उनकी समकालीन थीं लेकिन रंगमंच के पाश्चात्य और पूर्वी–दोनों इतिहासों का उन्हें अगाध ज्ञान था। फिर वह ऐसे एकांगी विचार कैसे प्रस्तुत कर सकते थे ? कहीं ऐसा तो नहीं कि रंगमंच जैसे शब्द को मात्र मंच अथवा प्रेक्षागृह के प्रचलित अर्थ से जोड़कर हमही प्रसाद के इस मत को बहुत सीमित रूप से विश्लेषित कर रहे हों! क्या रंगमंच शब्द की एक और व्याख्या यह नहीं हो सकती कि नाटक के अनुसार प्रस्तुति शैली की तलाश की जाए, न कि पहले प्रस्तुति शैली निश्चित् कर ली जाए और फिर उनके अनुसार नाट्य रचना। यद्यपि इस व्याख्या को लेकर भी विवाद हो सकता है लेकिन इस तथ्य से कौन इनकार कर सकता है कि उनके अपने सामने उनके नाटकों को मंचित करने के जो थोड़े बहुत प्रयत्न हुए भी, उनकी असफलता का मूल कारण यही था कि प्रस्तुति शैली पहले से निश्चित् कर ली गई थी और उसे ज़बर्दस्ती उनके नाटकों पर आरोपित कर दिया गया था। प्रसाद ने ये असफल प्रस्तुतिकरण स्वयं देखे थे और उनसे पाई निराशा में से ही ऐसे विचारों का जन्म हुआ होगा। इतिहास साक्षी है कि जब परवर्ती निर्देशकों ने स्वयं नाटकों के भीतर से उभरती प्रस्तुति शैली के अनुसार उनके नाटक प्रस्तुत किए तो वे बेहद सफल साबित हुए।

लेकिन नाट्यशास्त्र में उल्लिखित प्रेक्षागृह और उनमें नाटकों के प्रस्तुतिकरण की पद्धति के विषय में प्रसाद ने जो विचार प्रस्तुत किए हैं, उनसे सहमत होना मुश्किल है। उदाहरण के लिए रंगशीर्ष और रंगपीठ के बीच एक यवनिका की परिकल्पना। मृच्छकटिक और शाकुन्तल, विक्रमोर्वशी जैसे नाटकों के भंचन में बैलों से जुते हुए रथ और घोड़ों के रथ तथा हेमकूट पर चढ़ती हुई अप्सराएँ दिखलाई जा सकती थीं। इन दृश्यों के दिखलाने में मोम, मिट्टी, तृण, लाख, अभ्रक, काठ, चमड़ा, वस्त्र और बाँस के फंठों से काम लिया जाता था। वास्तव में भरत ने उपर्युक्त सभी मंच उपकरणों को बनाने का विधान अवश्य प्रस्तुत किया है लेकिन इसका अर्थ यह कदापि न लिया जाए कि नाटकों के प्रस्तुतिकरण में वह इस हद तक यथार्थवादी पद्धति के पक्षपाती रहे होंगे। स्वयं प्रसाद के नाटकों को भी यदि पूरी तरह से इसी पद्धति से प्रस्तुत किया जाए तो असफलता ही हाथ लगेगी। न जाने क्यों ऐसे अवसरों पर प्रसाद संस्कृत नाटकों के वाचिक और आंगिक पक्ष को अनदेखा कर जाते हैं, जबकि स्वयं उनके नाटकों के मंचन का भी यही सबसे सहज और स्वाभाविक रास्ता है।

हाँ, प्रसाद ने अभिनय के दो विधानों–यथा लोकधर्मी और नाट्यधर्मी की जो

व्याख्या प्रस्तुत की है, वह बिलकुल उचित है। रंगमंच पर स्वाभाविकता का ध्यान लोकधर्मी कहलाता है। इस लोकधर्मी अभिनय में रंगमंच पर कृत्रिम उपकरणों का उपयोग बहुत कम होता था। स्वाभाविकता का अधिक ध्यान केवल उपकरणों में ही नहीं अपितु आंगिक अभिनय में भी अभीष्ट था। उसमें बहुत अंग लीला वर्जित थी। यहीं पर नाट्यधर्मी की व्याख्या के अन्तर्गत प्रसाद ने अपने पूर्ववर्ती विचारों का भी एक प्रकार से परिमार्जन कर लिया है और वह ऐसे कि अतिसत्व क्रियाएँ, असाधारण कर्म, अतिभाषित लोकप्रसिद्ध द्रव्यों का उपयोग अर्थात् शैल, यान और विमान आदि का प्रदर्शन और ललित अंगहार जिसमें प्रयुक्त होते थे–रंगमंच के ऐसे नाटकों को नाट्यधर्मी कहते थे। स्वगत, आकाश-भाषित इत्यादि तब भी अस्वाभाविक माना जाता था और उनका प्रयोग नाट्यधर्मी अभिनय में ही रंगमंच पर किया जाता था।

प्रसाद इस तथ्य से भी भलीभाँति परिचित हैं कि पश्चिमी रंगमंच की तुलना में भारतवर्ष के रंगमंच में स्त्रियाँ नाटकों को सफल बनाने के लिए आरम्भ से ही आवश्यक समझी गईं। यहाँ तक कि उन्नीसवीं शताब्दी के मध्य में टॉमस कीन की सहायता से अंग्रेज़ी रंगमंच में पुरावृत्त की खोजों के आधार पर, शेक्सपीयर के नाटकों के अभिनय की जो नई योजना हुई जिसमें हेनरी इर्विंग सदृश अभिनेताओं ने योगदान दिया और साथ ही सूक्ष्म तथा गम्भीर प्रभाव डालनेवाली इब्सन की प्रेरणा भी पश्चिम में स्थान बना रही थी (जो नाटकीय यथार्थवाद का मूल है), यह तथ्य भी प्रसाद से अछूता नहीं रहा।

आज भी आलोचक हिन्दी में नाटकों के अभाव की बात करते हैं। प्रसाद ने भी आलोचकों के हवाले से इसका संकेत किया है किन्तु साथ ही यह चेतावनी भी दी है कि रंगमंच नहीं है, ऐसा कहने का साहस कोई नहीं करता। रंगमंच पर स्वाभाविकता के आग्रह के कारण प्रसाद इस सीमा तक तो सहमत जान पड़ते हैं कि जटिल और क्लिष्ट विचारों को वहन करने के लिए भाषा भी उतनी ही सूक्ष्म और मार्मिक होगी लेकिन ऐसा न हो कि स्वाभाविकता की रक्षा की आड़ में नाटक में विभिन्न पात्रों के अनुसार भाषा की भी खिचड़ी प्रस्तुत कर दी जाए। पश्चिम के नए रंगमंच से प्रेरणा अवश्य ग्रहण करें लेकिन वहाँ के अति यथार्थवाद से ग्रसित न हो जाएँ। अन्तिम निष्कर्ष के रूप में रंगमंच पर सुशिक्षित और कुशल अभिनेता तथा मर्मज्ञ सूत्रधार की आवश्यकता, देशकाल की प्रवृत्तियों के समुचित अध्ययन की अपेक्षा और उन सब साधनों से जो वर्तमान विज्ञान द्वारा उपलब्ध हैं, वंचित भी न होना–प्रसाद के इस ठोस एवं व्यावहारिक रंगचिन्तन से सहमत हुए बिना नहीं रहा जा सकता।

टैगोर की रंग अवधारणाएँ

आधुनिक भारतीय रंगमंच में यदि गम्भीर रंग चिन्तन 1880 में लिखे भारतेन्दु के लम्बे निबन्ध 'नाटक अथवा दृश्यकाव्य विवेचन' से होता है, तो उसके ठीक 23 साल बाद भारतीय रंगमंच के एक और महत्त्वपूर्ण कवि, नाटककार, उपन्यासकार और चिन्तक रवीन्द्रनाथ टैगोर 1903 में 'बंग दर्शन' में प्रकाशित अपने लिखे निबन्ध 'रंगमंच' के साथ प्रस्तुत होते हैं। प्रायः टैगोर के बारे में आम धारणा यही है कि अपनी जीवन दृष्टि और साहित्यिक दृष्टि को लेकर उनका झुकाव पूर्व से ज़्यादा पश्चिम की ओर रहा है। यहाँ तक कि विद्वानों ने उन्हीं की कविता 'जन गण मन' को भी ब्रिटिश सम्राट की प्रशंसा में लिखे हुए गीत की तरह से लिया है।

इस धारणा के पीछे कितनी सच्चाई है, इसे प्रमाण द्वारा पुष्ट करना ज़रा मुश्किल जान पड़ता है क्योंकि स्वयं टैगोर के अपने लेखन में इस तरह के कोई स्पष्ट संकेत नहीं मिलते। इसके विपरीत यदि उनके पूरे साहित्य की गहराई से जाँच-पड़ताल की जाए तो तस्वीर का दूसरा पक्ष ही ज़्यादा साफ और उजला होकर सामने आता है और वह यह कि टैगोर की जीवन दृष्टि पूरी तरह से भारतीय दर्शन, शास्त्र और मूल्यों से जुड़ी हुई है। 'रंगमंच' शीर्षक से लिखा उनका यह निबन्ध उपर्युक्त स्थापना को बड़े ज़बरदस्त ढंग से पुष्ट करता है। आश्चर्य होता है कि भारतीय रंगमंच में जिस भारतीयता की तलाश का आग्रह आज दिखाई पड़ रहा है, उसके विषय में भारतेन्दु, टैगोर और प्रसाद कितने वर्ष पूर्व संकेत कर चुके थे। इसीलिए इसे मात्र संयोग मानकर नहीं छोड़ा जा सकता कि तीनों की मंच सम्बन्धी अवधारणाएँ एक-दूसरे से कितनी मिलती-जुलती हैं।

टैगोर का यह निबन्ध एक तरह से भरत के नाट्यशास्त्र का ही एक समकालीन पुनर्पाठ प्रस्तुत करता है। टैगोर की सबसे पहली और महत्त्वपूर्ण स्थापना ही यही है कि नाट्य मंच में नाटकों की प्रस्तुति के लिए किसी तरह के दृश्यपट की कोई ज़रूरत नहीं है। वह रंगमंच को पूरी तरह से शुद्ध और स्वतन्त्र कला माध्यम मानते हैं। अपनी स्थापना के पक्ष में टैगोर जो उदाहरण लेकर उपस्थित होते हैं, वह रोचक तो हैं ही, साथ-साथ उनकी स्थापना की गहराई को भी रेखांकित करते हैं, जैसे कि रामायण पाठ को राग-रागनियों के सुर में बाँधकर पढ़ने और बाँचने की परम्परा। उनका मत है कि रामायण जैसे महाकाव्य को पहले से निश्चित राग-रागनियों के सुर-ताल में बाँधने से ज़्यादा सही विकल्प यह होगा कि रामायण स्वयं अपने पाठ का एक निजी और मौलिक

तरीका प्रस्तुत करे, जैसे कि संगीत स्वयं 'तोम ताना ताना' जैसे अर्थहीन शब्दों से एक ऐसा प्रभाव पैदा कर सकता है जिसमें बड़े-से-बड़े महाकाव्य से कोई सहायता नहीं लेनी पड़ती।

टैगोर ने यह बात श्रव्यकाव्य को लेकर कही है, लेकिन वह पूरी तरह सचेत हैं कि दृश्यकाव्य अर्थात् रंगमंच निश्चय ही दूसरे कला माध्यमों पर आश्रित रहता है। यह इसलिए कि दृश्यतत्त्व पर आग्रह होने के कारण नाटक को अभिनय, चित्रकला, संगीत जैसे बाहरी उपादानों की ज़रूरत पड़ती है। लेकिन दूसरे ही क्षण टैगोर स्वयं अपने ही विचार को बहुत स्पष्ट शब्दों में खंडित कर देते हैं और वह यूँ कि किसी नाटक को अभिनीत होने की प्रतीक्षा स्वयं क्यों करनी चाहिए ? उनका मत है कि यदि किसी अच्छे नाटक का अभिनय नहीं हो पा रहा है तो यह उस नाटक का नहीं वरन् अभिनय का दुर्भाग्य है। यहाँ वह ठीक जयशंकर प्रसाद से मिलती-जुलती बात ही कह रहे हैं, जब प्रसाद भी इस बात की घोषणा करते हैं कि नाटक रंगमंच के लिए नहीं होता वरन् रंगमंच को नाटक के लिए होना चाहिए। इस तरह से टैगोर नाटक विधा की अपनी शक्ति और क्षमता का ही समर्थन करते नज़र आते हैं, जो कि पूरी तरह से शब्दों पर आधारित होता है। यह सही है कि अभिनय को भी शब्दों का सहारा तो ज़रूर लेना पड़ता है लेकिन इसका अर्थ यह नहीं कि उसे अभिनय से जुड़ी हर कला की अधीनता स्वीकार करनी चाहिए। उनके विचार में नाटक के शब्द और अभिनेता की अभिनय कला के बीच किसी तीसरे बाहरी तत्त्व की अनावश्यक उपस्थिति क्यों रहे ! यदि अभिनेता अपनी कला से मात्र शब्दों के सहारे दर्शकों को हँसा सकता है, रुला सकता है और उनके ऊपर मनचाहा असर डाल सकता है तब किसी भी प्रकार के दृश्यपट की आवश्यकता क्यों पड़े ? क्या इससे दर्शकों की अपनी कल्पना-परिकल्पना में अवरोध उत्पन्न नहीं हो जाएगा ? अपने मत की पुष्टि में टैगोर ठीक उसी उदाहरण को लेकर आते हैं जो उनके पूर्ववर्ती भारतेन्दु ने अपने निबन्ध में दिया था अर्थात् कालिदास के नाटक 'अभिज्ञान शाकुन्तल' में शकुन्तला और उसकी सखियों का पेड़-पौधों को सींचने का अभिनय और दुष्यन्त का दूर एक पेड़ की आड़ में खड़े होकर उनका वार्तालाप सुनना। मंच पर कोई पेड़ नहीं है, कोई फूलों की क्यारियाँ नहीं हैं लेकिन फिर भी अभिनेत्रियों के हावभाव और कार्य व्यापार से दर्शक के लिए वे सारी चीज़ें स्वयं उजागर हो उठती हैं। ठीक यही बात नाटक के शुरू में ही दुष्यन्त द्वारा रथ पर सवार होकर मृग का पीछा करनेवाले दृश्य के बारे में कही जा सकती है। मंच पर कोई रथ नहीं है और मात्र पात्रों की गतियों, मुद्राओं, चर्याओं और संवादों के माध्यम से पूरा दृश्य संसार स्वयं साकार हो उठता है।

इस सन्दर्भ में टैगोर भारतीय और पश्चिमी यथार्थवाद के अन्तर को भी स्पष्ट करते हैं। उनकी दृष्टि में यूरोपीय लोगों के लिए मंच पर वास्तविक सत्य यानी यथार्थवाद न हो तो काम नहीं चलता। इस भ्रम अथवा खेल का मज़ा यह है कि कल्पना को यथार्थ का जामा पहनाकर मंच पर प्रस्तुत किया जाए और इससे दर्शकों का मन बहलाया जाए।

यही कारण है कि उनकी प्रस्तुतियों में बहुत से तकनीकी तामझाम की अपेक्षा रहती है। वहाँ मात्र शब्दों से काम नहीं चलता, शब्दों के साथ-साथ उनसे जुड़ा पूरा दृश्यजगत भी तैयार करना पड़ता है। इस काम के लिए अच्छा खासा पैसा और इंजीनियरिंग की दरकार है। टैगोर को धन का यह अपव्यय हास्यास्पद लगता है क्योंकि उनके अनुसार पश्चिम के मंचों पर मात्र ऐसे खेल-तमाशों के लिए जो फिज़ूलखर्ची होती है, उसमें तो अपने देश के न जाने कितने भयंकर दुर्भिक्षों को टाला जा सकता है। दरअसल, बात सिर्फ धन के खर्च किए जाने या न किए जाने तक सीमित नहीं है वरन् टैगोर इस बात पर ज़ोर देते अवश्य नज़र आते हैं कि अन्ततः रंगमंच का सौन्दर्य मंच पर चीज़ों को हू-ब-हू प्रस्तुत करने में नहीं वरन् दर्शक की कल्पना के लिए हम मंच को जितना खुला, ख़ाली और निस्संग छोड़ें, उतना ही ज़्यादा प्रभावकारी होगा। इसीलिए हमारे यहाँ के कार्यव्यापार, खेलकूद सब बहुत सहज और सरल होते हैं। यहाँ तक कि हम भोजन का आनन्द भी मात्र केले के पत्ते पर करके उठा लेते हैं।

निबन्ध के अन्त तक आते-आते टैगोर उस रंगमंच को पूरी तरह से नकारने की बात करते हैं जो हमने पश्चिम की नक़ल में तैयार किया है। वह बार-बार अभिनेता, अभिनेता की कला और आलेख की महत्ता को ही अलग-अलग उदाहरणों से पुष्ट करते जान पड़ते हैं। वह तो यथार्थवाद को इस हद तक भी छोड़ने के पक्षधर हैं जहाँ स्त्रियों की भूमिका अभिनीत करने के लिए अभिनेत्रियों की ज़रूरत पड़ती है। वह अपने यहाँ की लोकनाट्य शैली *जात्रा* के बहाने से स्थापित कर देते हैं कि वास्तविक कला वह है जहाँ मंच पर कुछ भी वास्तविक रूप में हुए बिना भी दर्शकों को उसका पूरा अहसास करा दिया जाए।

संक्षेप में, निष्कर्ष के तौर पर वह अपनी रंग अवधारणाओं को एक साथ समेटकर यहाँ तक कह डालते हैं कि मंच पर दृश्यसज्जा, तकनीकी तामझाम, कला-कौशल आदि जितनी भी जटिलताएँ दिखाई पड़ती हैं वह अन्ततः रंगकर्मियों की अक्षमता का ही परिचय देती हैं। यदि ऐसा कोरा यथार्थ कला में प्रवेश कर जाए तो वह उसे भीतर-ही-भीतर एक तिलचट्टे की तरह से सोख लेता है। यथार्थ की ऐसी भूख रसास्वादन के आनन्द को नष्ट कर डालती है और रंगमंच रसानुभूति का माध्यम न रहकर मात्र तकनीकी चित्र होकर रह जाता है।

कहा जा सकता है कि टैगोर अपनी उपर्युक्त सभी रंग अवधारणाओं के परिप्रेक्ष्य में भारतीय अथवा पाश्चात्य किसी भी पूर्ववर्ती अथवा परवर्ती रंग निर्देशक और रंग चिन्तक से ज़्यादा क्रान्तिकारी नज़र आते हैं। पश्चिम में जिस समय यथार्थ को मंच पर ज्यों-का-त्यों प्रस्तुत करने का आग्रह और प्रचलन था उस समय इससे बिलकुल अलग हटकर भारतीय नाट्यशास्त्र के भीतर से पुनः एक ख़ाली, उन्मुक्त और निस्संग स्पेस पर नाटक की प्रस्तुति की परिकल्पना निश्चय ही एक ऐसी स्थापना थी जो बहुत दूरगामी थी और जिसका परिणाम आज हमें समकालीन भारतीय रंगमंच में दिखाई पड़ रहा है। टैगोर ने इस तरह के रंगमंच की परिकल्पना को मात्र विचार-विमर्श के स्तर

पर ही विश्लेषित नहीं किया वरन् *राजा, मुक्तधारा, डाकघर और रक्तकरबी* जैसे नाटकों की रचना के माध्यम से भी प्रमाणित किया। उनके नाटक सचमुच में अपनी प्रस्तुति के लिए मंच पर खाली स्पेस की माँग करते हैं जो हमारे शास्त्रीय रंगमंच में और लोक रंगमंच में शुरू से विद्यमान रहे हैं। सिर्फ हमारे यहाँ ही क्यों, क्या स्वयं पश्चिम का प्राचीन रंगमंच भी इसका साक्षी नहीं है ? इसलिए यह अकारण नहीं है कि स्वयं पश्चिम का रंगमंच भी आज उसी दिशा की ओर लौट रहा है जिसकी तरफ टैगोर ने आज से लगभग 100 वर्ष पूर्व ज़ोरदार शब्दों में ध्यान दिलाया था।

भारतेन्दु और हमारा रंगमंच

सबसे पहला प्रश्न तो यही उठता है कि डेढ़ सौ वर्षों के बाद भी भारतेन्दु हरिश्चन्द्र की हमारे लिए, हमारे समय के लिए सबसे बढ़कर हमारे अपने रंगमंच के लिए आज क्या सार्थकता है ? हम बार-बार हिन्दी रंगमंच के सन्दर्भ में भारतेन्दु हरिश्चन्द्र को यदि याद करते रहते हैं तो क्यों ? आखिर उन्होंने ऐसा क्या अद्भुत करिश्मा किया था कि हम उनकी याद किए बिना हिन्दी रंगमंच के विकास की चर्चा शुरू नहीं कर सकते ? यदि सचमुच में उन्होंने ऐसा कोई योगदान किया है तो आज तक विद्वानों, रंगकर्मियों और रंग-अध्येताओं के बीच भारतेन्दु के रंगमंच पर कोई गम्भीर चर्चा क्यों नहीं हुई ?

इस विषय में आज़ तक जो भी विचार, विवेचन और विश्लेषण उपलब्ध हैं, वह बहुत ही सतही और छिटपुट रूप में मिलता है, उदाहरण के लिए—हिन्दी भाषा की उन्नति को लेकर भारतेन्दु द्वारा व्यक्त किए गए विचारों पर आज के विद्वानों की यदा-कदा राय। भारतेन्दु द्वारा लिखे गए विभिन्न नाटकों का कभी-कभार भूले से साहित्यिक विवेचन। इससे ज़्यादा कुछ नहीं। यहाँ तक कि उनके पूरे रंगकर्म, रंग-अवधारणाओं और रंगमंच को लेकर एक भी स्वतन्त्र और सम्पूर्ण पुस्तक दिखाई नहीं पड़ती। इसलिए यह बहुत ज़रूरी हो जाता है कि भारतेन्दु की डेढ़ सौवीं जयन्ती के बहाने से ही सही, लेकिन एक बार जमकर उनके काम की पूरी जाँच-पड़ताल, मूल्यांकन और आकलन किया जाए।

भारतेन्दु का रंगमंच शीर्षक से इस सन्दर्भ में एक बड़ी पुस्तक की योजना कई दिनों से मेरे मन में बनती रही है। प्रस्तुत लेख को उस पुस्तक की भूमिका अथवा पहला लेख माना जा सकता है। भारतेन्दु हमारे समय के लिए क्यों इतने प्रासंगिक हैं, इसकी पूरी गहराई से छानबीन करूँगा—ऐसी मेरी कोशिश रहेगी।

यहाँ इस बात को दोहराने की कतई ज़रूरत नहीं है कि भारतेन्दु ही क्यों, कोई रचनाकार अथवा रचना 5000 वर्ष पहले की होकर भी कभी भी प्रासंगिक रह सकती है, उदाहरण के लिए—हमारे *रामायण* और *महाभारत* जैसे महाकाव्य, भास, कालिदास, शूद्रक, विशाखदत्त, भवभूति इत्यादि संस्कृत नाटककारों के नाटक, ग्रीक नाटककारों और शेक्सपीयर, मौलियर आदि के नाटक। लेकिन तब भी इन सबसे अलग भारतेन्दु की अपनी भी कुछ ऐसी निजी पहचान और विशेषताएँ हैं जो उन्हें एकदम से प्रासंगिक बना देती हैं। भारतेन्दु एक ऐसे समय में पैदा हुए थे जिसे भारतीय समाज, सभ्यता, संस्कृति

और भाषा का सन्धिकाल कहा जा सकता है। इतिहास साक्षी है कि जब-जब ऐसे सन्धिकाल उपस्थित होते हैं—जब समय की एक धारा लुप्त हो रही होती है और दूसरी का जन्म हो रहा होता है, तब इस नए और पुराने के पारस्परिक संघर्ष में निश्चित रूप से ऐसी प्रतिभाओं का उदय हुआ करता है, जैसे कि भारतेन्दु। हमारे अपने देश में शंकराचार्य, गुरु नानक, अमीर खुसरो आदि सन्त और साहित्यकार इसी तरह के सन्धिकाल की देन हैं। इसी के समानान्तर पश्चिम में भी अनेक ऐसे लोग मिल जाएँगे। यहाँ रेखांकित करनेवाली बात यह है कि सन्धिकाल में पैदा होना कोई बड़ी बात नहीं है वरन् संक्रमण के उस दौर में हम किस नई दृष्टि, दृष्टिकोण और मूल्यों को लेकर प्रस्तुत होते हैं, यह ज़्यादा महत्त्वपूर्ण है। मैं समझता हूँ कि यही वह प्रस्थान बिन्दु है, जहाँ से हम भारतेन्दु के रचनाकर्म के मूल्यांकन की शुरुआत कर सकते हैं।

अभी-अभी मैंने भारतेन्दु की निजी पहचान का उल्लेख किया था। वह निजी पहचान यह है कि भारतेन्दु अकेले ऐसे व्यक्तित्व दिखाई पड़ते हैं जो एक ही साथ रचनाकार, सिद्धान्तकार और प्रयोक्ता भी हो। रचनाकार और सिद्धान्तकार के कुछ और उदाहरण भी मिल जाएँगे जैसे कि चौदहवीं शताब्दी में जापान के नाटककार जियामी की रचनाएँ और उनके द्वारा लिखा हुआ नोह रंगमंच का सिद्धान्तशास्त्र। बीसवीं शताब्दी में ब्रेष्ट जैसा सिद्धान्तकार और रचनाकार और अपनी ही रचनाओं को मंच पर प्रस्तुत करनेवाला। भारत में भी दो-तीन उदाहरण ऐसे अवश्य दिए जा सकते हैं—एक तो नाट्यशास्त्र के प्रणेता भरत, जिनके कम से कम दो नाटकों के मंचन का उल्लेख मिलता है, लेकिन यह निश्चित नहीं है कि उनकी रचना उन्होंने स्वयं की थी और उनमें अभिनय भी किया था या नहीं। दूसरे हबीब तनवीर जिन्होंने नाटक लिखे भी, निर्देशित भी किए और उनमें अभिनय भी किया। तीसरे बादल सरकार जिन्होंने एक सिद्धान्त का प्रतिपादन भी किया, नाटक भी लिखे और उनमें अभिनय-निर्देशन भी किया। फ्रांस के नाटककार मौलियर भी नाटकों की रचना और उनमें अभिनय के लिए जाने जाते हैं। यही बात शेक्सपीयर और सोफोक्लीज, यूरिपीडिज के विषय में भी कही जा सकती है। लेकिन इन सारे तथ्यों के बावजूद भारतेन्दु की अपनी पहचान फिर भी बनी रहेगी क्योंकि उन्होंने उपर्युक्त सभी तरह का रंगकर्म एक ऐसे दौर में किया था जब हिन्दी भाषा का ही जन्म हो रहा था, उसमें रंगकर्म करने की बात अभी शेष थी।

भारतेन्दु ने कुल जमा 34-35 वर्ष की उम्र पाई और इस कम उम्र में भी उन्होंने नाटक, निबन्ध, काव्य और अनुवादों के माध्यम से जितने बड़े साहित्य भंडार की रचना की, वह अपने आपमें कोई कम उपलब्धि नहीं है। कहने को उन्नीसवीं शताब्दी के जर्मन नाटककार जॉर्ज बुखनर ने भी महज 23 साल की उम्र पाई, लेकिन उनके लिखे हुए कुल जमा तीन नाटकों का ही जिक्र मिलता है और उनमें भी एक अपूर्ण है। यह अलग बात है कि मात्र इतने कम नाटकों के बल पर भी बुखनर ने अपना नाम इतिहास में दर्ज करवाया और परवर्ती नाटककारों पर अपनी विशिष्ट छाप छोड़ी। यही बात हम रूसी नाटककार चेखव के विषय में भी कह सकते हैं। स्वयं अपने यहाँ एक दूसरे

साहित्यकार रांगेय राघव का नाम भी लिया जा सकता है। लेकिन मूल प्रश्न यह नहीं है कि किस रचनाकार ने अल्प आयु में भी बहुत कम लिखा अथवा बहुत ज़्यादा लिखा। हमें यह देखना चाहिए कि उसकी रचनाओं ने स्वयं अपने समय और परवर्ती समय के लिए कौन से ऐसे प्रतिमान स्थापित किए जो आज भी हमारे रंगमंच के लिए उतने ही महत्त्वपूर्ण माने जा सकते हैं।

बहुत ही ऊपरी तौर पर देखने से एक तथ्य साफ-साफ स्थापित होता है और वह यह है कि भारतेन्दु ने भले ही भरत के *नाट्यशास्त्र* और उसके बाद उसकी व्याख्या पर आधारित जितने भी दूसरे शास्त्र और लक्षण ग्रन्थ लिखे गए थे, उन सबका गहरा अध्ययन किया था लेकिन उन्होंने शास्त्रों का हू-ब-हू अनुकरण न तो स्वयं किया और न ही अपने समकालीन और परवर्ती रंगकर्मियों को ऐसा करने के निर्देश दिए। उनके 'नाटक अथवा दृश्य-श्रव्य काव्य विवेचन' नामक शास्त्रीय निबन्ध की सबसे बड़ी स्थापना ही यही है कि हम शास्त्रों का अध्ययन ज़रूर करें किन्तु उनमें से उतना ही ग्रहण करें जितना हमारे अपने रंगमंच के लिए सार्थक लगता है। क्या आज हमारे रंगमंच के सामने सबसे बड़ा सवाल यही नहीं है, जिसकी तरफ भारतेन्दु ने आज से एक सौ बीस-इक्कीस साल पहले संकेत किया था।

शास्त्र के आधार पर नए शास्त्र की रचना करना एक बात है और उस नए शास्त्र की पुष्टि के लिए नाट्य रचना करना इससे भी बड़ी बात है अर्थात् भारतेन्दु ने मात्र नए नाट्यशास्त्र की रचना ही नहीं की वरन् अपने नाटकों की रचना के माध्यम से उन्होंने उसके व्यावहारिक पक्ष को भी स्थापित किया। दशरूपक की शायद ही कोई ऐसी विधा बची हो जिसके उदाहरण के रूप में भारतेन्दु ने स्वयं नाट्य रचना न की हो। नाटक, प्रकरण, प्रहसन, भाण, नाटिका और यहाँ तक कि उप-रूपकों में परिगणित सट्टक जैसे भेद का भी *कर्पूर मंजरी* जैसी रचना के माध्यम से उदाहरण प्रस्तुत किया। इतना ही नहीं शास्त्रीय विवेचन से अलग नई नाट्य विधा, नई-नई नाट्य शैली और नए-नए शिल्प खोजने में भी भारतेन्दु की कोई तुलना नहीं। यदि उस समय फोटोग्राफी जैसे माध्यम का आविष्कार हो चुका था, तो भारतेन्दु ने भी छायाचित्र शीर्षक के अन्तर्गत इससे मिलते-जुलते एक नए साहित्यिक एवं रंगमंचीय मुहावरे की तलाश की। आज हम रंगमंच में जिस प्रकार से दूसरी कलाओं और विधाओं के हस्तक्षेप की बात कर रहे हैं, भारतेन्दु ने छायाचित्र, श्रव्य-चित्रण जैसे उदाहरणों से बहुत पहले ही यह सब कुछ प्रस्तुत कर दिया था।

हमारे रंगमंच की विविधता और समृद्धि इस दृष्टि से भी आँकी जा सकती है कि उसमें आज के बहुत से अनुभवी और कल्पनाशील निर्देशकों ने बोलियों, उप-भाषाओं और विभिन्न भाषाओं के प्रयोग की दिशा में भी महत्त्वपूर्ण रंगकर्म किया है। इस सन्दर्भ में कम से कम दो निर्देशकों हबीब तनवीर और ब.व. कारंत का नाम अनायास ही लिया जा सकता है। देखा जाए तो भारतेन्दु इस फ्रंट पर भी पीछे नहीं रहे। उनके सुपरिचित प्रहसन *अंधेर नगरी* का सिर्फ एक बाजारवाला दृश्य इस तथ्य को प्रमाणित करने के

लिए काफी है कि यदि रंगमंच में तरह-तरह की बोलियों और भाषाओं की छटा देखने को मिले तो वह अपने आप में कितना सशक्त और जीवन्त हो उठता है। अपने दूसरे नाटकों में, कविताओं में ब्रजभाषा और गद्य में खड़ी बोली के व्यवहार से भारतेन्दु ने नई तरह की नाटकीयता प्रस्तुत करने की कोशिश की है।

नाटक अथवा रंगमंच के लिए कौन-सी फार्म, कौन-सा शिल्प, कौन-सी संरचना और कौन-से मुहावरे की तलाश की जाए यह सवाल आज के रंगकर्मी के सामने सबसे ज़्यादा ज्वलन्त सवाल है। क्या हम पूरी तरह से अपने शास्त्रीय नाट्य और रंगशैलियों की तरफ लौट जाएँ अथवा लोकशैलियों से प्रेरित होकर अपने रंगकर्म को पुष्ट करें ? क्या हम अपने समकालीन रंगमंचीय मुहावरे की खोज पश्चिम में प्रचलित विभिन्न शैलियों के भीतर से करें ? यह सारे सवाल ठीक इसी रूप में भारतेन्दु के सामने भी उपस्थित थे और उन्होंने इन सबके बीच रहते हुए भी एक अपना सहज सा रास्ता खोज लिया था। जब उन्होंने अपने रंगकर्म की शुरुआत की उस समय उनके सामने पश्चिम का यथार्थवादी और रोमांटिक रंगमंच था। अपने यहाँ का लोक और पारसी रंगमंच था और कहीं कुछ शास्त्रीय शैलियाँ भी विद्यमान थीं और इन सबके साथ तत्कालीन बंगाल में उपलब्ध जात्रा जैसी संगीतमय शैली और भावनाओं से ओतप्रोत अतिरंजित अभिनय शैली भी मौजूद थी जो बाद में द्विजेन्द्रलाल राय के नाटकों में दिखाई पड़ती है और शायद पारसी नाटकों और रंगमंच से प्रभावित थी—इतना सब कुछ अपने सामने होने के बावजूद भारतेन्दु ने किसी भी एक शैली को पूरी तरह से आत्मसात नहीं किया वरन् सभी से थोड़ा-थोड़ा अंश लेकर अपनी एक निजी रंगशैली विकसित की जिसे भारतीय रंगमंच की खोज का पहला पड़ाव माना जा सकता है। कहना होगा कि रंगमंच में जिस प्रयोगशीलता का जिक्र हम आज बार-बार करते हैं, उसकी पहली नींव भारतेन्दु ने ही रखी थी। इतना ही नहीं, भारतीय और विश्व रंगमंच में जिस सिंथीसिस की बात हो रही है, उसका पूर्वानुमान भारतेन्दु के रंगकर्म में साफ-साफ दिखाई पड़ता है।

अब हम भारतेन्दु की इस रंगशैली और मुहावरे पर विस्तृत चर्चा कर सकते हैं। उसकी पहली और सबसे बड़ी विशेषता तो यही है कि वह मात्र एक साहित्यिक शैली या मुहावरा नहीं है वरन् पूरी तरह से रंगमंचीयता से सम्बद्ध है। नाटक के आरम्भ में ही एक गीत या प्रार्थना या मंगलाचरण का इस्तेमाल। भले ही यह युक्ति कोई नई नहीं थी और रंगमंच के आरम्भ से ही चली आ रही थी, लेकिन फिर भी उसके इस्तेमाल से कैसे एकदम से दर्शकों को काबू में किया जा सकता है यह भारतेन्दु ने बहुत अच्छी तरह से जान-समझ लिया था। इसकी प्रेरणा उन्हें संस्कृत नाटकों से मिली हो, लोक नाटकों से मिली हो अथवा पारसी नाटकों से, लेकिन अहम् बात यह है कि उन्होंने इन सभी परम्पराओं को मिलाकर अपने नाटकों का जो मुहावरा तैयार किया वह कई तरह से अपनी ओर ध्यान आकृष्ट करता है। एक तो यही कि उसमें शास्त्रीय रंगमंच जैसी दुरूहता और क्लिष्टता बिलकुल भी नहीं है, न ही पारसी रंगमंच जैसा फूहड़पन है और न ही लोक-रंगमंच जैसा खुलापन है। यदि सही मायनों में कहा जाए तो उनकी शैली

एक सहजता और स्वाभाविकता लिये हुए है। यह अकारण नहीं है कि परवर्ती नाटककार जयशंकर प्रसाद ने भारतीय रंगमंच में यथार्थवाद को लाने का श्रेय भारतेन्दु हरिश्चन्द्र को दिया है। यहाँ प्रसाद का मकसद पश्चिम के उस यथार्थवाद से हरगिज नहीं है जहाँ हम जीवन को हू-ब-हू प्रस्तुत करने पर बल देते हैं, इसकी बजाय भारतेन्दु के सन्दर्भ में प्रसाद द्वारा उल्लिखित यथार्थवाद उस लोकधर्मी परम्परा के निकट पड़ता है जिसमें नाटक की कहानी का ताल्लुक कहीं भी करिश्मों, अद्‌भुत कारनामों से नहीं होता और वह पूरी स्वाभाविकता लिये रहती हैं।

भारतेन्दु की कुल उम्र को दो अलग-अलग बराबर चरणों में बाँटा जा सकता है। पहले 17-18 वर्ष लगातार जगह-जगह, शहर-दर-शहर घूम-घूमकर अनुभव बटोरने में लगे तो आगे के 17-18 वर्ष रंगकर्म को समर्पित हैं। यदि आँकड़ों को अपने सही तथ्यों के साथ भी प्रस्तुत करना हो तो एक अद्‌भुत संयोग घटित होता है। मंच पर पहली बार एक अभिनेता के रूप में भारतेन्दु 1868 में उतरते हैं तो उसी वर्ष में अपना पहला महत्त्वपूर्ण नाटक *विद्यासुन्दर* लेकर भी उपस्थित होते हैं, जो बंगाल में पहले से प्रचलित और मंचित एक नाटक पर आधारित है। फिर इसके आगे के वर्ष तो लगातार नाटकों की रचना करने, उनमें अभिनय करने और उनके निर्देशन करने से जुड़े हुए हैं और अपनी आयु के अन्तिम चरण में भारतेन्दु अपनी सैद्धान्तिक और व्यावहारिक रचना प्रक्रिया और सोच को 'नाटक अथवा दृश्य-श्रव्य काव्य सिद्धान्त विवेचन' नाम के निबन्ध में प्रस्तुत करते हैं।

ऐसा नहीं है कि भारतेन्दु ने केवल मौलिक नाटकों की ही रचना की। सत्य शायद इसके बिलकुल विपरीत है। उनके ज़्यादातर नाटक पहले से या तो संस्कृत में रचित नाटकों पर अथवा देश की दूसरी भाषाओं में उपलब्ध साहित्य पर आधारित हैं। लेकिन इसके साथ-साथ उन्होंने शेक्सपीयर के प्रसिद्ध नाटक *मर्चेन्ट ऑफ वेनिस* का *दुर्लभ बन्धु* के नाम से हिन्दी में अनुवाद किया और विशाखदत्त के संस्कृत नाटक *मुद्राराक्षस* का भी। भारतेन्दु द्वारा किया गया *मुद्राराक्षस* का अनुवाद आज तक रंगकर्मियों में इतना लोकप्रिय है कि उसका कोई दूसरा हिन्दी अनुवाद देखने में नहीं आता। शेक्सपीयर के नाटक *मर्चेन्ट ऑफ वेनिस* के अनुवाद ने अप्रत्यक्ष रूप से आगा हश्र कश्मीरी को *यहूदी की लड़की* लिखने की प्रेरणा दी होगी, इस सम्भावना से भी इंकार नहीं किया जा सकता। इन सभी तथ्यों से यह साफ जाहिर होता है कि भारतेन्दु की रचनाशीलता एक साथ कितने स्तरों पर सक्रिय थी। इस बात को हमारे आज के रंगकर्मी को अच्छी तरह से समझ लेना चाहिए। आज जिस तरह से चारों तरफ सम्पूर्ण रंगमंच की अवधारणा का बोलबाला है, उसकी एक बानगी भारतेन्दु कितना पहले हम लोगों के सामने प्रस्तुत कर चुके हैं अर्थात् आज एक रंगकर्मी को नाटककार भी होना है, अभिनेता भी होना है, निर्देशक भी होना है, व्यवस्थापक भी होना है और अभिकल्पक भी होना है।

भरत के *नाट्यशास्त्र* की व्याख्या करते समय भारतेन्दु ने जितना ध्यान सहज और स्वाभाविकता के लिए सूक्ष्म अभिनय पर केन्द्रित किया है, उसे पढ़कर सचमुच में उनकी

दूरदर्शिता का लोहा मानना पड़ता है। अपनी बात को उन्होंने *अभिज्ञानशाकुन्तल* जैसे नाटक के एक संवाद के माध्यम से बहुत अच्छी तरह से समझाया है और वह संवाद नाटक के चौथे अंक में कण्व ऋषि द्वारा कहलवाया जाता है जब शकुन्तला को विदाई देने का प्रसंग आता है। संवाद कुछ यों है–*जब मुझ जैसे ऋषि मुनि को इस विदाई के अवसर पर इतना दुख हो रहा है तो जो लोग सचमुच में गृहस्थ होते हैं, उनकी क्या दशा होती होगी।* भारतेन्दु लिखते हैं कि यदि कोई अभिनेता इस संवाद को चीख-चीखकर और छाती पीटकर बोलेगा तो उसे सुनने में किसकी रुचि होगी। इसके विपरीत अभिनेता इस संवाद को जितने सूक्ष्म, मार्मिक और आन्तरिक भावाभिव्यक्ति के साथ प्रस्तुत करेगा वह उतनी ही अपने आपमें उत्तम अभिनय का उदाहरण होगा। गौर किया जाए कि जिस समय भारतेन्दु अभिनय की ऐसी व्याख्या प्रस्तुत कर रहे हैं उस समय स्तानस्लाव्स्की, मेयरहोल्ड, आर्तो और ब्रेष्ट किसी भी पाश्चात्य चिन्तक और रंगकर्मी का उदय नहीं हुआ था, सिवाय अपने यहाँ भरत और जापान में ज़ियामी को छोड़कर और वे दोनों भी लगभग इसी तरह के सूक्ष्म अभिनय की चर्चा करते हैं। क्या आज हम भी एक आधुनिक अभिनेता से इस तरह की सूक्ष्मता और सात्विकता की अपेक्षा नहीं करते ?

भारतेन्दु की रंगभूमि, रंगमंच और रंग-परिकल्पनाओं की पृष्ठभूमि में इस तथ्य को नज़रअन्दाज नहीं किया जा सकता है कि उनके अपने अन्तर्विरोध भी थे, अवश्य थे और वे कहीं अंग्रेजी राज की प्रशंसा में और कहीं उसके विरोध में, वे अन्तर्विरोध कहीं किसी जाति विशेष का पक्ष लेने में और कहीं जाति और वर्ग से परे एक खुले समाज की परिकल्पना में, वे अन्तर्विरोध उनकी रचनाओं में उपलब्ध बड़े-बड़े मूल्यों की प्रतिष्ठा में और स्वयं अपने जीवन में एक बोहेमियन जीवन जीने की शैली में दिखाई पड़ते हैं। ज़रूरी नहीं कि उनके सभी नाटक उच्च कलात्मक शिखरों को छूते हों, जिनकी वकालत वह लगातार करते रहे। इसीलिए तो कहना पड़ता है कि भारतेन्दु हमारे लिए और हमारे रंगमंच के लिए और भी ज़्यादा मूल्यवान हो उठते हैं क्योंकि आज हमारा जीवन कहीं कम विरोधों और अन्तर्विरोधों से भरा है बल्कि कहना चाहिए कि इसी आधार पर तो भारतेन्दु और भी ज़्यादा आधुनिक और समकालीन हो जाते हैं कि वह एक साथ दो परस्पर विरोधी ध्रुवों को अपनी रचनाओं में प्रस्तुत करते हैं–एक तरफ *सत्य हरिश्चन्द्र* जैसे नाटक में सत्य जैसे असम्भव से दिखनेवाले मानवीय मूल्य की प्रतिष्ठा और दूसरी तरफ *अंधेर नगरी* जैसे प्रहसन के माध्यम से जीवन का दूसरा पक्ष प्रस्तुत करते हैं जहाँ लूट, चोरी, अन्याय और भ्रष्टाचार का बोलबाला है। आज जैसे उथल-पुथल के समय में हम जी रहे हैं वह क्या भारतेन्दु के समय से कहीं अलग है ? मैं समझता हूँ कि यही वह आधारभूमि है जिस पर स्थित होकर भारतेन्दु की प्रत्येक रचना पर विशद, स्वतन्त्र और सम्पूर्ण विचार-विमर्श होना चाहिए, तभी शायद हम भारतेन्दु को भारतीय रंगमंच के पूरे इतिहास और परम्परा में और उसके साथ-साथ हमारे अपने आज के रंगमंच के परिप्रेक्ष्य में अच्छी तरह से जाँच-परख सकेंगे।

अभिनेता का आलेख

साहित्य हो अथवा ललित कलाएँ—हर रचना के कम से कम दो आलेख अवश्य होते हैं। एक रचयिता का अपना आलेख और दूसरा पाठक अथवा दर्शक का आलेख। प्रदर्शनकारी कलाओं, जैसे कि संगीत, नृत्य और नाटक में यह प्रक्रिया तीन आलेखों तक पहुँच जाती है, अर्थात् रचनाकार के शब्दों और श्रोता-दर्शक के बीच गायक, नर्तक और निर्देशक का आलेख आ जाता है। लेकिन नाटक और रंगमंच जैसी विधा में एक और आलेख भी विद्यमान रहता है, जिसकी तरफ़ प्रायः कम ध्यान दिया गया है और वह है अभिनेता का आलेख। आमतौर पर यह मानकर चला जाता है कि निर्देशक का आलेख ही अभिनेता का आलेख भी होता है, क्योंकि अभिनेता निर्देशक की व्याख्या के अनुसार मंच पर रचनाकार की प्रस्तुति को साकार करने का माध्यम है, अतः उसका अपना कोई अलग या स्वतन्त्र आलेख हो ही नहीं सकता। मेरे विचार में यदि हम नाटक के लिखित आलेख से प्रस्तुति आलेख तक की पूरी रचना-प्रक्रिया का सूक्ष्मता और गहराई से अध्ययन और विश्लेषण करें तो इससे ज़्यादा भ्रामक स्थिति और कोई नहीं हो सकती कि हम निर्देशक के आलेख को ही सर्वोपरि मान लें और अभिनेता के आलेख के अस्तित्व से भी इनकार कर दें। इसमें कोई सन्देह नहीं कि हम मंच पर जो कुछ भी देखते हैं, वह अन्ततः लिखित आलेख की निर्देशकीय व्याख्या का चाक्षुष प्रस्तुतीकरण ही हुआ करता है, लेकिन इसके बावजूद उस प्रस्तुति में अभिनेता के अपने निजी एवं विशेष आलेख की ज़बर्दस्त उपस्थिति को अनदेखा नहीं किया जा सकता।

अच्छा यही होगा कि हम स्वयं यह देखने की कोशिश करें कि दर्शकों तक पहुँचने की नाटक की रचना-यात्रा में नाटककार और निर्देशक के साथ-साथ अभिनेता के आलेख की भी समान्तर यात्रा किस प्रक्रिया से गुज़रती है। इस विषय में शुरू में ही यह खुलासा कर देना ज़रूरी लगता है कि अभिनेता के आलेख से मेरा आशय नाटक के उस लिखित आलेख से क़तई नहीं है, जहाँ से अभिनेता की भूमिका या चरित्र-निर्माण का श्रीगणेश हुआ करता है। नाटक का वह लिखित आलेख तो वहाँ उपस्थित है ही और उसकी उपस्थिति केवल अभिनेता के लिए ही नहीं, वरन् नाटक की प्रस्तुति प्रक्रिया से जुड़े हर व्यक्ति के लिए उतनी ही अनिवार्य हुआ करती है, चाहे वह नाटक का निर्देशक हो, अभिकल्पक हो, संगीतकार हो और अन्ततः दर्शक भी हो। यह अलग बात है कि प्रत्येक विभाग की अपनी रचना-प्रक्रिया में यह आलेख सबके लिए अपना निजी

आलेख बनता चला जाता है। न ही यहाँ मेरा आशय नाटक के उस आलेख से है, जो अभिनेता निर्देशक के निर्देशों के अनुसार तैयार करता है, अर्थात् नाटक के आरम्भ से लेकर अन्त तक अभिनेता का नाटक के परिवेश में सम्भावित गति विधान, और न ही मेरा संकेत नाटक के हाशिए पर अभिनेता के अपने हाथ से लिखे गए छोटे-छोटे नोट्स से है। इसमें कोई सन्देह नहीं कि ये सारी बातें भी अभिनेता की रचना प्रक्रिया की तैयारी के दौरान की महत्त्वपूर्ण सूचनाएँ हैं, अतः इस रूप में उसके अपने आलेख का अनिवार्य अंग हैं, लेकिन इनसे भी आगे और बिलकुल अलग ही अभिनेता का एक और आलेख भी हुआ करता है, जिसकी ओर प्रायः हमारा ध्यान नहीं जाता। कई बार तो ऐसा भी हुआ है कि स्वयं अभिनेता भी इस अनुपस्थित आलेख की उपस्थिति से अनजान रह जाता है।

आइए, यह देखने, जाँचने और परखने की कोशिश करें कि यह आलेख नाटक की प्रस्तुति-प्रक्रिया में कहाँ-कहाँ और कितने रूपों में दिखाई पड़ता है। सबसे पहले नाटक के मुद्रित शब्दों के पीछे अनकही और अलिखित अर्थछायाओं के रूप में इस आलेख की उपस्थिति को अनुभूत किया जा सकता है। प्रायः यह मान लिया जाता है कि किसी नाटक में नाटककार द्वारा दिए गए शब्द सबसे ज़्यादा महत्त्वपूर्ण हुआ करते हैं, लेकिन अच्छा नाटक वही है, जो अपने उपस्थित शब्दों के पीछे से झाँकते अनुपस्थित अर्थों की उपस्थिति का ज़्यादा से ज़्यादा आभास करवाएँ। अंग्रेज़ी में इस आलेख को नाटक का सबटेक्स्ट कहा गया है। स्वयं हमारी काव्यशास्त्रीय परम्परा में अभिधा, लक्षणा और व्यंजना जैसी अवधारणाओं के माध्यम से भाषा के इसी सबटेक्स्ट की ओर संकेत किया गया है। अभिनेता अपनी भूमिका की तैयारी के दौरान इस दिशा में सदैव सजग और सतर्क रहता है कि उसके द्वारा बोले जा रहे संवाद अपनी ऊपरी, बाह्य एवं सतही परतों को भेदकर दर्शक तक उनके पीछे की अर्थध्वनियों को सम्प्रेषित कर सकें। इसमें कोई सन्देह नहीं कि इस सबटेक्स्ट को लेकर कोई एक निश्चित धारणा नहीं बनाई जा सकती कि किसी संवाद-विशेष की पृष्ठभूमि में मात्र एक ही अर्थ हो सकता है। सम्भावना तो इस बात की ज़्यादा रहती है कि नाटककार का अपना अर्थ हो सकता है, निर्देशक का अपना अर्थ हो सकता है और दर्शक का अपना अर्थ हो सकता है। नाटककार और निर्देशक के बीच कई बार इसको लेकर अनचाहे विवाद, तर्क-वितर्क और झगड़े भी हुए हैं। लेकिन इस तथ्य से इनकार नहीं किया जा सकता कि जिस नाटक में अभिनेता के लिए अनुपस्थित आलेख के अर्थ विस्तार के लिए जितने ज़्यादा विकल्प और सम्भावनाएँ मौजूद होंगी, वह उतना ही सशक्त नाटक होगा। कालिदास के *अभिज्ञानशाकुन्तल* का एक रूढ़ और निश्चित अर्थ कौन सा हो सकता है ? दुष्यन्त को शकुन्तला की भूली हुई स्मृति का ज्ञान हो जाना अथवा स्वयं शकुन्तला को भी दुष्यन्त से अपने प्रेम के सच्चे स्वरूप का ज्ञान हो जाना ? इससे भी अलग क्या एक और दृष्टि से भी एक नए अर्थ तक नहीं पहुँचा जा सकता और यह कि नाटक के दूसरे चरित्रों को शकुन्तला की दुर्भाग्यपूर्ण स्थिति का ज्ञान होना। हम चाहें

तो इनकी अर्थछायाओं की नई-नई व्याख्याएँ प्रस्तुत कर सकते हैं। यही बात दूसरे नाटकों के बारे में भी कही जा सकती है।

थोड़ी देर के लिए यह मान भी लिया जाए कि आलेख का निहितार्थ एक ही होना चाहिए, या हो सकता है, तब भी अभिनेता के बदलते ही यह स्वयमेव एक नए अर्थ में परिवर्तित हो जाएगा। शब्द वही रहते हैं, उन्हें किस तरह से बोला जाना है, यह भी निर्देशक द्वारा लगभग निश्चित् होता है, फिर भी उन शब्दों को जब एक अभिनेता विशेष बोलता है, तो उनका एक अर्थ सामने आता है और जब दूसरा अभिनेता उसी नाटक में उन्हीं शब्दों को ठीक उन्हीं अर्थ-ध्वनियों के साथ प्रस्तुत करता है, तो उन शब्दों का एक नया ही अर्थ प्रकट होता है। इतना ही क्यों ? अभिनेता बदले, न बदले, एक ही अभिनेता अलग-अलग दिन भी जब उन शब्दों का मंच पर प्रयोग करता है, तो उनका अर्थ भिन्न-भिन्न हो सकता है। यह अर्थवैभिन्न्य किसी सोच-विचारकर तय की गई योजना के तहत सम्पन्न नहीं होता, वरन् मानव-चरित्र और व्यक्तित्व की उस गतिशील रासायनिक प्रक्रिया के कारण सम्भव होता है, जिससे हम स्वयं नित्य प्रति बदलते रहते हैं। यदि ऐसा न होता तो किसी नाटक की एक बार की हुई प्रस्तुति को ही हम बार-बार दोहराते रहते, लेकिन हम सभी जानते हैं, कि एक ही नाटक अलग-अलग निर्देशकों और अभिनेताओं को आकर्षित ही इसलिए करता है कि वे उसमें अपने लिए नए-नए अर्थों की तलाश कर सकें। ज़ाहिर है कि यह अर्थ नाटक में प्रत्यक्ष रूप से कहीं लिखे नहीं रहते, बल्कि अभिनेता को उन तक स्वयं ही पहुँचना पड़ता है और फिर उन्हें दर्शकों तक पहुँचाना पड़ता है। इसके बाद भी यह नितान्त सम्भव है कि दर्शक अभिनेता के अर्थों से भी अलग अपने निजी अर्थ साथ लेकर जाएँ। दरअसल यह प्रक्रिया इतनी जटिल और संश्लिष्ट है कि इसका कोई निश्चित् प्रतिमान नहीं बनाया जा सकता।

अभिनेता का एक आलेख स्वयं अभिनेता के सन्दर्भ में एक और स्तर पर भी अपनी निजता और विशिष्टता का भान कराता है। इसमें कोई सन्देह नहीं कि हर निर्देशक अभिनेताओं के बीच भूमिकाएँ निश्चित् करते हुए अभिनेता विशेष के अपने व्यक्तित्व विशेष, उसकी आयु, उसकी चालढाल और उसके हावभाव का भी ध्यान रखता है। लेकिन यदि चरित्र के अनुरूप व्यक्तित्ववाला अभिनेता मौजूद न हो तो निर्देशक क्या करे ? मान लीजिए, किसी पात्र विशेष के लिए निर्देशक को लगभग छह फीट ऊँचाई वाले अभिनेता की दरकार हो, लेकिन उसकी मंडली में जितने भी अभिनेता उपस्थित हैं, उनमें कोई भी पाँच फीट से अधिक ऊँचाई वाला नहीं है। यही वह विशेष स्थिति और प्रक्रिया है, जहाँ अभिनेता के अपने आलेख़ का जन्म होता है और वह इस रूप में कि अपनी अभिनय-कला के जादू से दर्शकों को इस अतिरिक्त सजगता की ओर बढ़ने ही न दे कि वे उस चरित्र की ऊँचाई को लेकर सोच-विचार करें। कई बार ऐसा भी होता है कि अभिनेता नाटक में घटित होनेवाले कार्य व्यापार से सम्बद्ध हर गति को निश्चित् करके मंच पर आए, लेकिन दर्शकों द्वारा मिलनेवाली सकारात्मक और नकारात्मक प्रतिक्रियाएँ उसे उसी क्षण कुछ अलग से करने के लिए प्रेरित कर दें।

यह आशुरचना वास्तव में दर्शक से अभिनेता को मिलने अथवा न मिलनेवाली ऊर्जा पर निर्भर करती है। जितनी ही ज़्यादा मात्रा में दर्शकों द्वारा अभिनेता तक पहुँचने वाली ऊर्जा का संचरण होगा, उतनी ही ज़्यादा मात्रा में अभिनेता की कल्पनाशक्ति को भी विस्तार मिलेगा। यह अकारण नहीं है कि लोकनाटकों में अभिनेता के पास अपना आलेख मंच पर ही तुरन्त तैयार कर लेने के लिए पर्याप्त 'स्पेस' मौजूद रहता है। सबसे बड़ी सुविधा तो यही है कि लोकनाटक का आलेख मौखिक हुआ करता है, अर्थात् उसमें वे सारी सम्भावनाएँ पहले से मौजूद हैं, जिनके आधार पर आशुरचना की जा सके। वहाँ तो अच्छे अभिनेता की पहचान ही यह है कि वह कितना कल्पनाशील और आशुरचनाकार हो सकता है, लेकिन इसका यह अर्थ कदापि न लिया जाए कि आशुरचना मुख्यतः लोकनाट्य परम्पराओं की सम्पत्ति है, वहाँ तो यह गुण उनके अपने मूल स्वभाव और स्वरूप में ही शामिल रहता है। ज़्यादा बड़ी चुनौती तो तब सामने आती है, जब यह आशुरचना किसी लिखित और निश्चित् आलेख को मंचित करते समय घटित होती है। उदाहरण के लिए अभिनेता द्वारा अपने निश्चित संवाद ही भूल जाना, अपने सामने उपस्थित दूसरे अभिनेता द्वारा सही प्रतिक्रिया न मिल पाना, नेपथ्य से किसी नए पात्र का प्रवेश सही क्षण पर न होना अथवा संगीत या किसी ध्वनि प्रभाव का सही समय पर घटित न होना—ये सारी या इनसे मिलती-जुलती तमाम घटनाएँ-दुर्घटनाएँ मंच पर नाटक की प्रस्तुति के दौरान घटित होती रहती हैं और उस क्षण मंच पर उपस्थित अभिनेता को ही स्थिति को सँभालना पड़ता है। रंगमंच की अपनी विशेष प्रकृति यह भी है कि उस वक्त निर्देशक भी कुछ नहीं कर सकता।

अभी तक प्रस्तावित विषय को लेकर जितना भी विवेचन और विश्लेषण किया गया है, वह नाटक के लिखित व मौखिक शब्द पर निर्भर है। इसी में से उभरता नाटक का एक अन्य पक्ष भी है और वह है उसकी प्रस्तुति शैली। इसे चाहे स्वयं नाटक का आलेख निर्धारित कर दे अथवा निर्देशक अपनी कल्पना-परिकल्पना के अनुसार निश्चित करे, इसमें कोई सन्देह नहीं कि नाटक को जिस रूप में प्रस्तुत होना होता है, उसमें भी अभिनेता के आलेख के योगदान से इनकार नहीं किया जा सकता। नाटक किसी भी शैली में क्यों न खेला जाए, उसका बाहरी फ्रेम बेशक निर्देशक तैयार करता है, लेकिन उसके भीतर के सब रूप-रंग अभिनेता को ही भरने होते हैं। कहा भी गया है कि अन्ततः दर्शक नाटक में क्या देखने आता है ? कहानी, चरित्र, विचार या परिवेश ? मेरे विचार में सबसे पहले वह अभिनेता की कला को देखने आता है, उसके बाद कुछ और। सचमुच में अभिनय की यह कला ही वह रहस्य और जादू है जो अभिनेता के आलेख को रंगमंच के बाकी सारे आलेखों से एकदम अलग कर देती है। अभिनेता की कला को ही दर्शक सबसे पहले देखने आते हैं, इसी का नतीजा है कि कुछ विशेष रंग परम्पराओं में विशिष्ट भूमिकाएँ खास-खास अभिनेताओं के लिए ही सुरक्षित हुआ करती हैं, उन्हें हर कोई अभिनीत करने का अधिकारी नहीं हो सकता। रामलीला में राम की भूमिका किसी को भी दी जा सकती है, लेकिन रावण की भूमिका किसी को भी नहीं

दी जा सकती। यही बात यक्षगान के बारे में भी कही जा सकती है। दर्शक को यक्षगान प्रसंगों की कहानियाँ पहले से मालूम हैं। इसलिए वह अपना बोरिया-बिस्तर भी साथ लेकर आता है, ताकि जिस प्रसंग में उसकी रुचि नहीं है, उसके घटित होते समय वह नींद की एक अच्छी सी झपकी ले सके। उसे प्रतीक्षा है रात के दो-तीन बजे के आसपास राक्षस के प्रवेश की। राक्षस जैसा अद्‌भुत और साथ-साथ उतना ही भयंकर पात्र इससे पहले क्यों आएगा ? इतना ही क्यों, उसका प्रवेश भी कोई असाधारण प्रवेश नहीं, नेपथ्य में कम से कम एक फर्लांग दूर से आती दहाड़ खुद-ब-खुद सोए हुए दर्शक को एक ही झटके में जगा देती है और वह अपने प्रिय पात्र के अभिनय को देखने के लिए चौकन्ना हो जाता है। अब ऐसे पात्र का अभिनय करना हर किसी के बूते का नहीं। इसी कड़ी में हम बाल गन्धर्व और जयशंकर सुन्दरी जैसे अभिनेताओं का उल्लेख भी कर सकते हैं, जिन्होंने स्त्री चरित्रों के माध्यम से अपनी अभिनय कला का लोहा मनवाया। उपर्युक्त सारे उदाहरण अन्ततः नाटक के आलेख को अभिनेता के आलेख में स्थापित करते हैं और उसकी अपनी एक अलग पहचान बनाते हैं।

प्रस्तुति शैली के साथ ही प्रस्तुति किस तरह की व्यावहारिक प्रेक्षागृह व्यवस्था में आयोजित की गई है, इसका प्रभाव भी अभिनेता के आलेख पर पड़ता है। प्रेक्षागृह का स्थापत्य नाट्य रचना को तो सीधे-सीधे प्रभावित करता ही है, अभिनेता भी उससे अछूता नहीं रह सकता। कोई नाटक घेराकार में मंचित हो रहा है, प्रोसीनियम में होना है, दर्शकों से दो तरफ़ या तीन तरफ से घिरा है—ये सारे विकल्प भी आलेख के नए-नए अर्थ पैदा करने लगते हैं। नाटक और रंगमंच के विषय में एक रूढ़ धारणा यह भी बनी हुई है कि नाटक का आलेख जब तक एक है, तब तक उसे कैसी भी व्यवस्था में क्यों न प्रस्तुत किया जाए, उससे कोई अन्तर नहीं पड़ता। लेकिन ऐसा कभी नहीं हो सकता। दर्शक किस कोण से नाटक को देख रहे हैं, यह व्यवस्था भी नाटक के अर्थ-निर्धारण में एक अहम भूमिका अदा करती है और इसका सीधा-सीधा सम्बन्ध अभिनेता के आलेख से जुड़ता है। दर्शकों के बैठने की व्यवस्था के अनुसार ही अभिनेता को अपनी अभिनय शैली में परिवर्तन करना पड़ता है; स्वर के उतार-चढ़ाव को घटाना बढ़ाना पड़ता है और उसी मात्रा में गति एवं अंग संचालन को नियन्त्रित करना पड़ता है। ये सारी बातें निश्चित् रूप से उसके आलेख को प्रभावित करती हैं। अब यह तो किसी नाटक के आलेख में पहले से लिखा हुआ नहीं रहता कि नाटक अन्ततः किस प्रकार के प्रेक्षागृह में प्रस्तुत किया जाएगा। इसे निर्देशक अथवा अभिनेता ही तय करता है और उसी के अनुसार वह अपनी अभिनय शैली को विकसित और निश्चित करता है। इसके बाद भी यह सम्भव है कि यदि एक बार नाटक किसी बन्द प्रेक्षागृह में प्रस्तुत किया गया है तो दूसरी बार किसी खुले मंच पर आयोजित हो। यह व्यवस्थागत तरलता एवं लचीलापन आलेख के स्तर पर भी उसी अनुपात में क्रियाशील रहता है।

यूँ तो हर एक नाटक में कई प्रकार के मंच-निर्देश स्वयं नाटककार की ओर से कोष्ठकों में दिए रहते हैं। ये निर्देश दृश्यबन्ध से सम्बन्धित हो सकते हैं, पात्र के प्रवेश

प्रस्थान, प्रकाश, अन्धकार और अभिनेता की भावदशा से जुड़े रंग संकेत के रूप में होते हैं। यह निर्देशक पर निर्भर करता है कि वह उन्हें वैसे ही स्वीकार करे अथवा मंच निर्देशों के रूप में अपना स्वयं का एक विधान तैयार करे। यही प्रक्रिया कमोबेश अभिनेता के साथ भी काम करती है। यदि वह नाटककार के निर्देशों का अनुसरण नहीं कर रहा है तो उसे स्वयं अपना एक नया आलेख तैयार करना पड़ता है। हाँ, इतना स्पष्ट है कि सबसे पहले नाटककार भी अपने सामने नाटक का एक सम्पूर्ण दृश्य तैयार करता है जिसकी छवि वह इन मंच निर्देशों के माध्यम से देख रहा होता है ! शायद नाटक और कहानी जैसी विधाओं में मूल अन्तर यही है—कहानी में रचनाकार वर्णन के माध्यम से चित्र एवं बिम्ब की ओर बढ़ता है, जबकि नाटक में वह पहले चित्र एवं बिम्ब की रचना करता है और बाद में उनके भीतर से कहानी या वर्णित तक पहुँचता है। दूसरे शब्दों में इसे यूँ भी कहा जा सकता है कि कहानी के शब्द निराकार से साकार की ओर बढ़ते हैं। नाटक के शब्द स्वयं में ही साकार होते हैं, लेकिन अपने अन्तिम छोर पर निराकार होते जाते हैं। इसीलिए यह स्वाभाविक ही है कि कहानी या उपन्यास में शब्दों की बहुलता की अपेक्षा है, लेकिन नाटक में कम से कम शब्द चाहिए, क्योंकि वहाँ शब्दों की भरपाई बहुत दूर तक स्वयं अभिनेता एवं नाटक के दूसरे दृश्य पक्ष यथा मंचसज्जा, वस्त्रसज्जा, आलोकसज्जा और दूसरे मंच उपकरण कर देते हैं। खैर, दोनों माध्यमों में जो भी अन्तर हो, अभिनेता के अपने आलेख-निर्माण की प्रक्रिया ज्यों की त्यों बरकरार रहती है। कहानी में मंच निर्देशों के रूप में कोई कोष्ठक नहीं होता, अतः अभिनेता अपनी ओर से अदृश्य कोष्ठकों की रचना करता है। नाटक में जो कोष्ठक पहले से उपस्थित हैं, अभिनेता उन्हें बिलकुल छोड़ सकता है अथवा उन्हें लाँघकर आगे निकल जाता है। ऐसा बहुत कम होता है कि वह उन निर्देशों का हूबहू पालन करे। शायद ऐसा हो भी नहीं सकता। नाटक के आलेख की भूल प्रकृति ही यह है कि वह हर बार नया होकर सामने आए। इसमें यदि मंच निर्देश बदल जाते हैं तो कोई आश्चर्य नहीं होना चाहिए। ऊपर बार-बार अर्थ परिवर्तन की चर्चा की गई है, यह कहीं न कहीं निर्देशक अथवा अभिनेता द्वारा अपने मंच निर्देश रचने एवं गढ़ने की प्रक्रिया से भी उद्भूत होता है।

संक्षेप में, नाटक के आलेख के भीतर से ही अभिनेता के अपने आलेख के जन्म, विकास और पूरी तरह से पल्लवित होने की प्रक्रिया इतने सूक्ष्म रूप में घटित होती है कि कई बार तो स्वयं अभिनेता को भी इसका आभास नहीं हो पाता। वास्तव में इसकी सच्ची अनुभूति अभिनेता से भी ज़्यादा दर्शक को होती है, क्योंकि मंच पर अपनी किसी छोटी से छोटी शारीरिक हरकत, चेहरे की सूक्ष्म भाव भंगिमा अथवा रंग भाषण के अदृश्य-से बलाघात से अभिनेता दर्शक के लिए नाटक की कितनी भीतरी परतें खोलकर रख देता है, इसका आनन्द वह दर्शक ही जानता है, जो अभिनेता की कला के जादुई संसार के एक-एक क्षण को देखने और अनुभूत करने के लिए प्रेक्षागृह में आता है। एक प्रकार से अभिनेता का यह आलेख नाटक अथवा चरित्र के बाहरी रूप

का नहीं, वरन् अभिनेता के आन्तरिक संसार का हिस्सा है। उसे देखने के लिए दर्शक के पास भी वह भेदक दृष्टि होनी चाहिए, जिससे वह अभिनेता के भीतर तक पैठ सके। नाट्यशास्त्र में भरत ने सात्विक अभिनय के अन्तर्गत जिस सूक्ष्म और सच्चाई से भरपूर अभिनय की अपेक्षा की है, अभिनेता के आलेख का सही मायने में उसी अभिनय से सरोकार है। क्या कभी मंच पर ऐसे क्षण अपने आप जीवन्त नहीं हो जाते, जब अभिनेता और दर्शक सबकुछ भूलकर परस्पर तादात्म्य की अवस्था को प्राप्त कर लेते हैं ? यही वह साधारणीकरण की अवस्था भी है, जिसकी भरत के रससिद्धान्त के सन्दर्भ में बार-बार चर्चा की गई है। कहने को रंगमंच एक क्षणभंगुर माध्यम है, वह साकार से निराकार अर्थात् शून्य की ओर बढ़ता जाता है। लेकिन दूसरी तरफ़ यह भी उतना ही महत्त्वपूर्ण है कि शून्य और निराकार होते हुए भी वह हर बार दर्शक के लिए एक नया आलेख रच देता है। इस कोरे आलेख पर अभिनेता बिना कुछ लिखे, बिना कुछ कहे कैसे अपने आलेख की रचना कर डालता है, इसे *आषाढ़ का एक दिन* में मोहन राकेश ने कालिदास के एक संवाद में बहुत सांकेतिक ढंग से कहलवाया है–"तुमने ये पृष्ठ अपने हाथों से बनाए थे कि इन पर मैं एक महाकाव्य की रचना करूँ ! स्थान-स्थान पर इन पर पानी की बूँदें पड़ी हैं जो निस्सन्देह वर्षा की बूँदें नहीं हैं। लगता है, तुमने अपनी आँखों से इन कोरे पृष्ठों पर बहुत कुछ लिखा है। और आँखों से ही नहीं, स्थान-स्थान पर ये पृष्ठ स्वेद कणों से मैले हुए हैं, स्थान-स्थान पर फूलों की सूखी पत्तियों ने अपने रंग इन पर छोड़ दिए हैं। कई स्थानों पर तुम्हारे नखों ने इन्हें छीला है, तुम्हारे दाँतों ने इन्हें काटा है। और इसके अतिरिक्त ये ग्रीष्म की धूप के हलके गहरे रंग, हेमन्त की पत्रधूलि और इस घर की सीलन–ये पृष्ठ अब कोरे कहाँ हैं मल्लिका ? इन पर एक महाकाव्य की रचना हो चुकी है–अनन्त सर्गों के एक महाकाव्य की। इन पृष्ठों पर अब नया कुछ क्या लिखा जा सकता है ?"

अभिनेता का अपना आलेख भी इतना ही अदृश्य होता है।

अभिनय : विविध रूप-रंग

प्रायः जब भी हम रंगमंच के किसी अभिनेता को दूरदर्शन के छोटे पर्दे और फ़िल्म के बड़े पर्दे की ओर प्रस्थान करते देखते हैं तो हमारी पहली प्रतिक्रिया होती है कि एक अभिनेता अपने माध्यम से विस्थापित हो गया। दूसरी ओर अभिनेता का मानना है कि उसे तो अभिनय करना है, फिर चाहे वह दूरदर्शन हो, फ़िल्म हो अथवा कोई तीसरा माध्यम हो। देखा जाए तो अभिनेता की बात एकदम सही है। हम लोगों ने अभिनय को मात्र एक माध्यम तक ही सीमित करके क्यों रख दिया है ? जब दूरदर्शन और फ़िल्म जैसे माध्यम अस्तित्व में ही नहीं आए थे तब की बात और थी लेकिन आज यदि तकनीकी, औद्योगिक और संचार क्रान्ति के कारण नए-नए माध्यमों का जन्म और विकास हो चुका है तो यह अपने आप में अन्तर्विरोध लगता है कि हम मात्र रंगमंचीय अभिनय को ही अभिनय मानें और दूसरे माध्यमों में जा रहे अभिनेताओं को अस्पृश्य मानकर उन्हें त्याज्य मानने लगें।

इस तरह की सोच के पीछे का एक कारण तो समझ में आता है और वह यह है कि जहाँ रंगमंच पूरी तरह से अभिनेता का माध्यम है, वहाँ फ़िल्म एकमात्र निर्देशक का माध्यम है और अभिनेता की स्थिति वहाँ दोयम दर्जे की ही रहती है। लेकिन इस तर्क में कोई बहुत ज़्यादा दम दिखाई नहीं पड़ता। सच्चाई तो यह है कि अभिनेता का माध्यम होते हुए भी रंगमंच में आज निर्देशक ही सर्वोपरि है, दूसरी ओर फ़िल्म बेशक निर्देशक का माध्यम है लेकिन उसकी पूरी बागडोर हीरो यानी मुख्य अभिनेता के हाथ में रहती है। एक माध्यम से दूसरे माध्यम में स्थानान्तरण का दूसरा और तात्कालिक कारण यह होता है कि अपने जीवनयापन के लिए जितनी कम-से-कम सुख-सुविधाओं की अभिनेताओं को ज़रूरत होती है, वह उन्हें व्यावसायिकता के अभाव में रंगमंच में चाहकर भी हासिल नहीं कर पाता, जो उसे दूसरे माध्यमों में सहज ही उपलब्ध हो जाती है। रंगमंच की तुलना में प्रचार-प्रसार की दृष्टि से तो वे बड़े माध्यम हैं ही, अतः एक विशेष क्षण में पूरे संसार के दर्शकों द्वारा एक साथ देखे जाने का मोह, ग्लैमर और दबाव भी उसे इन माध्यमों की ओर जाने के लिए प्रेरित करता है। कहने को सम्प्रेषण की दृष्टि से रंगमंच भी एक प्रसार माध्यम की श्रेणी में ही आता है, अपने आप में एक जीवन्त माध्यम होने के कारण सबसे ज़्यादा सशक्त भी है क्योंकि यह अभिनेता और दर्शक—दो जीते-जागते आदमियों के बीच सीधा संवाद स्थापित करता है लेकिन फिर

भी इस सच्चाई से कैसे मुँह मोड़ा जाए कि एक विशेष समय में वह घटित तो मात्र एक दर्शक वर्ग के लिए ही हो रहा होता है।

लेकिन यह स्थानान्तरण बाहर से देखने पर जितना सहज और सरल दिखाई पड़ता है, उतना वास्तव में होता नहीं है। प्रायः लोग यह समझ बैठते हैं कि अभिनय तो अभिनय है, फिर चाहे वह रंगमंच में हो अथवा फ़िल्म या दूरदर्शन में—इससे क्या अन्तर पड़ता है ? यह उतनी ही कठिन प्रक्रिया है जितनी एक उपन्यासकार के लिए कविता लिखना, एक क्रिकेट के खिलाड़ी के लिए फुटबाल खेलना और एक विद्वान के लिए अच्छा प्राध्यापक भी होना। सम्भव है कि कभी-कभार विभिन्न कलाओं, माध्यमों और विधाओं में संचरण एक व्यक्ति भी करता रहे लेकिन फिर भी कोई एक माध्यम ज़रूर ऐसा होगा, जिसमें अभिव्यक्ति पाने को वह सबसे ज़्यादा अहमियत देता हो।

अभिनय के परिप्रेक्ष्य में अलग-अलग माध्यमों में संचरण, विचरण इतना कठिन क्यों होता है, इसका उत्तर खोजने के लिए हमें पहले अभिनय के इतिहास में जाना पड़ेगा। जैसा कि हम सभी जानते हैं कि मनुष्य की अपने से अलग पहली अभिव्यक्ति किसी दूसरे मनुष्य के साथ संवाद स्थापित करने के रूप में हुई, सम्प्रेषण की भाषा चाहे मात्र ध्वनि रही हो, शारीरिक मुद्राएँ रही हों अथवा दोनों का एक मिला-जुला रूप रहा हो। अतः यह स्वयंसिद्ध है कि अभिनय में अपने से अलग कुछ ऐसा करने या कहने का विधान शामिल है जिसे दूसरे के साथ शेयर किया जा सके। आरम्भ में यह संवाद एक मनुष्य का दूसरे से, फिर एक का बहुत से लोगों के साथ और अन्त में बहुत से लोगों का बहुत से लोगों के साथ होने लगा। इसी तरह विधिविधान के स्तर पर भी पहले ध्वनि, मुद्रा और अन्ततः एक विकसित भाषा का प्रयोग किया जाने लगा। लेकिन एक बात शुरू से ही कॉमन रही कि इस पूरी प्रक्रिया में जीवित तत्त्व की भागीदारी रही और वह एक से दूसरे से तीसरे तक पहुँचता चला गया। यहीं से मानव सभ्यता में अनुकरण की प्रवृत्ति ने जन्म लिया यद्यपि इसकी पहली शुरुआत तभी हो चुकी थी, जब उसने जानवरों के जीवन का अध्ययन करना शुरू किया। बाद में यही क्रिया स्वयं उसके जीवन में भी घटित होनी शुरू हुई—पहले बच्चे के रूप में और फिर एक वयस्क के रूप में और इस तरह से पीढ़ी-दर-पीढ़ी अभिनय कला का विकास होता गया। आज बेशक पीढ़ी-दर-पीढ़ी सीखते जाने की इस कला का आधुनिक रंगमंच में लोप हो गया हो लेकिन कहीं-न-कहीं अनुकरण की यह आदिम प्रवृत्ति आज भी विद्यमान है—चाहे प्रशिक्षण के रूप में, चाहे अपने आसपास चारों तरफ फैले समाज और उसमें रहनेवाले विभिन्न प्राणियों के जीवन के अध्ययन के रूप में और चाहे अपनी कल्पना में निर्मित किए गए चरित्रों के रूप में।

इसीलिए अभिनय की अभिव्यक्ति के भी अलग-अलग रूप प्रारम्भ से ही देखे जा सकते हैं। कभी मात्र सुनाने के स्तर पर, कभी गायन के रूप में, कभी वाचन के माध्यम से और अन्ततः अभिनटन। इसी प्रक्रिया को थोड़ा और विस्तार दें तो क्या चित्रकला, मूर्तिकला और साहित्य में भी अभिनय की इस उपस्थिति को अनुभूत नहीं किया जा

सकता? जब-जब चित्रकार ने, मूर्तिकार ने और रचनाकार ने मानवीय चरित्रों को विभिन्न स्थितियों और परिस्थितियों में अंकित किया है तो उसने अपनी चित्रित, उकेरित और मुद्रित रचना में कुछ घटित होने का भाव अनुभूत किया होगा, तभी तो इन रूपों में वह मानवीय क्रिया अभिव्यक्त हुई। कहने का अर्थ यह है कि उपर्युक्त तीनों माध्यम कितने ही स्थिर क्यों न हों, फिर भी हमें एक गति का अहसास क्यों देते हैं ? ज़ाहिर है कि अपनी मानवीय उपस्थिति के कारण। छोटी से छोटी क्रिया-प्रतिक्रिया के साथ वहाँ प्रस्तुत होने के कारण। क्या कई बार हम स्वयं यह अनुभव नहीं करते कि अभी तुरन्त ये आकृतियाँ बोल पड़ेंगी अथवा चलने-फिरने लगेंगी ? सुप्रसिद्ध मोनालिसा का चित्र इस अनुभव का सबसे अच्छा उदाहरण है। इसी स्थापना को थोड़ा और आगे बढ़ाया जाए तो स्वयं मनुष्य द्वारा संचालित कठपुतलियाँ निर्जीव होते हुए भी अन्ततः स्वयं बोलती जान पड़ती हैं।

पिछले डेढ़-दो सौ वर्षों में विकसित फ़ोटोग्राफी की कला में अपना एक नया रूप लेकर उपस्थित होता है अभिनय का माध्यम। इससे पहले के विवेचित सभी माध्यमों में जीवन्त तत्त्वों की उपस्थिति थी ज़रूर लेकिन यह एक अनुपस्थित उपस्थिति के रूप में वहाँ विद्यमान थी। सम्भव है कई बार मॉडल के रूप में वह वहाँ अपने जीवित रूप में भी उपस्थित रही हो। लेकिन फ़ोटोग्राफी में तो वह सीधे-सीधे विद्यमान है। यहाँ तक कि अविस्मरणीय छात्राचित्र वही होते हैं जिनमें मनुष्यों की जीवन्त उपस्थिति को उनके अनजाने ही कैमरे में क़ैद कर लिया जाता है। इस प्रकार कभी जीवन्त, कभी स्थिर–इन सभी कलारूपों में कहीं-न-कहीं अभिनय के अंश ढूँढ़े जा सकते है। इन्हीं सब कला रूपों का एक और विकास फ़िल्म के रूप में उन्नीसवीं सदी के अन्तिम दशक में आविष्कृत हुआ और अपनी चलती-फिरती प्रकृति के कारण पहले से प्रचलित चित्रकला, मूर्तिकला और छायाचित्र आदि विधाओं से एकदम अलग था। यद्यपि वहाँ भी आदमी मौजूद था लेकिन स्थिर रूप में, यहाँ दोनों चीज़ें एक साथ क्रियाशील थीं अर्थात् आदमी मौजूद भी था और वह एक जीते-जागते आदमी की तरह से चलता-फिरता भी दिखाई दे रहा था। बेशक शुरू में हम उसकी आवाज़ नहीं सुन पा रहे थे लेकिन अब वह अनुपस्थित इतिहास की बात हो चुकी है। इसके बाद तो दूरदर्शन, वीडियो, इंटरनेट, कम्प्यूटर अभिनय के और भी जटिल माध्यम सामने आ चुके हैं। चाहे तो यहाँ हम टेलीफोन और रेडियो जैसे दो माध्यमों का भी उल्लेख कर सकते हैं, जो श्रव्य के स्तर पर अभिनय का एक नया आयाम प्रस्तुत करते हैं अर्थात् ये माध्यम श्रव्य की उरा प्रक्रिया से बिलकुल भिन्न हैं, जहाँ बोलनेवाला ठीक हमारे सामने होता था तथा सुननेवाले भी अपने जीवित रूप में उसके सामने होते थे। अब दोनों तत्त्व हैं तो जीवित लेकिन एक दूसरे के सामने नहीं हैं, मात्र श्रवण से एक दूसरे को अनुभूत कर सकते हैं–वह भी टेलीफोन में तो दोतरफा है लेकिन रेडियो में एकतरफा है अर्थात् सुननेवाला तो अनुभूत कर सकता है लेकिन बोलनेवाला सुननेवाले की तत्काल प्रतिक्रिया को कभी महसूस नहीं कर सकता। बिलकुल यही स्थिति फ़िल्म और सिनेमा के अभिनेता की है–वह अपनी

आवाज़ और शरीर के साथ ठीक हमारी आँखों के सामने प्रस्तुत है, हम उसके अभिनय से प्रभावित और अनुभूत होते हैं लेकिन हमारे इस जीवन्त अनुभव से वह स्वयं अलग और अछूता रह जाता है।

इसी परिप्रेक्ष्य में देखा जाए तो यह एक मिथक ही है कि यथार्थवादी अभिनय का जन्म सिनेमा और दूरदर्शन जैसे माध्यमों के साथ जुड़ा हुआ है। यदि हम रंगमंच, दूसरी कलाओं और विधाओं के इतिहास को उठाकर देखें तो बात एकदम साफ़ हो जाएगी। साहित्य हो, चित्रकला हो, मूर्तिकला हो, स्थापत्य हो और अन्ततः रंगमंच हो—इनमें से प्रत्येक विधा जीवन के यथार्थ को ही अभिव्यक्त करती है। यह अलग बात है कि उस यथार्थ की अभिव्यक्ति के रास्ते अलग-अलग हो सकते हैं। यही इस दुविधा का कारण है कि रंगमंच अपने आपमें यथार्थवादी माध्यम नहीं और सिनेमा पूरी तरह से यथार्थवादी माध्यम है जैसी बहस में हम हमेशा उलझे रहते हैं। सच्चाई तो यह है कि इन दोनों माध्यमों में भी जब यथार्थ की अभिव्यक्ति होती है, वह हू-ब-हू अपने मूलरूप में कभी नहीं होती। इसे यूँ भी कहा जा सकता है कि कला जीवन का अनुकरण होते हुए भी, उसी रूप में कला में जीवन कभी भी प्रस्तुत नहीं किया जा सकता। इस प्रकार देखा जाए तो यथार्थवादी अभिनय भी अपने आप में एक शैली अथवा फ़ार्म से सम्बन्धित तत्त्व है।

भारतीय नाट्य परम्परा के सन्दर्भ में ही देखें तो आरम्भ से हमारे यहाँ दो तरह की प्रस्तुति शैलियों का उल्लेख होता रहा है—लोकधर्मी और नाट्यधर्मी। लोकधर्मी शैली जहाँ जीवन को लगभग उसके स्थानीय दिन-प्रतिदिन के व्यवहार में से प्रस्तुत करने पर बल देती तो वहीं नाट्यधर्मी शैली जीवन को किसी विशेष रीति परम्परा और शैलीबद्धता के माध्यम से प्रस्तुत करने की दिशा में आगे बढ़ती है। यह मात्र संयोग नहीं है कि ये दोनों शैलियाँ एक दूसरे से जितनी अलग दिखाई पड़ती हैं उतनी ही एक दूसरे पर निर्भर भी हैं। हम प्रायः इस बात को नज़रअन्दाज़ कर जाते हैं कि रंगमंच एक प्रदर्शनकारी माध्यम है जो कि जीवन्त अभिनेताओं द्वारा जीवन्त दर्शक समूह के सामने घटित है। अर्थात् अभिनेता को अपनी आवाज़, अपने हाव-भाव और अपने संवादों की अर्थछायाओं को दूर-दूर तक बैठे दर्शकों तक सम्प्रेषित करना होता है। इस प्रकार इस प्रक्रिया में रंगमंच कितना ही यथार्थवादी क्यों न हो जाए उसे अपने यथार्थ को बढ़ा-चढ़ाकर ही प्रस्तुत करना पड़ेगा और इस तरह से अन्ततः रंगमंच में यथार्थवादी और नाट्यधर्मी प्रस्तुति शैलियों में कोई ज़्यादा अन्तर नहीं रह जाता है।

अब यदि इसी दृष्टि से हम सिनेमा और दूरदर्शन जैसे माध्यमों का आकलन करें तो वहाँ भी कमोबेश हम इसी निष्कर्ष पर पहुँचते हैं। सिनेमा के विशाल परदे पर अपने स्वाभाविक कद और व्यक्तित्व से बढ़ा-चढ़ाकर किसी चरित्र को प्रस्तुत कर देने की क्षमता को आप क्या कहेंगे ? इसके विपरीत दूरदर्शन में उसी व्यक्ति को, उसी चरित्र को अपने मूल कद से छोटा बना देने से क्या अन्ततः ये दोनों छोर यथार्थवाद से परे नहीं हो जाते ? इतना ही नहीं सिनेमा और दूरदर्शन अपनी अभिव्यक्ति में भले ही यथार्थवादी माध्यम कहे जाते हों लेकिन सच्चाई यह भी है कि अपनी रचना प्रक्रिया

में उनका यथार्थवाद से कोई नज़दीक का सम्बन्ध नहीं है। जिस यथार्थवाद का भ्रम रंगमंच अपने सीमित स्पेस में उत्पन्न करने के सिद्धान्त पर काम करता है, क्या वही भ्रम सिनेमा और दूरदर्शन अपने माध्यम से नहीं करते ? अतः यह बहस बहुत हद तक बेमानी हो जाती है कि सिनेमा का यथार्थवाद अलग है और रंगमंच का यथार्थवाद अलग। जाहिर है कि इनके अलग माध्यम होने की वजह से जो अन्तर मौजूद रहेगा वह अपनी जगह है, लेकिन इस तथ्य से इनकार नहीं किया जा सकता कि अन्ततः अभिव्यक्ति का कोई भी रूप जब जब किसी भी कला माध्यम में प्रस्तुत होता है, वह एक फ़ार्म के रूप में ही महत्त्व रखता है। अर्थात् वहाँ स्वयं कभी भी वह नहीं हो सकता जिसे प्रस्तुत करने का हम रंगमंच, सिनेमा या दूरदर्शन में दावा करते हैं।

दरअसल, यह सारा विवाद मानवीय सभ्यता और इतिहास के विकास की सही-सही जानकारी न होने से पैदा होता है। सबसे पहले तो यही जिज्ञासा उभरती है कि आज जो अतीत हमारे लिए अमूर्त और शैलीबद्ध की सीमाओं के अन्तर्गत परिभाषित किया जाता है, क्या वह उस समय के लोगों के लिए उनके अपने यथार्थ की, अपने यथार्थवाद की अभिव्यक्ति नहीं थी? यह बात अलग है कि तब भी तत्कालीन कलाओं में वह यथार्थवाद कभी अपने उसी रूप में अभिव्यक्त नहीं हुआ। इससे इतर उसने एक अलग व्यापक 'लार्जर दैन लाइफ' शैली में ही अपनी अभिव्यक्ति दर्ज की।

दूसरी जिज्ञासा यह है कि ऐतिहासिक परिप्रेक्ष्य में देखा जाए तो अठारहवीं और उन्नीसवीं शताब्दी में औद्योगिक और वैज्ञानिक क्रान्ति के फलस्वरूप जब सचमुच आज के चिरपरिचित यथार्थवाद, स्वाभाविकतावाद अथवा प्रकृतिवाद के सिद्धान्तों ने जन्म लिया तब अन्ततः वह यथार्थवाद प्रदर्शनकारी कलाओं में कैसे प्रस्तुत हुआ ? इस जिज्ञासा का अध्ययन दिलचस्प हो सकता है। जिस यथार्थवाद को हम इब्सन अथवा चेखव का यथार्थवाद कहते हैं क्या वह सचमुच एक ही जैसा यथार्थवाद है ? तब हम फिर किस यथार्थवाद की बात कर रहे हैं। इसी तर्क का दूसरा छोर यह भी हो सकता है कि जब उस दौर में रंगमंच में सचमुच स्वाभाविकता लाने के लिए कसाई की दुकान के दृश्य में बकरे के ताज़ा मांस के लोथ लटका दिए गए तो दर्शकों और समीक्षकों ने उस प्रस्तुति को यथार्थवाद की अतिरंजित अभिव्यक्ति कहकर उसे पूरी तरह नकार दिया। देखा जाए तो वह प्रस्तुति अपनी तरफ से बिना कुछ टिप्पणी किए उपर्युक्त दृश्य में यथार्थ की हू-ब-हू अभिव्यक्ति करने की कोशिश कर रही थी और देखनेवालों को वह जस की तस अभिव्यक्ति अतिरंजना से भरपूर लगी।

इसी तर्क से पुनः अपनी मूल स्थापना पर लौटें कि अन्ततः कोई भी कला क्यों न हो—रंगमंच अथवा फ़िल्म—वह जीवन को हू-ब-हू वैसा प्रस्तुत कर ही नहीं सकती। यदि ऐसा होगा तो कला और जीवन की संगी रेखाएँ धुँधली हो जाएँगी। तब तो हत्या के दृश्य में सचमुच में मरना पड़ेगा। लेकिन क्या कभी ऐसा हुआ है अथवा हो सकता है ? यहाँ तक कि दर्शकों की प्रतिक्रियाएँ तो इतनी संयत होती हैं कि जब ऐसे उद्‌गार सुनाई पड़ते हैं 'वाह-वाह फलाँ अभिनेता ने मरने के दृश्य में जान डाल दी' तो पारसी

रंगमंच के हमारी स्मृति में सुरक्षित प्रसंग फिर से ताज़ा हो जाते हैं। पारसी रंगमंच के किसी दृश्य में कोई चरित्र भाव-विह्वल भाषण के बाद मृत्यु को प्राप्त होता और जनता चिल्ला उठती थी 'वंस मोर वंस मोर' और वह अभिनेता तुरन्त उठकर उसी दृश्य को दोहराते हुए जनता की वाहवाही लूटता था। ऐसे में रंगमंच और सिनेमा अथवा अन्य कलाओं में यथार्थवाद को लेकर छिड़ी यह सारी बहस निहायत ही असंगत जान पड़ती है। संक्षेप में यही कहा जा सकता है कि जिस प्रकार हमारे भीतर एक ऐसा यथार्थवादी संसार मौजूद रहता है जो यथार्थ होते हुए भी यथार्थ नहीं होता--जैसे कि हम सपने में उस यथार्थ को देख रहे होते हैं वही रिश्ता यथार्थवाद, समानान्तर सिनेमा, रंगमंच और दूसरी कलाओं में है।

लेकिन क्या उपर्युक्त विवेचन से यह निष्कर्ष निकाला जा सकता है कि रंगमंच और फ़िल्म में अभिनय का स्वरूप एक जैसा ही होता है ? इस विषय में स्पष्ट रूप से दो अलग-अलग मत दिखाई पड़ते हैं। एक का मानना है कि माध्यम भले ही अलग-अलग है लेकिन उससे अभिनय के स्वरूप पर कोई खास अन्तर नहीं पड़ता। इसे यूँ भी कहा जा सकता है कि अभिनेता को तो अभिनय करना है फिर चाहे वह फ़िल्म में हो अथवा रंगमंच में हो। यदि हम याद करना चाहें तो अभिनेता के सन्दर्भ में इसी बात से इस लेख की शुरुआत की गई थी। इसके विपरीत दूसरे मतानुसार जब माध्यम अलग-अलग हैं तो अभिनय का स्वरूप भी अलग-अलग हो जाता है। देखा जाए कि दोनों मतों को किस तरह से व्याख्यायित किया जा सकता है। अभिनय की समानता को हम रंगमंच और फ़िल्म में कितने स्तरों पर एक साथ अनुभव कर सकते हैं। उदाहरण के लिए, दोनों माध्यमों में एक कहानी की उपस्थिति, कहानी का क्रमिक विकास और उस कहानी से जुड़े मानवीय चरित्रों की उपस्थिति उनके आपसी सम्बन्ध, तनाव, संघर्ष सभी कुछ संवादों, गीतों, गतियों और भावाभिव्यक्ति के माध्यम से अभिव्यक्त होता हुआ। अब यह बात अलग है कि सिनेमा में देखी जानेवाली फ़िल्म द्विआयामी है और रंगमंच बहुआयामी है अर्थात् जहाँ फ़िल्म में अभिनय अपने बाहरी स्वरूप में हू ब हू रंगमंच में घटित होते अभिनय के समान दिखाई पड़ता है लेकिन वह मात्र एक दोआयाम वाले पर्दे पर घटित हो रहा होता है जिसे हम छूकर अनुभूत नहीं कर सकते, जिस पर हमारी तत्काल प्रतिक्रिया का कोई असर नहीं पड़ता और जो अन्त में सब कुछ मौजूद होने के बावजूद 'निर्जीव' होकर रह जाता है। लेकिन इन्हीं सब तत्त्वों को यदि हम रंगमंच के परिप्रेक्ष्य में विवेचित और विश्लेषित करने की कोशिश करें तो दोनों माध्यमों में अभिनय के स्वरूप से जुड़ी असमानताएँ ही अधिक उजागर होती दिखाई पड़ती हैं। सबसे पहले तो यही कि हमारे सामने एक जीता-जागता अभिनेता अपने बहुआयामी व्यक्तित्व के साथ मौजूद होता है। सिर्फ अभिनेता ही नहीं उसके साथ-साथ रंगभूमि भी अपने कम-से-कम तीन आयामों के साथ अपनी पहचान दर्ज करती है। अर्थात अभिनय स्थल की लम्बाई, चौड़ाई, ऊँचाई और यहाँ तक कि गहराई भी। इतना ही नहीं सामने प्रस्तुत हो रहे नाटक में अभिनेता को यदि आप चाहें तो

सचमुच में छू सकते हैं, अनुभूत कर सकते हैं और सम्प्रेषण की प्रक्रिया इस अर्थ में तो दोहरी होती ही है कि हम दर्शक के रूप में अपनी प्रतिक्रिया की ऊर्जा अभिनेता तक सीधे पहुँचाते हैं और उसी अनुपात में वह भी अपनी ऊर्जा दर्शकों तक प्रत्यक्ष रूप में लौटाता है। वास्तव में अभिनेता और दर्शक का आपसी सम्बन्ध इस रूप में और किसी माध्यम में सम्भव ही नहीं है। दोनों माध्यमों में अभिनय का यह अन्तर तो बहुत साफ़-साफ़ और सपाट रूप में दिखाई पड़ जाता है लेकिन इसी से जुड़ा एक और गहरा अन्तर भी है जिसकी ओर प्रायः हमारा ध्यान नहीं जाता। और वह यह कि रंगमंच में अभिनेता सदैव अपने पूरे शरीर के साथ उपस्थित होता है जबकि फ़िल्म में और यहाँ तक कि दूरदर्शन में भी यह सुविधा उपलब्ध है कि हम अभिनेता को जब जितना चाहें मात्र उतना ही दिखा सकते हैं। कहने का अर्थ यह है कि यदि पूरे परदे पर मात्र उसकी एक अँगुली को दिखाना है तो वह भी सम्भव है और यदि सिर्फ़ उसके चेहरे को पूरे परदे पर दिखाना हो तो वह भी। दरअसल, ऐसा कैमरे के कारण सम्भव हो पाता है। इसे हम यूँ भी कह सकते हैं कि रंगमंच में किसी विशेष क्षण में जो घटित हो रहा होता है वह हमें अपनी सम्पूर्णता में दिखाई पड़ता है और फ़िल्म में हम जितना सूक्ष्म-से-सूक्ष्म दिखाना चाहें वह सम्भव है। पूछा जा सकता है कि रंगमंच में भी तो प्रकाश सज्जा के माध्यम से यह सुविधा अभिनेता को प्रदान की जा सकती है कि उसके शरीर का जितना हिस्सा दिखाना अपेक्षित हो दिखाया जा सकता है। इससे कोई इनकार नहीं कर सकता, लेकिन फिर भी यह अन्तर तो अपनी जगह बना ही रहेगा कि अभिनेता के शरीर के किसी भी हिस्से को किसी भी रूप में बढ़ा-चढ़ाकर अथवा घटाकर दिखाने की जो क्षमता कैमरे जैसे माध्यम के पास मौजूद है, प्रकाश-सज्जा उसका मुकाबला नहीं कर सकती। इसीलिए कहा भी गया है कि फ़िल्म में अभिनेता अपने कद से बड़ा दिखाई दे सकता है, दूरदर्शन में अपने कद से छोटा दिखाई पड़ता है लेकिन रंगमंच में वह अपने सही कद के साथ सामने आता है।

लेकिन सबसे बड़ा अन्तर बाहर से देखने और अनुभूत करने का नहीं है वरन् इससे भी आगे दोनों माध्यमों में अपने पात्र, चरित्र अथवा भूमिका को रूपायित करने की रचना-प्रक्रिया से सम्बद्ध है। हम सभी जानते हैं कि फ़िल्म एक तकनीकी कला के रूप में किसी भी दृश्य विशेष को एक निरन्तरता में कभी भी शूट नहीं करती। फ़िल्म के अलग-अलग दृश्य अलग-अलग समय फ़िल्मांकित किए जाते हैं। और यह भी कोई ज़रूरी नहीं कि वे सभी एक क्रम में शूट किए जाएँ। टुकड़े-टुकड़े मिलाकर फ़िल्म बनती है। फ़िल्म की रचना-प्रक्रिया में परदे पर दर्शकों के सामने आनेवाले एक संवाद को भी 'लांग शाट' और 'क्लोज अप' में बाँटकर शूट करना पड़ता है। दृश्य को कैमरे से शूट करने की प्रक्रिया में अभिनेता के चेहरे पर दिखाई पड़नेवाले हाव-भाव भी अलग-अलग एकत्र करने पड़ते हैं। रंगमंच में ऐसा नहीं होता। रंगमंच में अभिनेता को यह आज़ादी नहीं कि वह दृश्य विशेष की माँग के अनुरूप अतिरिक्त समय प्राप्त कर सके। मंच पर आते ही अभिनेता को अपने दृश्य विशेष को उसकी पूर्णता में अभिनीत करना होता

है। रंगमंच में अभिनेता को अपने अभिनय के दम पर ही वह प्रभाव उत्पन्न करना होता है जिसे फ़िल्म के परदे पर कैमरा लेकर आता है।

फ़िल्म और रंगमंच में एक मौलिक अन्तर यह भी है कि फ़िल्म में संवाद यूनिट और अभिनय यूनिट अलग होती है, जबकि रंगमंच में ऐसा नहीं है। फ़िल्म की रचना-प्रक्रिया में संवाद को दृश्य फ़िल्मांकन के दौरान अभिनेता द्वारा बोलते हुए भी 'ब्रेक' किया जा सकता है। फ़िल्म में संवाद को शूटिंग के दौरान यदा-कदा 'क्लोज डोर' में ही अभिनेता को बोलना पड़ता है। 'आउटडोर' शूटिंग में तो अभिनेता के केवल होंठ ही संवाद के अक्स के रूप में हिलते दिखाई देते हैं। बाकी संवाद प्रक्रिया डबिंग के दौरान पूरी होती है। यही नहीं, एक अभिनेता की आवाज़ को किसी दूसरे अभिनेता की आवाज़ के रूप में भी फ़िल्म प्रस्तुत कर सकती है। रंगमंच में जो अभिनेता मंच प्रस्तुति के दौरान अभिनय कर रहा होता है उसे ही अपने संवाद बोलने पड़ते हैं। 'डबिंग' की सुविधा रंगमंच में अभिनेताओं को नहीं है। रंगमंच में संवाद और अभिनय यूनिट अलग-अलग नहीं वरन एक ही होती है। संवाद के तार अभिनय पक्ष से बड़ी गहराई से जुड़े होते हैं। इसी कारण रंगमंच में अभिनेता से फ़िल्म के मुकाबले सशक्त अभिनय और संवाद-क्षमता की दरकार होती है।

दरअसल, रंगमंच में अभिनय एक अभिनेता को करके दिखाना पड़ता है। फिल्म में अभिनेता की मदद के लिए कैमरा होता है जबकि रंगमंच में सफल प्रस्तुति का सारा दायित्व अभिनेता के कन्धों पर ही होता है। फ़िल्म रचना प्रक्रिया में अभिनेता एक टेक के रिटेक होने के दौरान ही अपने अभिनय पक्ष पर कुछ चिन्तन कर सकता है लेकिन एक मर्तबा पूरी फ़िल्म बन जाने के बाद उसमें अभिनेता का अभिनय भी दस्तावेज़ी सामग्री के रूप में ही ज़रूरत पड़ने पर प्रयोग किया जा सकता है। रंगमंच में अभिनय के उत्तरोत्तर विकास की सारी सम्भावनाएँ मौजूद हैं। ऐसा अक़्सर देखने को मिलता है कि अभिनेता पहली मंच प्रस्तुति के दौरान थोड़ा नर्वस होता है और प्रस्तुति की शृंखला आगे बढ़ने के साथ-साथ उसका आत्मविश्वास बढ़ता चला जाता है। इसी कारण प्रत्येक प्रस्तुति नवीनता लिये हुए होती है। फ़िल्म में एक अभिनेता के लिए इस बात की कोई गुंजाइश नहीं होती है।

इसी सन्दर्भ में कहा जा सकता है कि फ़िल्म के दर्शकों के सामने आने के बाद लम्बे अन्तराल पर भी उसका पुनरावलोकन किया जा सकता है, क्योंकि उसका अभिनय पक्ष अपरिवर्तित रहता है। लेकिन रंगमंच की प्रत्येक प्रस्तुति तो अलग होती है इसलिए किसी नाट्य प्रस्तुति का पुनरावलोकन सीमित अर्थ में सम्भव नहीं है।

अन्ततः कहा जा सकता है कि अभिनय जैसी कला अलग-अलग माध्यमों में अलग-अलग रूपों में अपनी अभिव्यक्ति पाती है। कहीं वह स्थिर रूप में मौजूद है तो कहीं मात्र श्रव्य रूप में। कहीं नृत्यवत् गति विधान रूप में और कहीं फ़िल्म और दूरदर्शन जैसे माध्यम में काफ़ी दूर तक रंगमंच जैसे माध्यम के साथ समानान्तर होते हुए भी अन्ततः अलग दिखाई पड़ने लगती है। इस प्रकार अभिनय सभी कलाओं और माध्यमों

में समाहित होते हुए भी इन सबसे अलग अपनी एक पहचान बनाता है। और इस अर्थ में रंगमंच को भी एक स्वतन्त्र और शुद्ध कला के रूप में प्रतिष्ठित करता है, क्योंकि रंगमंच में जीवन्त अभिनेता और उसका उतना ही जीवन्त अभिनय—यही वह कारक तत्त्व है जो किसी और कला माध्यम की विशेषता के रूप में उल्लिखित नहीं किया जा सकता। अन्ततः रंगमंच के सन्दर्भ में अभिनय की भूमिका स्वयंसिद्ध है।

प्रस्तुति और प्रदर्शन स्थल

रंग प्रसंग में प्रकाशित अपने पिछले एक लेख में मैंने नाट्य रचना और प्रेक्षागृह के आपसी सम्बन्धों के भीतर से इस विषय में सविस्तार चर्चा की थी कि कैसे एक युग विशेष में जिस प्रकार के प्रेक्षागृहों का निर्माण किया गया है, उसी के अनुसार नाट्य रचना भी परोक्ष-अपरोक्ष रूप से प्रभावित होती रहती है। इसी विषय का एक दूसरा पहलू यह भी हो सकता है कि प्रस्तुति शैली और प्रदर्शन स्थल के बीच भी कोई ऐसा ही रिश्ता बनता है क्या ? इसमें कोई सन्देह नहीं कि जहाँ तक नाट्य रचना और प्रेक्षागृह के स्थापत्य का प्रश्न है, वे दोनों एक दूसरे को प्रभावित करते हैं—कभी नाट्य रचना की लम्बी परम्परा के बाद उस पर आधारित प्रेक्षागृहों का निर्माण होता है और कभी प्रेक्षागृहों में उपलब्ध अभिकल्पन के आधार पर नए नाटकों की रचना की जाती है। इसका सीधा सा कारण यही है कि ये दोनों प्रक्रियाएँ आपस में प्रत्यक्षतः जुड़ी हुई हैं। यहाँ तक कि जब तक रंगमंच के इतिहास में स्थायी प्रेक्षागृह नहीं थे, तब तक औपचारिक, लिखित नाट्य रचना के भी प्रमाण नहीं मिलते। लेकिन यही बात प्रस्तुति शैली और प्रदर्शन स्थल के विषय में इतने अधिकारपूर्वक नहीं कही जा सकती। ऐसा इसलिए क्योंकि पहले नाट्य रचना होती है, उसे किस प्रस्तुति शैली में किया जाना है, यह निर्णय बाद में किया जाता है। यों तो यह कहा ही जाता है कि नाट्य रचना स्वयं में ही अपनी प्रस्तुति शैली भी समाहित किए होती है और इस तरह से उसका सम्बन्ध पहले से ही प्रदर्शन स्थल अथवा प्रेक्षागृह के स्थापत्य से निश्चित हो चुका होता है। लेकिन यदि कोई नाट्य मंडली नाटक में निहित प्रस्तुति शैली से अलग अपनी कोई स्वतन्त्र प्रस्तुति शैली विकसित करना चाहती है तो उस स्थिति में इस पारस्परिक सम्बन्ध की जाँच-पड़ताल कितनी तरह से की जा सकती है ? नाट्य मंडली अपनी विकसित शैली के अनुसार प्रदर्शन स्थल का चुनाव करे ? यदि वैसा प्रदर्शन स्थल उपलब्ध नहीं है तो पहले से निश्चित स्थापत्य को ही परिवर्तित करने का प्रयत्न करे ? यदि ये दोनों विकल्प भी सम्भव नहीं हैं तो अपने लिए बिलकुल एक नया प्रदर्शन स्थल तैयार करे ?

उपर्युक्त विकल्पों में से किसी का भी चुनाव किया जाए, कम से कम तीन तत्त्व इस पूरी प्रक्रिया में अन्तर्निहित हैं—प्रस्तुति शैली, प्रदर्शन स्थल का अभिकल्पन अथवा परिकल्पना और उसके अनुसार दर्शकों के नाटक देखने की निर्धारित दृष्टि। पहले दोनों तत्त्वों पर तो इस अध्ययन में विचार होगा ही, सबसे पहले यह देख लिया जाए कि

नाट्य प्रस्तुति और दर्शकों के बीच देखने के स्तर पर कितनी तरह के समीकरण बनते हैं। इस दृष्टि से यदि आदिकाल से आज तक के रंग इतिहास को जाँचा-परखा जाए तो अनेक तरह के विकल्प और सम्भावनाएँ बनती, बदलती और सँवरती रही हैं। उदाहरण के लिए दर्शक एक घेरे में अथवा चौकोर स्थिति में बैठे या खड़े हुए और उनके बीच घटित होता नाटक। दर्शक मंच को तीन तरफ़ से घेरे हुए, दो तरफ़ से घेरे हुए अथवा बिलकुल मंच के सामने बैठे हुए। दर्शक बीच में बैठे हुए और नाटक उनके चारों तरफ़ घटित होता हुआ। नाटक के अलग अलग दृश्य एक विशाल क्षेत्र और परिवेश में फैले हुए और दर्शक उन्हें देखने के लिए एक क्षेत्र से दूसरे क्षेत्र तक जाते हुए। दर्शक एक ही स्थान पर स्थित हों–बैठे या खड़े हुए होते और नाटक के दृश्य किसी चलायमान पद्धति से उनके सामने से गुज़र जाएँ। सम्भावना इसकी भी हो सकती है कि पहले से उपर्युक्त विकल्पों में से भी कुछ निश्चित् न किया जाए और अन्ततः प्रस्तुति शैली अपने लिए जो भी प्रदर्शन की विधि विकसित कर ले। क्या हम कई बार नाट्यालेख के साथ भी ऐसा ही व्यवहार नहीं करते, जब हम पहले से ही कोई प्रस्तुति शैली निश्चित् न करके स्वयं अभिनेताओं के भीतर से ही पैदा होने देते हैं ? कहने का तात्पर्य यही है कि हम जिस भी मार्ग से यात्रा करें, आखिर में उस यात्रा को दर्शकों तक आकर ही सम्पूर्ण होना है और ऐसे में प्रस्तुति शैली, प्रदर्शन स्थल और दर्शकों के बीच अपने आप एक निश्चित् सम्बन्ध स्थापित हो जाएगा।

इस सारी पृष्ठभूमि के बाद अब हम अपने विषय पर सीधे सीधे विचार विमर्श कर सकते हैं अर्थात् हर तरह के प्रदर्शन स्थल को सामने रखते हुए, उसके अनुसार निर्धारित होती हुई संभावित प्रस्तुति शैली की खोजबीन की जाए। इस दृष्टि से सबसे पहले हम एक घेरे या वर्तुलाकार मंच को लेते हैं। इस मंच को सबसे पहले लेने का एकमात्र कारण यही है कि रंगमंच के आदिकाल में मंच का जो पहला आकार उभरकर आया, वह एक वर्तुल ही था और उसी ने आगे आनेवाले तरह तरह के आकारों के लिए एक आधार भूमि तैयार की। इसे एक संयोग मात्र ही कहा जा सकता है कि घेरे के जन्म का कारण उस आदिम मनुष्य की अपनी दिनचर्या के एक महत्त्वपूर्ण कार्यकलाप से जुड़ा हुआ था और वह था शिकार करके लाए गए जानवरों को बीच में रखकर भूनना और उसके बाद मिल बाँटकर खाना। इसे यूँ भी कहा जा सकता है कि मनुष्य के भीतर छिपी बालसुलभ प्रवृत्ति की अभिव्यक्ति आकार के रूप में सबसे पहले शायद एक घेरे के रूप में ही जन्म लेती है।

बहरहाल, घेरा या वर्तुल अपने मूल आकार में प्रस्तुति शैली को लेकर कुछ चीज़ें स्वयं ही निश्चित कर देता है–घेरे का न तो कोई आदि है और न ही अन्त। इसीलिए यहाँ न कोई प्रवेश है और न कोई प्रस्थान। जो भी प्रवेश प्रस्थान होना है, वह दर्शकों के बीच से ही होना है। इसीलिए कहा भी जाता है कि इस व्यवस्था में अभिनेता और दर्शकों में कोई भी भेद नहीं होता। दोनों तत्त्व समान धरातल पर होते हैं। दर्शक चारों तरफ़ बैठे हैं या खड़े भी हो सकते हैं, ऐसी स्थिति में अभिनेता को जो भी दिखाना

होगा, वह हर दर्शक के लिए देखने और सुनने की दृष्टि से सम्भव होना चाहिए। यह तभी हो सकता है कि अभिनेता स्वयं चारों तरफ़ घूम घूमकर दर्शकों के साथ सम्प्रेषण स्थापित करे अथवा एक अभिनेता के स्थान पर दो, तीन या चार और कभी-कभी तो एक बड़ा समूह दर्शकों के साथ संवाद करे। रंगमंच में कोरस जैसे नाटकीय तत्त्व का जन्म इसी आवश्यकता के तहत हुआ होगा। अब जैसे ही एक अभिनेता का कई अभिनेताओं में रूपान्तरण होता है तो बहुत सी चीज़ें अपने आप जुड़ने लगती हैं। अभिनेताओं का समूह ही उस दायरे में अपनी गतियों, मुद्राओं और कार्यव्यापार से मंच सज्जा के अभिकल्पन का काम भी करेगा क्योंकि जैसे ही हम किसी भी प्रकार की पक्की और ठोस साज सज्जा का प्रयोग करेंगे, वह किसी न किसी तरफ़ के दर्शकों के देखने की प्रक्रिया में अवरोध पैदा करेगी। इसीलिए यह अकारण या संयोग मात्र नहीं है कि जब जब नाटक का मंचन एक दायरे में किया जाता है तो वहाँ मात्र एक खाली स्पेस ही हुआ करता है। यदि किसी दृश्यबन्ध को होना भी है तो उसे भी लगातार अभिनेताओं की गतियों के साथ चलायमान होना पड़ेगा। दायरे में स्थिर और निश्चल दृश्यबन्ध की परिकल्पना तो की ही नहीं जा सकती। यदि की भी जाए तो एक ही तरह के कम से कम चार दृश्यबन्ध तो आने ही होंगे। हाँ, ऐसे मंच उपकरण और सामग्री अवश्य इस्तेमाल किए जा सकते हैं, जिन्हें अभिनेता स्वयं ला और ले जा सके।

पात्रों की गतियाँ गोलाकार हैं तो कहीं न कहीं वे एक लय, ताल और क्रम से जुड़ने लगती हैं और इस तरह अपने साथ अनायास ही गीत, संगीत और नृत्य को जन्म दे बैठती हैं। इसका अर्थ यह नहीं है कि किसी और तरह के प्रदर्शन स्थल में प्रस्तुत किए जा रहे नाटक में गीत, संगीत और नृत्य नहीं हो सकता। यहाँ हम मात्र इस तथ्य को रेखांकित करना चाहते हैं कि वर्तुलाकार बनावट अपने आप में ऐसी बनावट है, जो इन तत्त्वों के जन्म का कारण बन जाती है। इसका सबसे अच्छा उदाहरण है हमारी अपनी परम्परा में होनेवाले आनुष्ठानिक कार्यकलाप।

अभिनेताओं को अपनी गतियों, मुद्राओं, समूहनों, संवादों, गीत, संगीत और नृत्य से एक परिवेश रचना है, एक वातावरण का निर्माण करना है, और वह सब कुछ भी एक खाली मंच पर, तो किसी भी तरह के यथार्थ अथवा वास्तविकता के भ्रम की ज़रूरत ही नहीं रहती। यहीं से जन्म होता है शैलीबद्धता का, रीतिबद्धता का, और यदि शास्त्रीय भाषा में कहा जाए तो एक नाट्यधर्मिता का। कालान्तर में यह नाट्यधर्मिता भले ही हर तरह की नाट्य रचना और प्रस्तुति से जुड़ गई हो, इसमें कोई सन्देह नहीं कि मूलतः इसका जन्म वर्तुलाकार मंच पर ही हुआ था।

मंच या प्रदर्शन स्थल के इस आकार में अभिनेता से कई अपेक्षाएँ और होने लगती हैं। ज़्यादा से ज़्यादा शब्दाश्रित होने के कारण उसे उस शब्द को ही पहले श्रव्य और फिर दृश्य में परिवर्तित करना होता है। यहाँ शब्द का मात्र वाचन नहीं किया जा सकता, उसे अनिवार्य रूप से दृश्य के रूप में सामने आना चाहिए। इसीलिए हम देखते हैं कि रूप सज्जा, वेशभूषा और कई बार प्रकाश सज्जा भी इस तरह की प्रस्तुतियों में बहुत

ज़्यादा मुखर होकर उभरती है और यह स्वाभाविक भी है। किसी भी प्रकार की दृश्य सज्जा के अभाव में आहार्य अभिनय के यही तत्त्व उस खाली स्पेस को अपने रंगों, रेखाओं और बिम्बों से भरते हैं।

क्या यह अपने-आप में बेहद रोचक जानकारी नहीं कि आदिम रंगमंच से लेकर आज तक के नुक्कड़ रंगमंच का जो इतिहास लाखों वर्षों में फैला हुआ है, उसमें जब भी एक वर्तुलाकार प्रदर्शन स्थल में किसी प्रस्तुति का प्रदर्शन किया गया है, कमोबेश उपर्युक्त तत्त्व ही प्रधान रहे हैं। आज सुविधा के लिए कभी-कभी इसी दायरे में चार अनौपचारिक प्रवेश प्रस्थान बना लिए जाते हैं, जिन्हें अभिनेता नाटक के कार्यव्यापार के दौरान प्रयोग में लाते रहते हैं। वर्तुलाकार मंच का लाभ यह भी है कि इसमें अतिरिक्त रूप से कोई तामझाम नहीं करना पड़ता—मात्र कुछ प्रकाश उपकरणों को चार कोनों से बाँधना ज़रूरी है। वह भी तभी जब प्रदर्शन रात में हो रहा हो, अन्यथा सूरज की रोशनी में उसकी भी कोई दरकार नहीं रहती। वर्तुलाकार प्रदर्शन स्थल की इसी अनौपचारिकता का परिणाम है कि रंग इतिहास में दर्शकों और अभिनेताओं के बीच यह पद्धति सबसे ज़्यादा लोकप्रिय रही है। इतना ही नहीं, दर्शकों और अभिनेताओं के बीच अन्तरंगता की दृष्टि से भी इस मंचीय स्थिति का सबसे ज़्यादा महत्त्व है। यहाँ तक कि आधुनिक भारतीय रंगमंच में बंगाल के सुप्रसिद्ध नाटककार निर्देशक बादल सरकार ने अपने तीसरे रंगमंच की परिकल्पना को साकार रूप प्रदान करने के लिए मंचन की इसी पद्धति का चुनाव किया और पिछले लगभग तीस वर्षों से इसी शैली में काम करते आ रहे हैं। नुक्कड़ नाटकों की प्रस्तुति के सन्दर्भ में इस प्रकार के स्थल की हम पहले ही ऊपर चर्चा कर आए हैं। आदिम रंगमंच के बाद पश्चिम में जब मध्यकाल में नाटक चर्च के बाहर निकलकर आया और बाज़ार के चौराहों पर पहुँचा तो नाटकों का मंचन इसी पद्धति में होता था। हमारे यहाँ कुछ प्रदेशों में रामलीला जैसी लोकशैली का मंचन भी एक दायरेनुमा पद्धति में ही होता है। यहाँ यह उल्लेख करना भी अप्रासंगिक नहीं होगा कि वे सब प्रकार के खेल, तमाशे, सर्कस का पंडाल हों, मदारी को घेरकर बैठे या खड़े लोग हों, उत्सव हो, अनुष्ठान हो—अर्थात् कोई भी ऐसी गतिविधि जिसमें एक बड़े समूह की भागीदारी हो अथवा एक छोटे समूह की, सबसे अहम बात यह है कि दायरे में स्थित दर्शकों द्वारा अभिनेताओं तक पहुँचनेवाली ऊर्जा और अभिनेताओं द्वारा दर्शकों तक पहुँचनेवाली ऊर्जा एक दायरे के केन्द्रीय बिन्दु के बिलकुल मध्य में होने के कारण आपस में बराबर बराबर वितरित होती रहती है।

प्रस्तुति शैली और प्रदर्शन स्थल के बीच लगभग यही रिश्ता तब भी बनता है जब दर्शक मंच को तीन तरफ़ से घेरकर बैठते हैं। दर्शकों और अभिनेताओं के मध्य वही अन्तरंगता बरकरार रहती है, जो एक दायरेवाली स्थिति में थी क्योंकि यहाँ दर्शक भी मानो मंच की तरफ़ अग्रसर होते जान पड़ते हैं और अभिनेता भी जैसे दर्शकों पर छा जाने की स्थिति में होते हैं। ऐसा इसलिए होता है क्योंकि अब दायरा पूरी तरह से एक दायरा न रहकर एक तरफ़ से तोड़ दिया गया है और वहाँ एक ऐसा स्पेस आ गया

है जिसे प्रदर्शन के लिए इस्तेमाल किया जा रहा है, जिसे अभिनेताओं की रंगभूमि भी कहा जाता है। मंच के तीन तरफ़ से घिरे होने में सुविधा यह हो जाती है कि अभिनेताओं के अनायास ही मंच के तीन कोनों पर प्रवेश और प्रस्थान के लिए अनेक द्वार मिलने लगते हैं। इतना ही नहीं, दर्शकों के ठीक सामने मंच के पिछले हिस्से में एक दीवार अथवा पर्दे की परिकल्पना की जा सकती है। इस प्रकार से दृश्यबन्ध के नाम पर कम से कम पिछली दीवार के सामने प्रावधान किया जा सकता है। अभी भी क्योंकि दर्शक मंच को तीन तरफ़ से घेरे हुए रहते हैं इसलिए कोई भी दृश्यबन्ध ऐसा नहीं हो सकता जो मंच पर उपलब्ध पूरे अभिनय क्षेत्र में फैला हुआ हो। ऐसी स्थिति में प्रस्तुति शैली को पुनः उसी शैलीबद्धता अथवा रीतिबद्धता का आश्रय लेना पड़ता है जो कि इससे पूर्व एक वर्तुलाकार प्रदर्शन स्थल के रूप में विश्लेषित की जा चुकी है। कभी घेरे के बड़े होने और विशाल दर्शक समूह की उपस्थिति के कारण भी प्रस्तुति शैली में कई दूसरे तत्त्व जुड़ने लगते हैं। उदाहरण के लिए, चेहरे पर बड़े बड़े मुखौटों के प्रयोग, शरीर की बनावट को उसकी स्वाभाविक नाप से ज़्यादा बढ़ा-चढ़ाकर दिखाने के लिए ऊँची ऊँची एड़ियोंवाले जूतों का प्रयोग, प्रत्येक हावभाव, गति और मुद्रा को अतिरंजित रूप में दर्शकों के सामने प्रस्तुत करना, पश्चिम में यूनानी नाट्य परम्परा और भारत में पारसी नाट्यों के प्रदर्शन में उपर्युक्त तत्त्वों को सहज ही पहचाना जा सकता है।

प्रस्तुति शैली का लगभग यही स्वरूप तब भी बनता है जब दर्शक मंच को दो तरफ़ से घेरकर बैठते हैं। यूँ तो इतिहास में परम्परा के रूप में इस तरह का प्रावधान मात्र जापान की नोह और काबुकी नाट्य शैली में ही दिखाई पड़ता है लेकिन आज कोई निर्देशक प्रयोग के स्तर पर किसी भी नाटक की प्रस्तुति में एक खासी स्पेस में इस तरह की पद्धति का प्रयोग कर सकता है अर्थात् दर्शक मंच को दो तरफ़ से घेरकर बैठे और नाटक उनके बीच में मंचित हो रहा हो। इसमें कोई सन्देह नहीं कि ऐसे मंचन में मंच के दो कोने, दृश्यबन्ध, नेपथ्य अथवा प्रवेश और प्रस्थान के काम में आते हैं लेकिन प्रस्तुति शैली कमोबेश उसी नाट्यधर्मिता से काम चलाती है जिसका ज़िक्र ऊपर बार बार किया गया है। एक प्रकार से देखा जाए तो अभी तक के विवेचित तीन तरह के प्रदर्शन स्थल अपनी बनावट से ही प्रस्तुति शैली को लगभग निश्चित् कर देते हैं। इन पद्धतियों में किसी भी नाटक को यथार्थवादी शैली के माध्यम से मंचित करना सम्भव ही नहीं है। यह अलग बात है कि वह नाट्यधर्मिता अपनी प्रस्तुति शैली में विविधवर्णी होती है और उसका कोई एक निश्चित् स्वरूप नहीं बनाया जा सकता। हाँ, कुछ तत्त्व ज़रूर सामान्य हो सकते हैं, जैसे कि गीत, संगीत और नृत्यवत् गतियाँ और मुद्राएँ। इसीलिए हम देखते हैं कि अलग अलग देशों में अथवा हमारे अपने ही देश के अलग अलग प्रान्तों में इस तरह के प्रदर्शन स्थलों में जितनी भी तरह की प्रस्तुति शैलियों और पद्धतियों से हमारा साक्षात्कार होता है उन सबमें ये सामान्य तत्त्व अवश्य पाए जाते हैं।

अब हम किसी भी नाटक को मंच के मात्र एक तरफ़ बैठकर देखनेवाले प्रदर्शन स्थल में से उभरती हुई शैली पर विचार कर सकते हैं। सबसे पहले तो इस तथ्य पर

ध्यान दिया जाना ज़रूरी है कि किसी भी चित्र, पुस्तक अथवा वस्तु को हम किसी एक विशेष क्षण में जब आमने-सामने वाली स्थिति में देखते हैं तो वह देखने की वैज्ञानिक पद्धति के कारण एक स्वाभाविक स्थिति होती है। हम बाएँ से देखते हैं और एक बार में हमारी दृष्टि बाएँ से दाएँ जितनी दूर तक देख सकती है, उससे इस तरह के प्रदर्शन स्थल में प्रस्तुतियों को देखने की सीमा रेखा अपने आप निश्चित् होने लगती है, अर्थात् हमारी आँखों के ठीक सामने लगभग एक सीधी रेखा में पीछे गहराई में जाता हुआ एक खुला मंच। हम दर्शक दीर्घा में कहीं भी बैठें, मंच का हर वह भाग हमें सुविधापूर्वक दिखाई देता रहे, इसका प्रावधान इस प्रकार के प्रदर्शन स्थल की सबसे आवश्यक प्राथमिकता है। दूसरे, क्योंकि अब दर्शक ठीक मंच के सामने बैठे हैं, अतः किसी भी तरह का दृश्यबन्ध अभिनेताओं और दर्शकों के बीच व्यवधान उत्पन्न नहीं करेगा। इसीलिए यह स्वाभाविक ही था कि इतिहास में पहली बार मंच अभिकल्पन एवं दृश्यबन्ध की परिकल्पना ने इसी प्रदर्शन स्थल की अवधारणा के साथ जन्म लिया।

एक और दृष्टि से भी आमने-सामने बैठकर देखने की पद्धति का अपना महत्त्व है। जब साहित्य और नाट्य रचना में स्वाभाविकतावाद अथवा यथार्थवाद ने जन्म लिया तो उस समय प्रदर्शन स्थल के रूप में भी नाटकों के मंचन के लिए एक रंगद्वारी मंच की आवश्यकता अनुभव की गई क्योंकि अब नाटक सीधे-सीधे दर्शकों को सम्बोधित न होकर पात्रों और चरित्रों के बीच ही घटित होता दिखाया जाता था। इसके पीछे मूल कारण यही था कि जो नाटक अब तक खुले में एक विशाल मंच पर मंचित होते थे और ईश्वर, राजा अथवा दूसरे अलौकिक तत्त्वों से भरपूर होते थे, वे विज्ञान और औद्योगिक क्रान्ति के फलस्वरूप सामान्य आदमी की कहानी को केन्द्र में लेकर आए और नाटक का परिवेश भी उसी के अनुसार घर के भीतर सिमट गया। इसीलिए इस तरह के प्रदर्शन स्थल के पीछे मूल सोच यही है कि सारा नाटक मानो एक चारदीवारी के भीतर घटित होता है जिसकी एक दीवार को दर्शकों की सुविधा के लिए तोड़ दिया गया है, अभिनेता दर्शकों की उपस्थिति से बिलकुल भी सजग और सचेत न हो और नाटक के संवाद, क्रियाएँ, प्रतिक्रियाएँ और सारा कार्यव्यापार उनके अपने बीच चलता रहे। इस प्रकार जहाँ नाट्य रचना में एक यथार्थवादी शैली का सूत्रपात हुआ उसी के अनुसार प्रस्तुति शैली भी यथार्थवाद पर ही आश्रित रहती है। इसका परिणाम यह हुआ कि अब तक जो अभिनय परम्परा अतिरंजित, मैलोड्रामेटिक और नाट्यधर्मिता से आबद्ध थी, वह सूक्ष्म, आन्तरिक, सहज और स्वाभाविक अभिनय में रूपान्तरित हो गई।

यहीं पर एक प्रश्न यह भी उठाया जा सकता है कि मंच के सामने एकतरफ़ा बैठकर नाटक देखने की पद्धति तो हमारी अपनी प्राचीन परम्परा में भी विद्यमान थी तो फिर उसके साथ यथार्थवादी प्रस्तुति शैली ने जन्म क्यों नहीं लिया। इसका कारण यही है कि बेशक हमारे यहाँ भी प्रदर्शन स्थल का यह स्वरूप आरम्भ से ही मिलता है और एक अर्थ में सबसे पहले हमारे ही देश में एकतरफ़ा बैठकर नाटक देखने की पद्धति का जन्म हुआ था लेकिन नाटकों की कहानियाँ राजाओं, लोककथाओं, पुराणों,

मिथकों इत्यादि से जुड़ी होने के कारण अभिनय अथवा प्रस्तुति शैली के स्तर पर उस यथार्थवादिता का आविर्भाव नहीं हो पाया। इसीलिए दर्शकों के एक तरफ़ बैठने के बावजूद प्रस्तुति शैली का आग्रह लोकधर्मी पर ही ज़्यादा रहा। यह अलग बात है कि हमारे यहाँ भी लोकधर्मी नाम से उस शैली के संकेत मिलते हैं जिसे आज के यथार्थवाद की पूर्वपीठिका कहा जा सकता है।

बहरहाल, रंगद्वारी मंच पर बना हुआ चौखटेनुमा ढाँचा प्रस्तुति शैली से सम्बन्धित कुछ चीज़ें स्वयं ही निर्धारित कर देता है, मसलन–एक ठीक सामनेवाले पर्दे की ज़रूरत जिसकी सहायता से दर्शकों को भीतर का हिस्सा तभी दिखाई पड़े जब हम चाहें। यदि सामने का परदा नहीं भी है तो भी सारा मंच अन्धकार में और प्रदर्शन के समय ठीक इसके उलट अर्थात् दर्शकों पर अन्धकार और मंच पर प्रकाश। एक प्रकार से प्रस्तुति शैली और प्रदर्शन स्थल आपस में मिलकर यथार्थ का भ्रम उत्पन्न करते हैं। इसमें कोई सन्देह नहीं कि मंच पर यथार्थवादी प्रस्तुति शैली में अभिनेता अपने सही कद और व्यक्तित्व के साथ ही दर्शकों के सामने उपस्थित होता है। यों कहने को यही यथार्थवादी अभिनय शैली फ़िल्म और दूरदर्शन में भी इस्तेमाल की जाती है लेकिन सच्चाई यह है कि दूरदर्शन में आदमी अपने कद से बहुत छोटा और फ़िल्म में बहुत बड़ा दिखाई देता है। इसीलिए कहा जाता है कि वस्तुतः यथार्थवादी प्रस्तुति और अभिनय शैली की पहचान रंगमंच पर ही होती है।

उपर्युक्त सभी विकल्पों और पद्धतियों के बाद मुख्य रूप से प्रदर्शन स्थलों के दो और स्वरूप इतिहास में दिखाई पड़ते हैं जिनका उल्लेख किया जाना चाहिए। एक तो, खुले मैदान में एक नाटक के अलग अलग दृश्यों को मंचित करना और दर्शक उन्हें वहाँ जा जाकर देखें। दूसरे, दर्शक गलियों, चौराहों, नुक्कड़ों पर खड़े रहें और नाटक का एक एक दृश्य किसी वाहन के माध्यम से स्वयं उनके सामने चलकर आए। दोनों ही स्थितियों में प्रदर्शन स्थल के स्वरूप के वैचित्र्य और विविधता के बावजूद प्रस्तुति शैली पर अलग से कोई खास असर नहीं पड़ता। वह नाट्यधर्मी भी हो सकती है और यथार्थवादी भी। लेकिन अहम् बात यही है कि उसमें कम से कम मंच उपकरण और तामझाम से काम चलाना होगा। अभिनेताओं की संख्या भी बहुत ज़्यादा नहीं होती। इसीलिए इस तरह के नाटकों की प्रस्तुति में प्रायः रूपसज्जा, वेशभूषा और एकाध छोटे मोटे मंच उपकरण ही ज़्यादा काम में आते हैं।

इस प्रकार हम देखते हैं कि जिस प्रकार प्रेक्षागृह का स्थापत्य अपने समय में लिखे जानेवाले नाटकों की संरचना और शिल्प को प्रभावित करता है, उसी प्रकार मंचन किस प्रदर्शन स्थल पर किया जा रहा है, यह तथ्य भी नाटक की प्रस्तुति शैली को निर्धारित कर देता है। लेकिन इसका अर्थ यह नहीं है कि ऐसे निष्कर्ष अपने आप में अन्तिम कहे जा सकें। सम्भावना इसकी फिर भी बनी रहती है कि कोई कल्पनाशील निर्देशक अथवा नाट्य मंडली प्रदर्शन स्थल के अपने स्वरूप के बिलकुल विपरीत प्रस्तुति शैली की भी खोज कर ले अथवा स्वयं प्रस्तुति शैली स्थल के निश्चित् आकार प्रकार को अपने हिसाब से रूपान्तरित कर ले।

नाटक और रंगमंच का प्रशिक्षण

यद्यपि राष्ट्रीय नाट्य विद्यालय की स्थापना को चालीस वर्ष से ऊपर हो चुके हैं, उसी क्रम में देश के अलग अलग राज्यों में सरकारी या ग़ैर सरकारी नाट्य विद्यालय चल रहे हैं और कम से कम पच्चीस तीस विश्वविद्यालयों में नाटक और रंगमंच विभाग खुले हुए हैं, फिर भी एक सवाल से बार-बार सामना करना पड़ता है कि नाटक और रंगमंच के प्रशिक्षण की आवश्यकता क्यों होनी चाहिए ? अभिनय तो मनुष्य में जन्मजात प्रतिभा होती है। उसे बाहर से उसके ऊपर आरोपित नहीं किया जा सकता। पहले तो उपर्युक्त प्रश्न और फिर उसके पक्ष में दी जानेवाली दलीलें निहायत ही हास्यास्पद जान पड़ती हैं। यही प्रश्न और दलीलें तब और भी हास्यास्पद लगने लगती हैं, जब ये समाज एवं प्रशासन से जुड़े ज़िम्मेदार लोगों द्वारा दी जाती हैं।

आश्चर्य होता है कि यही प्रश्न संगीत, नृत्य, चित्रकला, मूर्तिकला एवं दूसरी ललित कलाओं एवं विधाओं के बारे में नहीं किया जाता ? यहाँ तक कि फ़ोटोग्राफी और फ़िल्म को लेकर भी नहीं जिनका जन्म ही पिछले डेढ़ सौ सालों के भीतर हुआ है। इतना ही नहीं, संगीत, नृत्य, चित्रकला, मूर्तिकला आदि का प्रशिक्षण हमारी शिक्षा पद्धति में आरम्भ से ही शामिल है और बचपन से ही एक अनिवार्य और ऐच्छिक विषय के रूप में पाठ्यक्रम के साथ जोड़ दिया जाता है। फ़िल्म और फ़ोटोग्राफी को लेकर भी प्रशिक्षण की आवश्यकता को स्वीकार कर लिया गया है क्योंकि उनके पक्ष में सबसे बड़ा तर्क यह है कि ये दोनों ही कलाएँ तकनीकी कौशल की भी माँग करती हैं, जिन्हें जन्म से ही नहीं पाया जा सकता।

आखिर ऐसा क्यों हुआ कि जो कला संसार की प्राचीनतम कला है, जिसने पूर्व हो या पश्चिम, सबसे पहले कला का शास्त्र और व्याकरण दिया, आज उसी को लेकर सबसे ज़्यादा दुविधा और ऊहापोह की स्थिति है ? हमारे अपने देश में तो और ज़्यादा अन्तर्विरोध की स्थिति है। भरत का नाट्यशास्त्र मात्र नाटक का ही नहीं संगीत, नृत्य, स्थापत्य, वास्तुकला, चित्रकला जैसी सभी कलाओं का आदि ग्रन्थ है। कालान्तर में बाक़ी सभी कलाएँ तो नाट्यशास्त्र से जुड़ी रहीं लेकिन नाट्यकला ही उससे अलग होती चली गई। ऐसा इसलिए हुआ कि जब मध्यकाल में राजनैतिक स्तर पर यहाँ की शासन व्यवस्थाओं में आमूलचूल परिवर्तन हुए तो नाट्यकला जैसी सामूहिक कला नगरों को छोड़कर लोक रंगमंच के रूप में देश के अलग अलग गाँवों और क्षेत्रीय भाषाओं में

परिवर्तित हो गई। तत्कालीन शासकों ने भी नाट्यकला की बजाए एकांतिक कलाओं, जैसे कि संगीत, नृत्य, चित्रकला आदि को ज़्यादा प्रोत्साहित किया और मध्यकाल के विभिन्न आचार्यों ने नाट्यशास्त्र की भी मात्र साहित्यिक एवं काव्यशास्त्रीय टीकाएँ और व्याख्याएँ प्रस्तुत कीं। लोक नाटक और रंगमंच क्योंकि सीधे-सीधे लोक और परम्परा की देन था, अतः उसके लिए अलग से किसी लिखित शास्त्र एवं व्याकरण की आवश्यकता ही नहीं थी। इन सारी नई परिस्थितियों का परिणाम यह हुआ कि जिस नाट्यकला का विधिवत प्रशिक्षण प्राचीन रंगमंच में होता आया था, उसी के लिए प्रशिक्षण की अनिवार्यता का कोई महत्त्व नहीं रहा। एक और कारण भी प्रस्तुत किया जा सकता है। रंगमंच के अतिरिक्त दूसरी कलाएँ अपनी मूल प्रकृति में एकांतिक होने के कारण गुरु शिष्य परम्परा के रूप में सुरक्षित और विकसित होती रहीं। लेकिन रंगमंच के साथ ऐसी सुविधा नहीं हो पाई। इसीलिए उसके प्रशिक्षण के लिए जिस प्रकार के विधिवत विद्यालयों की उपस्थिति प्राचीन काल में विद्यमान थी, वह बाद में लुप्त हो गई।

नाट्यकला को एक सम्पूर्ण कला कहा गया है जिसमें बाक़ी सारी कलाएँ स्वयमेव समाहित हैं। इसलिए यह और भी ज़रूरी हो जाता है कि नाट्यकला के प्रशिक्षण की शुरुआत दूसरी कलाओं की तरह से शिक्षा के प्राथमिक स्तर से ही होनी चाहिए। अभी तक हमारे यहाँ इस कला के प्रशिक्षण की जो भी पद्धति प्रचलन में है, उसकी शुरुआत वयस्क उम्र में होती है। तब तक अभिनेता की आवाज़ और उसका शरीर अपने स्वाभाविक लचीलेपन को खो चुका होता है। अतः उस आयु में उसमें बहुत ज़्यादा परिवर्तन ला पाना सम्भव नहीं होता। रंगमंच एक ऐसी कला है जिसका साधन और साध्य एक ही होता है और वह है अभिनेता। अतः यदि बाल्यकाल से ही उसकी आवाज़, उसकी मांसपेशियों, उसके शरीर और उसकी दूसरी क्षमताओं और सम्भावनाओं पर काम किया जाए तो भविष्य में वह निश्चित् रूप में एक अच्छा अभिनेता बनकर निकलेगा। यदि हम खेलों की दृष्टि से, संगीत नृत्य की दृष्टि से प्रशिक्षण की शुरुआत बाल्यकाल से कर सकते हैं तो फिर रंगमंच ही पीछे क्यों रहे जिसमें उपर्युक्त सभी अनुशासनों और कलाओं से कहीं ज़्यादा अभिनेता के शरीर, दिल और दिमाग़ का इस्तेमाल होता है। इतना ही नहीं जब हम खेलों के लिए, संगीत के लिए, नृत्य के लिए, चित्रकला के लिए, मूर्तिकला के लिए—गरज़ यह कि हर कला और विधा के लिए विद्यालय, महाविद्यालय और विश्वविद्यालय तक की परिकल्पनाएँ और स्थापनाएँ कर सकते हैं, तब यह देखकर आश्चर्य होता है कि इस दिशा में आज तक पिछले चालीस सालों में राष्ट्रीय स्तर पर मात्र एक ही नाट्य विद्यालय स्थापित किया गया। जिस तरह से संगीत के अलग अलग घरानों के लिए, नृत्य की अलग अलग शैलियों के लिए अलग अलग प्रशिक्षण पद्धतियाँ और विद्यालय स्थापित किए गए हैं उसी प्रकार से रंगमंच के क्षेत्र में भी शास्त्रीय, लोक, पारसी और यथार्थवादी अभिनय को लेकर अलग अलग शाखाएँ और विशेषज्ञता प्राप्त करने के लिए संस्थानों का प्रावधान किया जाना चाहिए।

इससे कई लाभ होंगे। एक तो रंगमंच को भी उसी तरह के पाठ्यक्रमों के समकक्ष मान्यता मिलेगी जैसे कि चिकित्सा, इंजीनियरिंग और दूसरी वैज्ञानिक शाखाएँ। ज़्यादा से ज़्यादा लोग इस माध्यम को एक व्यवसाय के रूप में लेने के लिए आगे आएँगे और समाज में भी इसकी पुनर्प्रतिष्ठा होगी।

साहित्य, रंगमंच और रंग आलोचना

साहित्य और रंगमंच कई मायनों में एक-दूसरे के पूरक हैं। यदि सभ्यता के विकास में कभी अभिनय कला के जन्म ने कहानी सुनाने और फिर दिखाने के माध्यम से साहित्य की मौखिक परम्परा को जन्म दिया तो कालान्तर में उसी मौखिक परम्परा ने भारतीय रंगमंच के विकास में महत्त्वपूर्ण भूमिका निभाई। इतिहास साक्षी है कि हमारे यहाँ रंगमंच का जन्म और विकास महाकाव्यों को घूम-घूमकर गाने, सुनाने की परम्परा से हुआ, जिसे कथागायन और कथावाचन शैलियों के भीतर समाहित किया जाता रहा है। केवल इतना ही नहीं, जब इस गाने और सुनाने की परम्परा का विधिवत विकास नाटक जैसी विधा के रूप में हुआ, तब नाटकों के कथानकों की स्रोत सामग्री के लिए यही काव्य-महाकाव्य उत्प्रेरक बने। ऐसा नहीं कि यह प्रेरणा महाकाव्यों से केवल भारतीय रंगमंच को ही मिली वरन् पश्चिमी रंगमंच भी इसका अपवाद नहीं है। और रंगमंच के आरम्भ से ही, आज तक नाटककार बार-बार अपनी विषयवस्तु को नए-नए आयाम देने के लिए प्राचीन महाकाव्यों, मिथकों, इतिहास और लोककथाओं की ओर लौटते रहते हैं।

साहित्य और रंगमंच की समानान्तर यात्रा को एक और दृष्टिकोण से भी जाँचा-परखा जा सकता है। यदि साहित्य की पहली अभिव्यक्ति विधा के रूप में शायद कविता थी तो उसके तुरन्त बाद जिस विधा ने जन्म लिया, वह नाटक ही थी। कविता और नाटक का रिश्ता तो इतना गहरा रहा है कि हमारे यहाँ और पश्चिम में भी नाटककार को कवि की संज्ञा से अभिहित किया जाता है। कविता के साथ-साथ नाटक जैसी विधा का विकास अकारण भी नहीं है। जो शब्दों की संक्षिप्तता कविता के लिए चाहिए, वही नाटक में भी दरकार है। शब्दों से चाक्षुष बिम्ब, चित्र और प्रतीक में परिणत हो जाने की जो क्षमता कविता में समाहित है, नाटक की भी हू-ब-हू वही प्रक्रिया है। अभिधा को छोड़कर ज़्यादा-से-ज़्यादा लक्षणा और व्यंजना को अपने भीतर समेटकर चलना यदि काव्य का गुण है तो नाटक भी उससे अछूता नहीं है। इसीलिए अच्छा नाटक उसे माना जाता है, जिसमें लिखे गए, बोले गए और उपस्थित शब्दों से भी ज़्यादा अनलिखे, अनबोले और अनुपस्थित शब्दों, अर्थों, अर्थछायाओं एवं अर्थध्वनियों की सम्भावनाएँ हों। किसी ने ठीक ही कहा था कि एक अच्छा कवि एक अच्छा नाटककार भी हो सकता है। इसे यूँ भी कहा जा सकता है कि वास्तव में एक नाटककार नाटक के बहाने से एक कविता की रचना ही कर रहा होता है। क्या इसीलिए हमारे यहाँ नाटक

को दृश्यकाव्य के नाम से जाना गया ? क्या इसीलिए नाटकों की रचना में आरम्भ से ही पद्य और गद्य साथ-साथ चलते आए ? पश्चिम में तो यह सम्बन्ध और भी ज़्यादा पुष्ट रूप में दिखाई पड़ता है, जहाँ यूनानी नाटक, शेक्सपीयर और उसके समकालीनों के नाटक और मौलियर से पहले के फ्रांसीसी नाटक पूरी तरह से काव्य में ही लिखे गए। आधुनिक युग तो भारत क्या, विदेश क्या—काव्य नाटकों की अपनी एक स्वतन्त्र धारा के नाम से ही जाना जाता है।

हमारे यहाँ हिन्दी साहित्य का इतिहास तो और भी ज़्यादा रोचक और तथ्यपरक उदाहरण प्रस्तुत करता है। संस्कृत के बाद जब ब्रज, अवधी, बुन्देली, मालवी, राजस्थानी जैसी बोलियों और लोकभाषाओं के बाद खड़ी बोली हिन्दी का विकास हुआ तो साहित्यिक अभिव्यक्ति के रूप में सबसे पहली रचना नाटक की हुई। उसके बाद कहानी, उपन्यास और यहाँ तक कि कविता की बारी आई। इस प्रकार हम देखते हैं कि साहित्य और नाटक के बहाने से रंगमंच का रिश्ता आदिकाल से ही चला आ रहा है।

लेकिन इस पृष्ठभूमि से यह निष्कर्ष निकाल लेना नितान्त भ्रामक होगा कि अन्ततः साहित्य और रंगमंच के अध्ययन के लिए एक जैसे ही मानदंड, प्रतिमान और कसौटियाँ लागू की जा सकती हैं। यह सही है कि साहित्य की सभी दूसरी विधाओं की तरह नाटक का भी एक लिखित रूप हुआ करता है, लेकिन बस यहीं तक हम साहित्य के साथ उसकी समानता को रख सकते हैं। वह इसलिए कि जहाँ अपने लिखित रूप में साहित्य की दूसरी विधाएँ अपनी पूर्णता को प्राप्त कर लेती हैं, वहाँ नाटक के लिए उसका लिखित रूप एक कच्चे माल की तरह से है, जहाँ से अपने अन्तिम स्वरूप तक पहुँचने की उसकी यात्रा शुरू होती है और एक निश्चित् और अन्तिम परिणति तक तो कभी भी नहीं पहुँच पाती। यह दोहरी यात्रा नाटक की एक ऐसी निजी सम्पत्ति है, जो साहित्य की किसी विधा में तो क्या, किसी दूसरी कला और माध्यम में भी नहीं मिलती। यहाँ तक कि टुकड़ों-टुकड़ों में रचा जानेवाला अधुनातन माध्यम सिनेमा भी एक सीमा पर आकर एक निश्चित् आकार ग्रहण कर लेता है, जब फ़िल्म प्रदर्शन के लिए तैयार हो जाती है। नाटक के साथ तो यह सुविधा और विकल्प भी मौजूद नहीं है। बेशक नाटक एक विशेष क्षण में प्रदर्शन के लिए तैयार होता है ज़रूर, लेकिन क्या उसका अन्तिम रूप वही होता है, जो हम देख रहे होते हैं ? क्या अपने प्रदर्शन में वह रूप प्रतिदिन वही होता है ? क्या वह रूप प्रतिदिन वही रह पाता है ? रह सकता है ? केवल दर्शक के लिए ही नहीं क्योंकि प्रतिदिन नया दर्शक हो सकता है, अभिनेता के लिए भी, चाहे किसी नाटक के प्रदर्शन में वही अभिनेता क्यों न काम कर रहे हों ? शायद यही कारण है कि नाटक के दो आलेख माने जाते हैं—एक उसका पाठ्यालेख और दूसरा उसका प्रस्तुति आलेख।

यदि हम साहित्य और रंगमंच के इस मूलभूत अन्तर को समझ लें तो उनकी समीक्षा और आलोचना के प्रतिमानों पर खुलकर बातचीत की जा सकती है। नाटक भी चूँकि पहले एक लिखित आलेख के रूप में हमें प्राप्त होता है, इसलिए हम उसे

पूरी तरह से एक साहित्यिक कृति मानते हुए उसके कथ्य को अन्ततः उन भाषायी उपकरणों एवं सीमाओं के भीतर बाँधकर रख देते हैं, जो दूसरी विधाओं पर लागू होते हैं अर्थात् उसका व्याकरण, छन्द, अलंकार, शब्दशक्तियाँ और बहुत हुआ तो बिम्ब व अप्रस्तुत विधान। उसके रचनाकार की जीवनदृष्टि और सौन्दर्यबोध, नाटक के पात्रों का चरित्र-चित्रण, देशकाल, वातावरण और अन्ततः उद्देश्य। इसमें कोई दो राय नहीं हो सकतीं कि नाटक के आलेख में भी ये सब तत्त्व मौजूद होते हैं और होने भी चाहिए लेकिन कहने का तात्पर्य यही है कि जहाँ साहित्य की दूसरी विधाओं की उपर्युक्त सभी तत्त्वों की आधारशिला पर बहुत अच्छी समालोचना की जा सकती है, वहाँ नाटक के सन्दर्भ में ये तत्त्व तब तक कोई मायने नहीं रखते, जब तक कि उस आलेख में प्रदर्शन की सम्भावनाओं की जाँच-पड़ताल इस तथ्य से प्रमाणित न हो जाये कि उस नाटक का मंचन हुआ है या नहीं ? इसी बात का एक दूसरा पहलू यह भी है कि कोई नाटक मंचन की दृष्टि से बहुत ही लोकप्रिय रहा हो लेकिन फिर भी यह नितान्त सम्भव है कि किसी भी प्रकार के उच्च साहित्यिक मूल्यों से वह एकदम शून्य हो। उदाहरण के लिए रमेश मेहता के नाटक एक समय पर हिन्दी रंगमंच में बहुत ज़्यादा मंचित हो रहे थे और आज भी कभी-कभार स्कूलों-कॉलेजों में सांस्कृतिक कार्यक्रमों में उनकी मंच-प्रस्तुतियाँ होती रहती हैं, लेकिन इससे यह निष्कर्ष निकाल लेना बहुत ही सरलीकरण होगा कि उनका साहित्यिक दृष्टि से भी कभी कोई मूल्यांकन किया गया था अथवा किया जा सकता है। बेशक उनका मंचन बार-बार हुआ लेकिन आलेख के रूप में वे निहायत ही सपाट, एकांगी और किसी भी प्रकार के मानवीय सम्बन्धों की गहराई से शून्य हैं। उनके चरित्र मात्र 'कार्ड बोर्ड' के स्याह-सफेद रंगों से भरपूर 'टाइप' चरित्र हैं, जिनमें प्राण तत्त्व नहीं के बराबर है। यदि वे कुछ समय के लिए रंगमंच पर लोकप्रिय हुए भी तो मात्र रमेश मेहता सदृश अभिनेता के कारण, न कि रमेश मेहता नाटककार के कारण। यही कारण है कि आज उन नाटकों का कोई नामलेवा भी नहीं है।

इसी तथ्य का दूसरा छोर है प्रसाद, भुवनेश्वर और यहाँ तक कि भारतेन्दु के नाटक। प्रसाद और भुवनेश्वर स्वयं अपने समय में बहुत कम खेले गए और प्रसाद के नाटकों के बारे में तो यह अन्तिम रूप से घोषित कर दिया गया कि साहित्यिक दृष्टि से उनका कितना भी महत्त्व क्यों न हो, रंगमंचीयता तो उनमें नाममात्र को भी नहीं है। ठीक कुछ वैसे ही निष्कर्ष भारतेन्दु और भुवनेश्वर को लेकर भी तय कर लिए गए। नतीजा यह हुआ कि ये तीनों नाटककार पाठ्य-पुस्तकों के दायरे तक सिमटकर रह गए और इनकी समीक्षा उन्हीं साहित्यिक कसौटियों पर होती रही। लेकिन जब सचमुच में इन नाटकों की मंच प्रस्तुतियाँ हुईं तो दर्शक इनमें उपलब्ध अपार नाटकीय एवं रंगमंचीय सम्भावनाओं एवं क्षमताओं को देखकर अचम्भित रह गए। ये नाटक सदैव मंच से अछूते रह गए, इसके लिए डॉ. जगन्नाथ शर्मा और डॉ. नगेन्द्र जैसे स्थापित आलोचकों के अपने निष्कर्ष ज़िम्मेदार थे, जिन्होंने इन नाटकों के शास्त्रीय अध्ययन की परम्परा को तो आगे बढ़ाया लेकिन साथ-साथ उसे रंगमंच से भी काटकर परे फेंक दिया। यह अलग

बात है कि यदि सचमुच में हिन्दी रंगमंच में मंचित नाटकों की एक सूची तैयार की जाए तो उसमें सबसे ज़्यादा बार मंचित नाटकों में प्रसाद, भारतेन्दु, भुवनेश्वर, जगदीशचन्द्र माथुर, धर्मवीर भारती और फिर कहीं इनके बाद मोहन राकेश, सुरेन्द्र वर्मा, शंकर शेष, भीष्म साहनी, मणि मधुकर और सर्वेश्वरदयाल सक्सेना की रचनाएँ ही मिलेंगी, जो साहित्य और रंगमंच—इन दोनों के मानदंडों पर खरी उतरती हैं।

दरअसल नाटक को लेकर साहित्य और रंगमंच—इन दो वर्गों में विभाजन खास ऐतिहासिक कारणों से हुआ। भारतीय स्वतन्त्रता संग्राम के दिनों में सन् 1930 से 1940 के बीच ऐसे अनगिनत हिन्दी एकांकियों व नाटकों की रचना हुई, जिनकी स्कूलों-कॉलेजों के वार्षिक सांस्कृतिक कार्यक्रमों के लिए दरकार थी। इनकी रचना भी हिन्दी के बड़े-बड़े साहित्यकारों ने की जिनमें डॉ. रामकुमार वर्मा, हरिकृष्ण प्रेमी, सेठ गोविन्ददास, उदयशंकर भट्ट, लक्ष्मीनारायण मिश्र, उपेन्द्रनाथ अश्क आदि सम्मिलित थे। इनमें से भी अधिकांश नाटक उस समय नए-नए आविष्कृत ध्वनि माध्यम रेडियो की आवश्यकता के दबाव में लिखे गए थे। लेकिन अन्ततः वे मात्र पाठ्य-पुस्तकों तक सीमित होकर रह गए। उनकी समीक्षा साहित्य के रूप में ही होती रही और अन्ततः वही प्रतिमान रंगमंच की दृष्टि से भी रूढ़ होते चले गए।

अतः आज ज़रूरत इस बात की है कि एक ऐसी रंग आलोचना का विकास किया जाए, जो एक साथ नाटक के साहित्यिक एवं रंगमंचीय पक्ष को उजागर करने की कोशिश करे। ज़ाहिर है कि यह काम उतना आसान नहीं है, जितना कि दिखाई पड़ता है। जैसा कि इस आलेख में पहले भी इस बात की चर्चा की गई है कि साहित्य ने अपनी समीक्षा एवं आलोचना के लिए एक परम्परा निश्चय ही विकसित कर ली है, जिसके लिए उसकी अपनी काव्यभाषा ज़िम्मेदार है। लेकिन इसी प्रकार नाटक की अपनी रंगभाषा क्या हो सकती है ? नाटक में रंगभाषा बनने की शुरुआत उसमें निहित प्रदर्शन की सम्भावनाओं से ही होती है। इस दृष्टि से पहला तत्त्व है संवाद। प्रायः मान लिया जाता है कि संवादों में लिखे जाने से कोई विधा अपने आप नाटक बन जाएगी। ऐसा कभी नहीं होता। नाटक के संवाद का गुण ही यही है कि बिना किसी प्रकार के मंच निर्देशों के वह अपने आप में अभिनेता को एक शारीरिक भाषा में परिणत कर दे। इसीलिए नाटक की भाषा से यह अपेक्षा रहती है कि वह क्रियात्मक हो, शारीरिक हरकत को अपने में समाहित किए हो, शब्दों से बिम्ब और दृश्यों का निर्माण करने में समर्थ हो और यह सब कुछ कम-से-कम शब्दों में घटित हो क्योंकि समय के एक विशेष कसाव और बँधाव में नाटक को आरम्भ और समाप्त होना होता है। फिर नाटक की कथावस्तु का नाटकीय होना बेहद ज़रूरी है। नाटक में यह नाटकीयता अनिवार्य रूप से मानवीय सम्बन्धों के भीतर से पैदा होनी चाहिए। किसी भी दूसरी विधा में आदमी की उपस्थिति के बिना भी कथावस्तु नाटकीय हो सकती है लेकिन नाटक में आदमी की उपस्थिति के बिना उसकी कल्पना ही नहीं की जा सकती है। नाटक चाहे वस्तुओं के बारे में हो, जीव-जन्तुओं के बारे में, विचारों के बारे में हो—मंचित उसे अन्ततः

मानवीय तत्त्व के माध्यम से ही होना है। इसीलिए उसकी रंग आलोचना में मात्र चरित्र-चित्रण के उल्लेख से काम नहीं चल सकता, यहाँ तो किसी अभिनेता विशेष ने उस चरित्र का निरूपण कैसे किया, इस पर ज़ोर दिया जाना ज़रूरी है।

अन्ततः रंगभाषा के अपने कुछ ऐसे पहलू जो मात्र नाटक की ही सम्पत्ति हैं, मसलन मंचसज्जा या दृश्यबन्ध, वेशभूषा, रूपसज्जा, रंगसंगीत और प्रकाश। बेशक ये तत्त्व उसके प्रदर्शन के व्यावहारिक पक्ष से ज़्यादा जुड़े हैं लेकिन ये उसके आलेख में भी कितने ही धुँधले रूप में ही क्यों न सही, उपस्थित अवश्य रहते हैं। उदाहरणार्थ 'अन्धायुग' जैसे आलेख में मंचसज्जा के रूप में विशाल कैनवास, खँडहर, प्रकाश के अलग-अलग रंग और चमत्कार, वेशभूषा के धूसर और गहरे रंग किसी भी रंग निर्देशक को अनायास ही क्यों दिखाई पड़ने लगते हैं ?

मैं समझता हूँ कि ये कुछ ऐसे बिन्दु हैं, जिनको आधार बनाकर साहित्य और रंगमंच के आपसी सम्बन्धों पर एक सार्थक संवाद की शुरुआत की जा सकती है और यहीं से रंग आलोचना की अपनी निजी भूमि और पहचान की भी आधारशिला रखी जा सकती है।

बीसवीं सदी का हिन्दी रंगमंच

प्रायः यह माना जाता रहा है कि आधुनिक हिन्दी रंगमंच की अपनी कोई परम्परा नहीं है। संस्कृत रंगमंच के अवसान के बाद एक हजार ईस्वी से 1500 ईस्वी के बीच देश के अलग-अलग क्षेत्रों, प्रान्तों और भाषाओं में जिस लोक रंगमंच का आविर्भाव हुआ उससे उत्तर भारत का हिन्दी प्रदेश लगभग अछूता रहा है। लेकिन यह मात्र अर्द्धसत्य है। सच्चाई यह है कि हिन्दी प्रदेश में भी पन्द्रहवीं सदी के आसपास रामलीला और रासलीला जैसे लोकनाट्य और नृत्य शैलियों का विधिवत् जन्म हो चुका था और उसके बाद तो नौटंकी, स्वांग और भगत की एक लम्बी परम्परा दिखाई पड़ती है।

उन्नीसवीं सदी के उत्तरार्द्ध में यदि मराठी, बांग्ला और दूसरी दक्षिण भारतीय भाषाओं में आधुनिक रंगमंच की शुरुआत हुई तो हिन्दी रंगमंच में भी 1868 में हिन्दी के पहले मंचित नाटक 'जानकी मंगल' की सूचना उपलब्ध है। इसके बाद तो जो इतिहास उन्नीसवीं शताब्दी के उत्तरार्द्ध में पहले पारसी नाटकों और फिर भारतेन्दु से शुरू हुआ उससे हम भलीभाँति परिचित हैं। इसलिए यह कहना कि हिन्दी रंगमंच की अपनी कोई नियमित परम्परा और इतिहास नहीं था और उसने लगभग शून्य की स्थिति में आधुनिक रंगमंच की शुरुआत की, सत्य को पूरी तरह से झुठलाना ही होगा। आइए हम देखें कि हिन्दी रंगमंच की यह कहानी बीसवीं सदी में किन अलग-अलग पड़ावों से गुजरकर अपनी यात्रा पूरी करती है।

एक बात की ओर शुरू में ही संकेत कर देना होगा कि जिस प्रकार विश्व और भारतीय रंगमंच में हमेशा से व्यावसायिक रंगमंच और शौकिया अथवा प्रयोगशील रंगमंच की दो समान्तर धाराएँ आरम्भ से ही मौजूद रही हैं, लगभग वही स्थिति हिन्दी रंगमंच के साथ भी दिखाई पड़ती है। बीसवीं सदी के पहले पच्चीस-तीस सालों तक यदि पारसी नाटकों और रंगमंच की व्यावसायिक धारा ज़ोर-शोर के साथ पूरे उत्तर भारत और देश के दूसरे हिस्सों में भी घूम-घूमकर अपना रंग जमा रही थी तो इसी दौर में जयशंकर प्रसाद जैसे नाटककार का भी उत्कर्ष काल दिखाई पड़ता है। भले ही उनके अपने काल में उनके लिखे नाटक उतने ना खेले गए हों, लेकिन इस बात से कदापि इनकार नहीं किया जा सकता कि उन्होंने अपने बाद आनेवाले नाटककारों के लिए इतिहास, पुराण और मिथक की एक ठोस ज़मीन तैयार की।

यही वह समय था जब राष्ट्रीय स्तर पर देश की आज़ादी की लड़ाई लड़ी जा रही

थी तो दूसरी ओर रेडियो और फ़िल्म जैसे माध्यमों का जन्म भी हो चुका था। इन दोनों माध्यमों ने हिन्दी रंगमंच को अपने-अपने ढंग से प्रभावित किया। रेडियो ने ध्वनि माध्यम के तहत छोटे-छोटे एकांकियों और रूपकों की आवश्यकता को जन्म दिया। दूसरी ओर फ़िल्मों में ध्वनि आने और कैमरे की सहायता से हर तरह की ट्रिक फोटोग्राफी ने पारसी नाटकों में दिखाए जानेवाले हैरतअंगेज दृश्यों को पृष्ठभूमि में धकेल दिया। फिर भी यह पूरा दौर आगा हश्र कश्मीरी, राधेश्याम 'कथावाचक' और नारायण प्रसाद 'बेताब' जैसे बड़े-बड़े पारसी नाटकों के रचनाकारों के और उपेन्द्रनाथ 'अश्क', उदयशंकर भट्ट, हरिकृष्ण प्रेमी, विष्णु प्रभाकर और सेठ गोविन्ददास जैसे नाटककारों के दौर के रूप में याद किया जाएगा जिन्होंने पहले रेडियो के प्रभाव के रूप में और बाद में उन्हीं नाटकों को मंच के लिए परिवर्द्धित किया।

हिन्दी प्रदेश में अलग-अलग विश्वविद्यालयों की स्थापना ने भी हिन्दी नाटक और रंगमंच के विकास में सहयोग दिया। उदाहरण के लिए इलाहाबाद विश्वविद्यालय के सांस्कृतिक कार्यक्रमों में छोटे नाटक लिखकर शुरुआत करनेवाले लोगों में डॉ. रामकुमार वर्मा और जगदीश चन्द्र माथुर जैसे नाटककार थे। इतना ही नहीं, अंग्रेजी शिक्षा-दीक्षा के फलस्वरूप और कुछ हद तक फ़िल्म जैसे यथार्थवादी माध्यम के कारण हिन्दी रंगमंच में भी 1930 से 60 के बीच यथार्थवादी नाटकों की लहर आई। लक्ष्मी नारायण मिश्र, उपेन्द्रनाथ 'अश्क', जगदीशचन्द्र माथुर और बाद में मोहन राकेश और सुरेन्द्र वर्मा जैसे नाटककार इस धारा के प्रतिनिधि नाटककार हैं। यह अलग बात है कि मोहन राकेश, सुरेन्द्र वर्मा और जगदीशचन्द्र माथुर को छोड़कर बाकी नाटककार मंच की दृष्टि से उतने लोकप्रिय नहीं हुए। यदि हुए भी तो स्कूलों, कालेजों के वार्षिक एवं सांस्कृतिक कार्यक्रमों में प्रदर्शनों के कारण। एकमात्र उपेन्द्रनाथ 'अश्क' को कुछ हद तक अपवाद माना जा सकता है जो रेडियो, स्कूल-कालेजों के वार्षिक उत्सव और रंगमंच पर भी उतने ही सक्रिय रहे।

द्वितीय विश्व युद्ध के बाद यदि पश्चिम में 'एब्सर्ड' यानी विसंगत नाटकों का जन्म हुआ तो हमारे यहाँ भुवनेश्वर जैसा नाटककार बहुत पहले 'ऊसर', 'स्ट्राइक' और 'ताँबे के कीड़े' जैसे एकांकियों के माध्यम से हिन्दी रंगमंच में विसंगत धारा का सूत्रपात कर चुका था जिसे बाद में लक्ष्मीनारायण लाल, विपिन कुमार अग्रवाल और कुछ हद तक मणि मधुकर ने अपने नाटकों के माध्यम से आगे ले जाने की कोशिश की। लेकिन समय के साथ-साथ जिस तरह से पश्चिम में विसंगत नाटकों का लेखन और मंचन समाप्तप्राय होता चला गया उसी तरह से हिन्दी रंगमंच में भी इस तरह के नाटकों की परम्परा बहुत दूर तक नहीं जा पाई।

चालीस से पचास का दशक जहाँ देश की आजादी को लेकर सबसे पहले जीवन्त और सक्रिय दशक था वहीं हिन्दी नाटक और रंगमंच के लिए भी इस दौर का कम महत्त्व नहीं है। 1942 में 'भारत छोड़ो आन्दोलन' ने इप्टा जैसी संस्था को जन्म दिया जिसमें एक साथ अलग-अलग कलाओं, विधाओं और माध्यमों के शीर्षस्थ कलाकार

आकर जुड़े। यही वह समय है जब हिन्दी रंगमंच में नुक्कड़ नाटकों के लेखन और मंचन की शुरुआत होती है जो कमोबेश आज भी सक्रिय है।

बीसवीं शताब्दी को यदि दो बराबर-बराबर भागों में बाँट लिया जाए तो हिन्दी नाटक और रंगमंच के भी इसी प्रकार के दो स्पष्ट विभाजन दिखाई पड़ते हैं। पहले पचास वर्ष राजनीतिक स्तर पर उथल-पुथल के थे तो हिन्दी नाटक और रंगमंच में आए विभिन्न वाद, प्रभाव और धाराएँ भी इसकी साक्षी हैं जिनका संकेत किया जा चुका है। कहा जा सकता है कि हिन्दी रंगमंच में पहले पचास वर्ष यदि भारतीय और पाश्चात्य धाराओं से लगातार प्रभावित होने के वर्ष थे तो आगामी पचास वर्ष इन धाराओं को आत्मसात करके अपनी निजी पहचान को तलाश करने और स्थापित करने के वर्ष कहे जा सकते हैं। शास्त्रीय, लोक रंगमंच के भीतर का जो काम सातवें दशक की शुरुआत में देश के सभी हिस्सों में एक साथ शुरू हुआ, हिन्दी रंगमंच में भी उसके परिणाम दिखाई पड़े। उदाहरण के लिए सर्वेश्वर दयाल सक्सेना का *बकरी* यदि नौटंकी शैली का आधुनिक संस्करण है तो मणि मधुकर का *रस गन्धर्व* राजस्थान की खयाल लोक शैली को अपनी रचना का आधार बनाता है। इसी प्रकार *हानूश* जैसा यथार्थवादी नाटक लिखने के बाद भीष्म साहनी *माधवी* में कथावाचन शैली से प्रेरणा ग्रहण करते हैं। लक्ष्मीनारायण लाल और उर्मिल कुमार थपलियाल अपने नाटकों क्रमशः *एक सत्य हरिश्चन्द्र* और *हरिचन्नर की लड़ाई* में पुनः नौटंकी की तरफ लौटते हैं। इन्हीं प्रयोगों का एक दूसरा छोर है—किसी प्रदेश विशेष की शैली पर आधारित हुए बिना नाटक के भीतर से उभरती हुई प्रस्तुति शैली को ही आधार बनाया जाए। इस परिप्रेक्ष्य में राष्ट्रीय नाट्य विद्यालय द्वारा प्रस्तुत भारतेन्दु के नाटक *अंधेर नगरी* की प्रस्तुति को एक मानक माना जा सकता है।

यही पचास साल ऐसे नाटककारों के लिए भी जाने जाएँगे जिन्होंने अपने नाटकों की रचना ही नहीं वरन उनका निर्देशन भी स्वयं ही किया। हबीब तनवीर, ब्रजमोहन शाह और बलराज पंडित इस दृष्टि से उल्लेख्य हैं।

बीसवीं सदी का उत्तरार्द्ध एक और दृष्टि से भी हिन्दी रंगमंच की वजह से ही जाना जाएगा और वह यह कि पहली बार विदेशी और देश की दूसरी भाषाओं के नाटकों का मंचन इतने व्यापक स्तर पर हुआ। यहाँ तक कि आज भी यह बहस जारी है कि हिन्दी के नाटक होने चाहिए अथवा हिन्दी में नाटक। लेकिन इस बात से इंकार नहीं किया जा सकता कि हिन्दी रंगमंच की इस उदारता ने देश की सभी भाषाओं के नाटककारों को अखिल भारतीय स्तर पर स्थापित किया।

पहली बार हिन्दी रंगमंच में भी निर्देशक के महत्त्व को स्वीकार किया गया। बेशक इससे पहले भी हिन्दी रंगमंच में निर्देशक रहे होंगे लेकिन जितनी प्रतिष्ठा और पहचान उन्हें इस दौर में प्राप्त हुई वह पहले कभी नहीं थी। इब्राहिम अल्काज़ी, हबीब तनवीर, ब.व. कारन्त, सत्यव्रत सिन्हा, श्यामानन्द जालान और सत्यदेव दुबे ऐसे निर्देशक हैं जो सातवें दशक में हिन्दी रंगमंच पर छाए हुए थे। इनके बाद की दूसरी पीढ़ी में तो एक

लम्बी कतार है। कई बार तो ऐसा भी हुआ कि बड़े-बड़े अभिनेताओं और अभिनेत्रियों के होते हुए भी प्रस्तुतियाँ निर्देशक के नाम से ज़्यादा चर्चित हुईं। इस शताब्दी के अन्तिम दो दशकों फ़िल्म, दूरदर्शन, वीडियो और इंटरनेट जैसे संचार माध्यमों के कारण हिन्दी रंगमंच में पुनः एक उतार-चढ़ाव आया। केवल हिन्दी-रंगमंच ही क्यों, यह परिवर्तन सम्पूर्ण भारतीय रंगमंच में दिखलाई दिया और वह है एक साथ रंगकर्मियों, विशेषकर अभिनेता का उपर्युक्त संचार माध्यमों की तरफ जाना। इस गमन ने कुछ वर्षों के लिए रंगमंच में निश्चय ही अवरोध की स्थिति पैदा कर दी थी। लेकिन वह ज़्यादा दिनों तक टिकी न रह सकी।

यह एक शुभ संकेत है कि दर्शक फिर नाटकों के प्रेक्षागृह की तरफ लौटने लगे हैं। ऐसा केवल दिल्ली, मुम्बई और कोलकाता आदि महानगरों में ही नहीं हो रहा है वरन् अपेक्षाकृत छोटे शहरों और कस्बों में भी दर्शकों में आया हुआ यह रुझान दिखाई पड़ता है। आज दर्शक जब नाटक देखने के लिए प्रेक्षागृह में आता है तो उसकी रुचि इस बात को जानने में उतनी नहीं होती कि नाटक विशेष को किस शैली में प्रस्तुत किया गया है, इसके विपरीत वह एक ऐसी प्रस्तुति देखना चाहता है जो उसे एक सम्पूर्ण जीवनानुभव से सराबोर कर दे। फिर चाहे नाटक का कथ्य कुछ भी हो अथवा कहीं से भी लिया गया हो। इस प्रकार बीसवीं सदी के सौ बरसों में से गुज़रकर अपनी एक विशिष्ट पहचान बनाने के बाद हिन्दी रंगमंच के सामने एक सवाल मुँह खोले खड़ा है कि इक्कीसवीं सदी में उसका रूप-स्वरूप क्या होगा ?

साहित्य और रंगमंच में दूरी का सवाल

क्या यह अपने आप में अन्तर्विरोध नहीं है कि आज जब साहित्य और रंगमंच एक-दूसरे के सबसे ज़्यादा निकट दिखाई पड़ते हैं, हम यह प्रश्न उठा रहे हैं कि साहित्य और रंगमंच में दूरी क्यों है ? इसे यूँ भी कहा या पूछा जा सकता है कि अन्ततः यह दूरी थी कब ? आज भी आलोचकों का एक वर्ग नाटक को पूरी तरह से साहित्यिक विधा के रूप में ही स्वीकार करता है और उसकी समीक्षा, मूल्यांकन और आलोचना के लिए उन्हीं मापदंडों और प्रतिमानों को अपनाया जाता है जो साहित्य की दूसरी विधाओं, यथा कविता, कहानी, उपन्यास आदि के लिए काम में लाए जाते रहे हैं। मात्र आलोचना को लेकर ही नहीं, निकटता के इस स्तर को दोनों विधाओं के जन्म और विकास के इतिहास तक से जोड़ा जा सकता है—सबसे पहले तो साहित्य ने ही रंगमंच की स्रोत सामग्री की भूमिका निभाई है। चाहे हमारे यहाँ संस्कृत के बड़े-बड़े नाटककार हों अथवा यूनान में शुरू-शुरू के बड़े नाटककार हों—अपने नाटकों के कथानक उन्होंने महाकाव्यों से ही लिए। यह तो हुई प्राचीन काल की बात। मध्यकाल में बेशक लिखित नाटकों की उतनी परम्परा नहीं रही लेकिन फिर भी कथानकों के स्रोत में कोई बहुत बदलाव नहीं आया। अन्त में यदि आधुनिक नाटक और रंगमंच पर भी एक विहंगम दृष्टि डालें तो पता चलता है कि नाटककार अब भी अपने वर्तमान को शाश्वत, सार्वजनीन और सार्थक बनाने के लिए बार-बार साहित्य की ओर लौटता है।

यदि नाटक के प्रदर्शनकारी स्वभाव या रंगमंच की दृष्टि से जाँच-पड़ताल की जाए तो पहला सवाल यह उठता है कि ऐसी कौन-सी साहित्यिक कृति है जो रूपान्तरित होकर रंगमंच पर प्रस्तुत नहीं की गई, पिछले सौ साल के काल-क्रम में ! यदि हम अपने अध्ययन को मात्र हिन्दी साहित्य तक भी सीमित कर लें तो भी यह सूची इतनी लम्बी हो जाएगी कि सब रचनाओं के नाम लेना सम्भव नहीं होगा। मात्र उदाहरण के रूप में अपनी स्थापना को पुष्ट करने के लिए उपन्यासों में प्रेमचन्द के *गोदान*, *कर्मभूमि*, अमृतलाल नागर के *सुहाग के नुपूर*, धर्मवीर भारती के *सूरज का सातवाँ घोड़ा*, मन्नू भंडारी के *महाभोज*, जगदीश चन्द्र के *कभी न छोड़े खेत*, श्रीलाल शुक्ल के *राग दरबारी* का नाम लिया जा सकता है। कहानियों के क्षेत्र में तो और भी ज़्यादा उदाहरण हैं—गुलेरी की *उसने कहा था* से लेकर उदयप्रकाश की *और अन्त में प्रार्थना* तक। इन्हीं के साथ कविता और यहाँ तक कि पत्र साहित्य को भी रंगमंच पर प्रस्तुत किया जा चुका है।

इसके अलावा पिछले पच्चीस-छब्बीस सालों में कहानियों और उपन्यासों को ज्यों-का-त्यों, बिना किसी नाट्य रूपान्तरण के, भी रंगमंच पर प्रस्तुत किया गया है।

अब एक दृष्टिपात अपने देश के पिछले साठ साल पहले के इतिहास पर भी कर लिया जाए। 'भारत छोड़ो' आन्दोलन के दिनों में गठित और स्थापित 'इप्टा' ने साहित्य, रंगमंच, संगीत, नृत्य, चित्रकला, फ़िल्म—सभी कलाओं और विधाओं को एक ही मंच पर एकत्रित कर दिया था। यह साहित्य और रंगमंच के आपसी सम्बन्ध के लिहाज़ से एक बड़ी घटना थी।

हिन्दी भाषा में तो इस निकटता को एक और स्तर पर भी घनीभूत रूप में अनुभूत किया जा सकता है। हिन्दी में ऐसा कोई लेखक नहीं है जो अधिकारपूर्वक यह कह सके कि उसने मात्र रंगमंच के लिए लेखन किया है और साहित्य की दूसरी विधाओं से उसका कोई सम्बन्ध नहीं है। इसी प्रसंग में रंगकर्मी की तो शाश्वत शिकायत ही यह है और रही है कि हिन्दी में कोई शुद्ध नाटककार नहीं है। हिन्दी का लेखक जब नाटक भी लिखता है तो वह कहानी और उपन्यास के शिल्प और मुहावरे में ही लिखता है। हाँ, दूसरी भाषाओं के साहित्य और रंगमंच में इस दूरी की बात उठाई जाए तो फिर भी समझ में आती है। उदाहरण के लिए याद नहीं पड़ता कि हम बादल सरकार, विजय तेन्दुलकर अथवा गिरीश कर्नाड की किसी कहानी, कविता या उपन्यास का नाम भी जानते हों।

पर इन सारे तथ्यों के बावजूद साहित्य और रंगमंच की दूरी का सवाल है, यह हम सब जानते हैं। यानी विषय उतना सहज और सपाट नहीं है जितना दिखाई पड़ता है। इन दोनों माध्यमों में दूरी का सबसे पहला और सबसे महत्त्वपूर्ण कारण इनकी अपनी मूल प्रकृति और रचना प्रक्रिया से जुड़ा है। साहित्य वैयक्तिक अथवा एकान्तिक माध्यम है। उसकी रचना प्रक्रिया भी लेखक के अपने एकान्त में घटित होती है जिसमें किसी बाहरी तत्त्व का कोई दखल नहीं होता और न हो सकता है। इसके विपरीत रंगमंच अपनी प्रकृति में भी और अपनी रचना प्रक्रिया में भी एक सामूहिक माध्यम है। यहाँ तक कि रचना पूरी हो जाने के बाद भी साहित्य और रंगमंच का क्रमशः पाठक और दर्शक के साथ जो सम्बन्ध बनता है, वह भी उतना ही एकान्तिक और सामूहिक के दायरे में बँधा हुआ होता है। उदाहरणार्थ एक रचना के प्रकाशित होने के बाद जब उसे पाठक द्वारा पढ़ा जाता है तो लेखक और उसके बीच कोई सीधा रिश्ता नहीं होता। यह ज़रूर है कि अपने प्रकाशित रूप में साहित्य हज़ारों-लाखों की संख्या में पाठकों द्वारा पढ़ा जाता है। लेकिन सच यही है कि तब भी इस अनुभव को सामूहिक नहीं कहा जा सकता। दूसरी ओर रंगमंच अपने रचे जाने के दौरान तो सामूहिक होता ही है, जब वह किसी प्रदर्शन स्थल पर घटित हो रहा होता है तो वह सामूहिकता और भी व्यापक हो उठती है।

इस दूरी या गतिरोध का एक ठोस ऐतिहासिक कारण भी दिया जा सकता है। रंगमंच के लिखित इतिहास में सौ सवा सौ साल पहले तक इसके कोई चिह्न या संकेत

नहीं मिलते लेकिन निर्देशक के आविर्भाव और धीरे-धीरे केन्द्र में आने के बाद शायद साहित्य से यह अलगाव शुरू हुआ। यह तो सही है कि कई बार आलेख के रूप में निर्देशक ने भी बने-बनाए नाटक की अपेक्षा किसी साहित्यिक रचना को अपनी मंच प्रस्तुति के लिए चुना, लेकिन बहुत कम ऐसा हुआ कि उसने रचना के मूल लेखक को मंचन की प्रक्रिया में शामिल किया। बाद में तो यह स्थिति भी हो गई कि निर्देशक ने अपने लिए आलेख या नाटक रचना भी स्वयं ही शुरू कर दिया। नतीजा यह हुआ कि नाटककार और निर्देशक भी एक-दूसरे से अलग होते चले गए।

ऊपर जिस इप्टा आन्दोलन की बात की गई है, आज़ादी की लड़ाई के दिनों में यदि उसने सभी कलाओं, विधाओं और माध्यमों के लोगों को एक ही प्लेटफ़ार्म पर ला खड़ा किया था, पर आजादी के बाद सभी लोग अपनी-अपनी दुनिया में लौट गए और इस तरह से एक-दूसरे से दूर होते चले गए। इस बीच कभी एक-दूसरे के निकट आना हुआ भी तो राष्ट्रीय संकटों के अवसरों पर ही—चीनी आक्रमण, पाकिस्तानी आक्रमण, बांग्लादेश का जन्म, इमरजेंसी और उसके बाद के चुनाव—यही कुछ मौक़े ऐसे कहे जा सकते हैं जब पुनः सारे माध्यम एक-दूसरे के आसपास आते दिखाई पड़े।

एक और घटनाक्रम ने भी पुनः सभी माध्यमों की दूरी समाप्त करने में अपनी अहम भूमिका अदा की, और वह है नवें और दसवें दशक की संचार क्रान्ति। टेलीविज़न, वीडियो, कम्प्यूटर, इंटरनेट आदि संचार माध्यमों के चौतरफा आक्रमण ने बहुत से पुराने माध्यमों के अस्तित्व को ही मानो खतरे में डाल दिया। सिनेमा जैसे माध्यम को भी अपने को बचाए रखने के लिए तरह-तरह के पापड़ बेलने पड़े।

बहरहाल, जितनी तेज़ी से संचार क्रान्ति के कारण पुराने माध्यमों के आगे आशंका का कोहरा छाया था उससे भी ज़्यादा गति से छँट गया लगता है। कारण यह है कि तमाम कला माध्यमों ने अपनी सीमाओं और सामर्थ्य के साथ इन संचार माध्यमों का सामना किया और इस प्रक्रिया में एक-दूसरे की सहायता भी लेनी पड़ी तो हिचकिचाए नहीं। दूसरी ओर कुछ माध्यमों को अपनी वास्तविक शक्ति का अहसास पहली बार हुआ—जैसे कि मुद्रित शब्द अर्थात् साहित्य और जीवन्त शब्द अर्थात् रंगमंच। कहने का तात्पर्य यही है कि कितने भी तकनीकी संचार माध्यम आ जाएँ, अन्ततः चिरस्थायी माध्यम मुद्रित शब्द ही रहेगा। इसी तरह अपनी मूल प्रकृति में रंगमंच स्वयं कितना भी क्षणभंगुर माध्यम क्यों न हो लेकिन जीवन्त अभिनेयता से जुड़े होने के कारण सदैव जीवित रहेगा।

इधर पिछले कुछ वर्षों से साहित्य और रंगमंच के बीच निकटता के कुछ और शुभ संकेत भी मिलने लगे हैं। शास्त्रीय नृत्य शैलियों में आधुनिक हिन्दी कविताओं पर किए गए मंच प्रयोग, हिन्दी कवियों द्वारा नर्तकों के लिए लिखे गए विशेष आलेख। रंग निर्देशकों और चित्रकारों के सम्मिलित मंचन। रंग और दूसरे सभी कला माध्यमों को एक साथ मिलाकर किए गए और किए जा रहे मंच प्रयोग।

दरअसल भ्रान्ति साहित्य और रंगमंच की आपसी दूरी के कारण उतनी पैदा नहीं

हुई जितनी कि साहित्य और रंगमंच से जुड़े लोगों की आपसी दूरियों के कारण। साहित्य से जुड़े लोग रंगमंच देखने नहीं आते और रंगकर्मी साहित्य नहीं पढ़ते। यदि इस तरह से सोच-विचार किया जाए तो निश्चित् ही यह दूरी बराबर बनी हुई है। यह अलग बात है कि अतीत में साहित्यकारों और रंगकर्मियों ने इस दूरी को पाटने की कोशिश की है। यहाँ चंद ठोस उदाहरण इस सिलसिले में दिए जा सकते हैं—मसलन, मेरी दुविधा यह है कि मैं महाकवि कालिदास को नाटककार मानूँ अथवा कवि ? *मालविकाग्निमित्रम्, विक्रमोर्वशीयम्* और *अभिज्ञानशाकुन्तल* जैसे नाटक उनके कृतित्व में दर्ज हैं तो क्या 'रघुवंश', 'मेघदूत' और 'ऋतुसंहार' जैसी काव्यकृतियों की कम ख्याति है ? टैगोर को किस संज्ञा से विभूषित किया जाए ? कवि ? या कहानीकार ? या उपन्यासकार ? या अन्ततः नाटककार ? क्या जयशंकर प्रसाद प्रश्नों के इस घेरे से कहीं अलग खड़े होते हैं ? यही स्थिति मोहन राकेश, मुद्राराक्षस, मणि मधुकर, सुरेन्द्र वर्मा, भीष्म साहनी, असग़र वजाहत, कृष्ण बलदेव वैद जैसे रचनाकारों के साथ भी नहीं है ? यहाँ तक कि पूरी तरह से नाटककार समझे और माने जानेवाले भुवनेश्वर ने भी 'भेड़िए' जैसी कहानी लिखकर अपना लोहा मनवा लिया।

इधर पिछले कुछ वर्षों में हिन्दी में जिन नई पत्रिकाओं ने शुरुआत की है और बहुत कम समय में अपनी एक विशिष्ट पहचान बनाई है, उसके पीछें भी सबसे बड़ा कारण यही है कि उन्होंने अपने आप को किसी एक विधा तक सीमित नहीं किया है बल्कि सबको साथ लेकर चलने की कोशिश की है।

यहाँ तक कि मात्र समीक्षा और मूल्यांकन से सम्बद्ध 'कसौटी' और 'आलोचना' जैसी पत्रिकाओं में भी रंगकर्म विषयक सामग्री के लिए अच्छा-खासा स्पेस रहता है। इन सारे तथ्यों के परिप्रेक्ष्य में हम साहित्य और रंगमंच में दूरी क्यों है—इस प्रश्न पर पुनर्विचार कर सकें तो अच्छा होगा।

बीसवीं शताब्दी की हिन्दी नाट्यालोचना

उन्नीसवीं शताब्दी के उत्तरार्द्ध में जब आधुनिक हिन्दी साहित्य की विभिन्न विधाओं का जन्म और विकास हुआ तो छिटपुट काव्य रचनाओं के अलावा जिस गद्य विधा ने जन्म लेकर बहुत तेज़ी से अपना विकास किया, वह नाटक थी। इतना ही नहीं, यह विकास नाटक ने अपने लिखित और प्रकाशित रूप में ही नहीं वरन् मंचन के साथ जुड़कर किया। भारतेन्दु के सारे नाटक इसका उदाहरण हैं। उन्हीं के समकालीन दूसरे नाटककारों की रचनाओं के मंचन की ऐतिहासिक सूचनाएँ उपलब्ध हैं। यहाँ तक कि पं. शीतलाप्रसाद त्रिपाठी के नाटक *जानकीमंगल* को हिन्दी के पहले मंचित नाटक का श्रेय दिया जाता है और उसके मंचन की तिथि 3 अप्रैल, 1868 को हिन्दी रंगमंच दिवस के रूप में मनाया जाता है। इसी के साथ हिन्दी में नाट्यालोचना का भी सूत्रपात हुआ, जिसके आज तक विभिन्न रूप दिखाई पड़ते हैं। सबसे पहले तो सिद्धान्त विवेचन के रूप में जिसके उदाहरण के रूप में पं. प्रतापनारायण मिश्र, बालकृष्ण भट्ट और स्वयं भारतेन्दु के लम्बे निबन्ध 'नाटक' के रूप में प्रस्तुत किए जा सकते हैं। ये सभी उन्नीसवीं शती के अन्तिम दौर की रचनाएँ हैं और आलोचना से ज़्यादा चिन्तन से सम्बन्ध रखती हैं। एक प्रकार से इन्हें भरत के नाट्यशास्त्र की आधुनिक टीका और व्याख्या कहा जा सकता है। इसी क्रम में बीसवीं शती के पहले चार दशकों में लिखित और प्रकाशित प्रसाद के चार नाट्य विषयक निबन्धों का उल्लेख किया जा सकता है। इनमें से तीन—नाटकों का आरम्भ, नाटकों में रस का प्रयोग और रंगमंच—1939 में प्रकाशित उनके निबन्ध संग्रह 'काव्य और कला तथा अन्य निबन्ध' में संकलित हैं।

नाट्यालोचना का दूसरा रूप नाटकों की समीक्षा के रूप में दिखाई पड़ता है। यह शुरुआत भी उन्नीसवीं शती में हो ही गई थी। श्रीनिवास दास के नाटक *संयोगिता स्वयंवर* की समीक्षा पहली नाटक समीक्षा के रूप में जानी, मानी जाती है। बाद में बीसवीं शती में तो इसने इतना विकास कर लिया कि एक प्रदर्शनकारी विधा को मात्र पढ़ने की विधा तक सीमित कर दिया और इसीलिए वस्तुतः नाट्यालोचना किसे माना जाए—यह प्रश्न आज भी उतना ही ताज़ा है।

नाट्यालोचना का तीसरा और अन्तिम रूप नाटकों के प्रदर्शन की समीक्षा के रूप में रेखांकित किया जा सकता है। स्वयं पं. शीतलाप्रसाद त्रिपाठी के नाटक के पहले मंचन की समीक्षा उपलब्ध है। लेकिन यह भी सही है कि नाट्यालोचना का यही पक्ष सबसे

ज़्यादा असन्तोषजनक और विवादास्पद है। बीसवीं शताब्दी के पहले पचास वर्षों में नाटकों के प्रदर्शनों की जो भी समीक्षाएँ मिलती हैं, उन्हें आलोचना, समीक्षा न कहकर मात्र रपट ही माना जा सकता है। यहाँ तक कि प्रेमचन्द, आचार्य शिवपूजन सहाय आदि विद्वान लेखकों द्वारा प्रस्तुत पारसी नाटकों के मंचन की समीक्षाएँ भी इसका अपवाद नहीं हैं। यही कारण है कि आज भी यह विवाद जारी है कि वास्तव में नाट्यालोचना के अन्तर्गत नाटक के कौन से पाठ को सम्मिलित किया जाए—लिखित पाठ को अथवा प्रदर्शन पाठ को ? नाटक को शुद्ध रूप से एक साहित्यिक विधा माना जाए अथवा एक प्रदर्शनकारी विधा ? इसे यों भी कहा जा सकता है कि नाटक को साहित्य और रंगमंच के बीच का पुल माना जाए ? इन सारे प्रश्नों का उत्तर जो भी हो, इस बात से इनकार नहीं किया जा सकता कि जहाँ साहित्य की दूसरी विधाओं ने अपने समीक्षात्मक प्रतिमान निश्चित कर लिए हैं, वहाँ नाटक की आलोचना की स्थिति आज भी अनिश्चितता के भँवर में डोल रही है और इसीलिए उसका विधिवत विकास नहीं हो पाया है।

इन्हीं सब अधूरी स्थितियों में नाट्यालोचना के एक और विकल्प को भी सम्मिलित किया जा सकता है और वह है विश्वविद्यालयों में होनेवाले नाट्यविषयक शोध और अनुसन्धान लेकिन वे भी इतने बासी और भोथरे हो चुके हैं कि अब तो इस पर विचार करना भी ज़रूरी लगता है कि उन्हें नाट्यालोचना के अन्तर्गत रखा जाए या नहीं ?

उपर्युक्त पृष्ठभूमि और सारे प्रश्नों, विवादों, जिज्ञासाओं और दुविधाओं के बाद भी यदि हम बीसवीं शती में हिन्दी की नाट्यालोचना का पुनर्मूल्यांकन करें तो निश्चित ही कुछ ऐसी रचनाएँ ज़रूर सामने आती हैं, जिन्होंने अपने समय में इस विधा के इतिहास, सिद्धान्त एवं आलोचना के नए-नए प्रतिमान रचने की कोशिश की। अच्छा यही होगा कि स्वयं उन कृतियों को आधार बनाकर ही नाट्यालोचना के इस संवाद को आगे बढ़ाया जाए। हाँ, एक बात शुरू में ही कही जा सकती है और वह यह कि यदि बीसवीं शती के पहले पचास वर्ष नाट्यालोचना की दृष्टि से मात्र अलग-अलग लेखों के रूप में जाने जा सकते हैं तो उत्तरार्द्ध के पचास साल सचमुच में कुछ ऐसी रचनाओं को रेखांकित करते हैं, जिनके भीतर से गुज़रकर हिन्दी आलोचना के इस पक्ष का एक गम्भीर आकलन प्रस्तुत किया जा सकता है। इसे हम यूँ भी कह सकते हैं कि बीसवीं शती का पूर्वार्द्ध यदि नाट्यलोचना की तैयारी का समय है तो उत्तरार्द्ध उसके पूरी तरह से विकसित स्वरूप का—यह अलग बात है कि हम उसे मूल्यांकन के अधूरे साक्षात्कार मानें।

जैसा कि पहले ही कहा जा चुका है, हिन्दी में शोध एवं अनुसंधान के नाम पर देश के विभिन्न विश्वविद्यालयों के हिन्दी विभागों में आज तक कम से कम लाखों की संख्या में शोध ग्रन्थों की रचना की जा चुकी होगी लेकिन यदि सच कहा जाए तो उनमें से शायद दस बारह अध्ययन ही ऐसे निकलें, जिन्हें नाट्यालोचना के क्षेत्र में कोई दर्जा दिया जा सके। मैं यहाँ मात्र चार ऐसे शोधपरक ग्रन्थों की चर्चा करना चाहूँगा। इनमें सबसे पहला है उन्नीस सौ तैंतालीस में प्रकाशित जगन्नाथ शर्मा का 'प्रसाद के नाटकों का शास्त्रीय अध्ययन'। प्रसाद के नाटकों को लेकर यह शोध अपने समय में तो मील

का पत्थर साबित हुआ ही, परवर्ती शोधकर्ताओं के लिए भी इसने बड़े ऊँचे मानदंड स्थापित किए। बेशक यह नाट्यालोचना प्रसाद के नाटकों की एक ही दृष्टि से की गई आलोचना थी और इसमें किसी भी तरह के लचीलेपन की गुंजाइश नहीं थी लेकिन फिर भी यह स्वीकार करना पड़ेगा कि यदि रंगकर्मियों ने इस अध्ययन से संकेत पाकर उनके नाटकों को शास्त्रीय पद्धति से भी मंचित किया होता तो उनकी रंगमंचीयता पर उठे सभी प्रश्नों का समाधान हो गया होता। लेकिन हुआ ठीक इसके विपरीत कि शास्त्रीय अध्ययन को मात्र पुस्तकीय शोध का विषय मानकर प्रसाद के नाटकों को भी मंच के लिए अनभिनेय प्रमाणित कर दिया गया और वे केवल पाठ्य पुस्तकों तक सीमित रह गए। यह शोध ग्रन्थ हिन्दी नाट्यालोचना की एक महत्त्वपूर्ण कृति होते हुए भी इस अर्थ में विवादास्पद रहा कि कैसे एक विद्वान के वैयक्तिक विचारों ने एक नाटककार को उसकी व्यावहारिक रंगभूमि से पूरी तरह से काटकर रख दिया। परवर्ती परिणाम जो भी रहे हों, यह तो मानना ही पड़ेगा कि आज से सत्तावन वर्ष पूर्व लिखे शोध ग्रन्थ के प्रभामंडल से मुक्त होने में और प्रसाद के नाटकों को किसी और कोण से भी जाँचने परखने में कम से कम चालीस साल लग गए।

इसके ठीक दस वर्ष बाद डॉ. दशरथ ओझा का शोध 'हिन्दी नाटक : उद्भव और विकास' सचमुच में हिन्दी के नाटक को उसके सही परिप्रेक्ष्य और इतिहास के साथ प्रस्तुत करता है। लेखक ने मध्यकाल से प्रचलित ब्रज, अवधी, मैथिली, बोलियों, भाषाओं, उप भाषाओं में से गुज़रते हुए हिन्दी नाटक का जो उद्भव और विकास सामने रखा है वह आज भी सभी शोधपरक ग्रन्थों के लिए स्रोत सामग्री का काम देता है। आश्चर्य है कि इसके बाद लिखे गए नाटकों को भले ही मूल्यांकन का आधार बनाया जाता रहा हो, लेकिन जो ऐतिहासिक एवं शोध सामग्री डॉ. ओझा ने लगभग पचास साल पहले हमारे सामने रखी थी, उसमें समय के इतने लम्बे अन्तराल के बाद भी न तो कोई बढ़ोत्तरी हुई है और न ही इतिहास में से कोई नई खोज बाहर आई है।

यहीं पर दो ऐसे शोध ग्रन्थों का अध्ययन भी अप्रासंगिक नहीं होगा जो हिन्दी नाटक और रंगमंच के पूरे इतिहास को तो नहीं, उसमें प्रचलित एक विशेष परम्परा और शैली के लगभग सौ बरस के इतिहास को पूरी तरह विश्लेषित करते हैं। ये हैं डॉ. विद्यावती नम्र का 'नारायणप्रसाद बेताब का युग' और डॉ. सोमनाथ गुप्त का 'पारसी थिएटर : उद्भव और विकास'। जहाँ डॉ. 'नम्र' एक नाटककार के बहाने से एक पूरी परम्परा, एक पूरे युग की मुख्य प्रवृत्तियों को समेट लेते हैं, वहाँ डॉ. गुप्त पारसी नाटक और रंगमंच के उद्भव, नाटककारों, मंडलियों, अभिनेताओं, अभिनेत्रियों की प्रस्तुति शैली—ऐसी कोई दिशा नहीं जो उनकी क़लम से अछूती रही हो। यदि किसी ने कभी भी कोई पारसी नाटक न देखा हो, वह इस पुस्तक को पढ़कर उसका पूरा ज़ायका ले सकता है। इन दोनों ग्रन्थों के पूरक तत्त्वों के रूप में यहाँ दो पुस्तकों की और चर्चा की जा सकती है। यद्यपि वे नाट्यालोचना के प्रचलित दायरे में नहीं रखी जा सकतीं, फिर भी अप्रत्यक्ष रूप से तो यह काम करती ही हैं। इनमें पहली है राधेश्याम कथावाचक

की 'मेरा नाटक काल' और दूसरी है डॉ. लक्ष्मीनारायण लाल की 'पारसी हिन्दी रंगमंच'। कथावाचक स्वयं पारसी मंडलियों के साथ पहले नाटककार के रूप में और बाद में एक निर्देशक के रूप में जुड़े रहे—इस तथ्य के प्रकाश में उनका यह आत्मचरित्र मात्र आत्मकथा न रहकर पारसी रंगमंच के लगभग पचास साठ वर्ष के इतिहास को हर छोटे बड़े ब्यौरे के साथ बहुत मनोरंजक रूप में सामने लाता है। दूसरी ओर डॉ. लाल की पुस्तक अपने से पहले इस विषय में लिखी सभी पुस्तकों का विवरण, अध्ययन, विवेचन और विश्लेषण एक जगह पर एकत्रित कर देती है। इस दृष्टि से 'पारसी हिन्दी रंगमंच' सचमुच में एक पूरक ग्रन्थ का काम देती है।

अभी तक जिन ग्रन्थों की चर्चा की गई है, वे आलोचना की दृष्टि से मुख्यतः नाटक के लिखित पाठ को अपना आधार बनाते हैं, यदि कथावाचक के 'मेरा नाटक काल' को अपवाद के रूप में छोड़ दिया जाए। लेकिन यह अध्ययन काफ़ी रोचक जान पड़ेगा कि हिन्दी में नाटकों का अभाव होते हुए भी हिन्दी रंगमंच की अपनी कोई निश्चित और सुदीर्घ परम्परा न होते हुए भी ऐसी नाट्यालोचना विषयक सामग्री की कमी नहीं है, जो नाटकों के व्यावहारिक परीक्षण से सम्बन्ध रखती है। यदि विश्वविद्यालयों के शोध ग्रन्थों को न गिना जाए तो सार्थक आलोचना की दृष्टि से ऐसी पुस्तकों की संख्या ही ज़्यादा निकलेगी। इतना ही नहीं, इनके रचयिता बेशक स्वयं रंगकर्मी न भी रहे हों, तो भी उन्होंने नाटक के साहित्यिक एवं प्रस्तुति पक्ष को जिस तरह से अपने गहन अध्ययन का विषय बनाया है, वह सचमुच में प्रशंसनीय है।

पिछले चालीस वर्षों में नाट्यालोचना के क्षेत्र में मात्र एक आलोचक का नाम लेना हो तो वह नेमिचन्द्र जैन हैं। यों तो उनकी सभी पुस्तकें चर्चित हुई हैं, लेकिन यहाँ उनकी केवल तीन पुस्तकों का विवेचन अपेक्षित है : 'रंगदर्शन', 'रंगकर्म की भाषा' और 'तीसरा पाठ'। अपने लिखे जाने के क्रम में भी ये तीनों पुस्तकें नाटक के लिखित रूप से लेकर दर्शकों तक उसकी प्रस्तुति की सम्पूर्ण यात्रा को उसके तमाम अंगों उपांगों को समेटते हुए लेकर चलती हैं। नाटक, अभिनय, निर्देशन, नेपथ्य, प्रदर्शन पद्धतियाँ, अभिनेता की रचना प्रक्रिया, दर्शक की अनुभूति प्रक्रिया—नाटक के रचे जाने से उसकी प्रस्तुति होने तक के जितने भी विविध आयाम हो सकते हैं, उन सबको लेखक अपने सैद्धान्तिक विवेचन और विश्लेषण का आधार बनाता है, साथ ही उसके व्यावहारिक पक्ष को ओझल नहीं होने देता। लेखक का सबसे बड़ा योगदान यह भी है कि पहली बार हिन्दी नाट्यालोचना को उसके बँधे बँधाए दायरे से मुक्त करके उसे रंग आलोचना के व्यापक धरातल पर लाकर जाँचना परखना—इसलिए इन तीनों पुस्तकों में एक ऐसी ताज़गी है, जिसने परवर्ती नाट्यालोचना के लिए भी एक नई दृष्टि और मार्ग प्रशस्त किया। नेमिजी ने अपने साहित्यिक जीवन का आरम्भ एक कवि के रूप में किया था और जैसा कि कहा जाता है कि एक असफल कवि एक सफल आलोचक होता है, नेमिजी के सन्दर्भ में यह उक्ति शत प्रतिशत सही साबित हुई है। नेमिजी बेशक इसे अपना दुर्भाग्य मानें, हिन्दी नाट्यालोचना का इससे बड़ा सौभाग्य और नहीं हो सकता।

यहाँ यह भी उल्लेख्य है कि उनके द्वारा सम्पादित 'नटरंग' पत्रिका ने भी अपने ढंग से हिन्दी नाट्यालोचना को नया आकार-प्रकार देने में सहयोग दिया है।

यह स्वाभाविक ही था कि नेमिजी के प्रभाव और सान्निध्य में उनके द्वारा डाली गई आलोचना परम्परा आगे बढ़ती और हुआ भी ऐसा ही। उनके बाद आलोचकों की एक ऐसी पीढ़ी उभरकर आई जिसने नाटक और रंगमंच–दोनों को समान रूप से अपनी आलोचना में सम्मिलित किया और इस तरह से अपने लेखन को बहुआयामी स्वरूप प्रदान किया। इस दृष्टि से जयदेव तनेजा की 'आधुनिक भारतीय रंग परिदृश्य' का नोटिस लिया जा सकता है। पहली बार हिन्दी नाट्यालोचना में एक ऐसी पुस्तक आई जिसका प्रतिपाद्य रंगनिर्देशकों पर केन्द्रित था। स्वतन्त्रता के बाद के जितने भी महत्त्वपूर्ण निर्देशक भारतीय रंगमंच में, विशेषतः हिन्दी रंगमंच में उदित हुए, उनके रंगकर्म का समेकित आकलन है इस पुस्तक में। इब्राहिम अलकाज़ी, हबीब तनवीर, जब्बार पटेल, श्यामानन्द जालान, सत्यदेव दुबे, ब.व. कारन्त, रतन थियम, विजय मेहता, शम्भू मित्र, ओम शिवपुरी, कावलम् नारायण पणिकर, श्रीराम लागू जैसे निर्देशकों पर एक साथ लिखा जाना हिन्दी नाट्यालोचना में इस बात का सूचक था कि अब रंगकर्म का नेपथ्य पक्ष भी आलोचना का अनिवार्य अंग बनता जा रहा है। यों जयदेव ने इससे पहले और बाद में भी हिन्दी नाट्यालोचना को कई और रचनाएँ भी दी हैं लेकिन नई और ताज़ी दृष्टि के बावजूद वह बहुत ज़ल्दबाज़ी में दीखते हैं। अपनी किसी भी आलोचनात्मक कृति में वह सब कुछ एक साथ समेटकर रख देना चाहते हैं। नतीजा यह होता है कि उनकी अधिसंख्य पुस्तकें कोई गहरा चिन्तन प्रस्तुत नहीं कर पातीं और मात्र नामों और संख्याओं की गिनती होकर रह जाती हैं। यदि वह अभी भी इस प्रवृत्ति से बच सकें तो निश्चय ही हिन्दी नाट्यालोचना में अपने ठोस योगदान को आगे ले जा पाएँगे। उन्हें ज्ञात होना चाहिए कि आलोचना का मूल धर्म और प्रकृति आँकड़ों का संकलन नहीं वरन् उन आँकड़ों में से उभरकर आते कुछ प्रश्नों, निष्कर्षों और प्रवृत्तियों का विश्लेषण हुआ करती है।

हिन्दी रंगमंच में किसी एक नाटक को लेकर यदि गहन और गम्भीर नाट्यालोचना का आदर्श प्रतिमान प्रस्तुत करना हो तो इसके लिए प्रसाद के नाटक 'स्कन्दगुप्त' पर वीरेन्द्र नारायण द्वारा 'कल्पना' के पाँच अंकों में लिखे पाँच लम्बे लेखों का उल्लेख किया जा सकता है। ये पाँचों लेख एक नाटक का समग्रता में कैसे अध्ययन, विवेचन और विश्लेषण किया जाए–इसके कई विकल्प सुझाते हैं। नाटक का कथ्य, नाटक की संरचना, नाटक का सम्पादन, नाटक के दृश्य दर दृश्य के भीतर से उभरती सम्भावित प्रस्तुति शैली की तलाश–ये कुछ ऐसे बिन्दु थे, जिन्हें एक नाटक के अध्ययन में पहली बार प्रयोग में लाया गया। मेरी जानकारी में फिर किसी नाटक को लेकर इतना विशद और विशाल अध्ययन सामने नहीं आया। यहीं पर वीरेन्द्र नारायण की एक और पुस्तक 'रंगकर्म' की भी याद की जा सकती है, जिसमें रंगमंच के नेपथ्य से जुड़े अलग अलग पहलुओं यथा निर्देशन, मंच सज्जा, रूप सज्जा, प्रकाश सज्जा, वस्त्र सज्जा आदि पर

पहली बार हिन्दी में इतनी जानकारी दी गई है। इससे पहले राजकुमार की भी एक पुस्तक बहुत पहले 'रंगमंच' नाम से प्रकाशित हुई थी लेकिन उसकी बहुत ज़्यादा चर्चा नहीं हो पाई। इसका कारण यही था कि रंगमंच के व्यावहारिक पक्षों की सामग्री को बिलकुल पाठ्य पुस्तक वाले अन्दाज़ में प्रस्तुत कर दिया गया था। वीरेन्द्र नारायण चूँकि स्वयं भी रंगमंच से कुछ समय तक एक निर्देशक के तौर पर जुड़े रहे थे, इसीलिए वह अपनी आलोचना में वह रंगदृष्टि ला सके, जिसकी ऐसी पुस्तक के लेखन में अपेक्षा थी। लेकिन दुर्भाग्य की बात यही है कि जिस तरह वीरेन्द्र नारायण ने मंच से अपना नाता तोड़ लिया है, उसी तरह से नाटक और रंगमंच सम्बन्धी लेखन से भी उनका अब कोई रिश्ता नहीं रह गया है।

नाट्यालोचना के क्षेत्र में हिन्दी के नाटककारों ने भी अपना अप्रतिम सहयोग दिया है। इनमें जगदीशचन्द्र माथुर का योगदान सर्वोपरि है। एक ऊँची सरकारी नौकरी में रहते हुए भी मौलिक नाट्य लेखन और उसके साथ साथ नाट्यालोचना विषयक जितना लेखन कर्म माथुर जी ने किया है, उसकी मिसाल अन्यत्र दुर्लभ है। यहाँ उनके नाटकों की चर्चा फिलहाल छोड़ भी दी जाए, उनकी सुप्रसिद्ध कृति *परम्पराशील नाट्य* आज भी भारत के लोक नाटकों और रंगमंच की परम्परा और शैलियों पर हिन्दी में अपने ढंग की पहली और अकेली पुस्तक है। सबसे बड़ी बात यह है कि उनकी यह पुस्तक तब लिखी गई थी, जब भारतीय रंगमंच में आधुनिक रंगमंच के परिप्रेक्ष्य में लोक तत्त्वों के समावेश का कोई संवाद आरम्भ भी नहीं हुआ था। बाद में इसी कड़ी में डॉ. श्याम परमार की 'लोकधर्मी नाट्य परम्परा' का नाम भी लिया जा सकता है। इसी क्रम में जगदीशचन्द्र माथुर की ही एक अन्य कृति 'प्राचीन भाषा नाटक' का उल्लेख करना भी निहायत ज़रूरी है जिसे उन्होंने डॉ. दशरथ ओझा के साथ मिलकर सम्पादित किया था। इस पुस्तक का महत्त्व इसलिए है कि प्रायः ऐसा मान लिया गया था कि संस्कृत नाट्य लेखन की लम्बी परम्परा के अवसान के बाद लोक रंगमंच में मात्र मौखिक नाटकों के मंचन की परम्परा शेष रह गई थी लेकिन माथुर जी ने अपनी अपनी अथक खोज और परिश्रम से मध्यकाल के अनेक ऐसे लिखित नाटकों को खोज निकाला है और उन्हें एक जगह पर एकत्रित किया है।

हिन्दी के नाटककारों ने एक और स्तर पर भी नाट्यालोचना में अपनी पहचान स्थापित की है। वह है स्वयं उनके नाटकों की भूमिकाओं एवं उपसंहार के रूप में लिखे लम्बे लम्बे लेख। इस क्रम में भी जगदीशचन्द्र माथुर पहले नम्बर पर आते हैं। उनके पहले ही पूर्णकालिक नाटक *कोणार्क* के परिशिष्ट में हिन्दी नाटक और रंगमंच की तत्कालीन दशा, दिशा पर एक विस्तृत लेख है। सच है कि जिन अवधारणाओं एवं स्थापनाओं को उन्होंने इस लेख में पचास साल पहले रखा था, आज भी उनमें कोई अलग से बदलाव नहीं आया है।

इसी दृष्टि से मोहन राकेश के नाटक *लहरों के राजहंस* की लम्बी भूमिका को भी रेखांकित किया जाना चाहिए। वस्तुतः यह नाटक की भूमिका नहीं, उस रचना प्रक्रिया

का पूरा इतिहास है, जिसके माध्यम से एक नाटक रचा जाता है। लेखक और निर्देशक के आपसी सम्बन्ध, नाटक के कथ्य के साथ स्वयं लेखक का अन्तर्द्वन्द्व और रचनाकार की अपनी व्यक्तिगत ज़िन्दगी और जीवन पद्धति और नाट्य रचना में अन्तर्सम्बन्ध–आदि महत्त्वपूर्ण सूत्र पहली बार एक नाटककार के माध्यम से सामने आते हैं। बाद में राकेश ने नाटक के शब्द और उसकी ध्वनिता को लेकर जो शोधकार्य किया, उससे सम्बन्धित छोटे छोटे लेखों और नोट्स में एकत्रित सामग्री का भी कम महत्त्व नहीं है। खेद है कि वह अकाल मृत्यु को प्राप्त हो गए और यह काम अधूरा ही रह गया।

यहाँ एक और नाटककार मुद्राराक्षस के कई नाटकों की भूमिकाओं का भी उल्लेख किया जा सकता है। इनमें उन्होंने नाट्यशास्त्र, भारतीय रंगमंच और निर्देशक नाटककार के सम्बन्धों पर खुलकर लम्बा संवाद किया है। भले ही मुद्राराक्षस के नाटक उतने लोकप्रिय नहीं हो पाए, किन्तु ये भूमिकाएँ निश्चय ही उनके इस दिशा में किये गये चिन्तन और मनन को सामने लाती हैं। यह भी अपनी जगह सही है कि ज़रूरी नहीं कि हम उनके सारे विचारों और मान्यताओं से सहमत हों।

यों तो श्रीमती (डॉ.) गिरीश रस्तोगी भी इस क्षेत्र में सक्रिय हैं और पिछले बरस नाटक और रंगमंच से जुड़े एक बहुत ही ज़रूरी विषय पर उनकी एक किताब आई है–'रंगभाषा', जिसने आलोचकों का ध्यान आकृष्ट किया है। लेकिन इस पुस्तक की विषयवस्तु के साथ दिक़्क़त यह है कि अपने आपमें एक सैद्धान्तिक विषय होते हुए भी अन्ततः यह मात्र स्वयं उनके द्वारा आज तक की गई प्रस्तुतियों की उदाहरण सूची बनकर रह जाती है। इससे ध्वनित यह होता है कि अन्तिम निष्कर्ष यही है कि आज तक सम्पूर्ण भारतीय रंगमंच में उनसे बड़ा या उनके बराबर दूसरा कोई निर्देशक नहीं है। यदि उन्होंने अपना ही डंका पीटने के लोभ से अपने आपको बचा लिया होता तो निश्चय ही यह पुस्तक नाट्यालोचना क्षेत्र में अपनी एक अलग पहचान बना जाती।

एक लम्बे अरसे तक 'नटरंग' के साथ सम्पादन सहयोग में जुड़े महेश आनन्द की पिछले तीन चार वर्षों में प्रकाशित दो पुस्तकों की चर्चा के बिना यह लेख अधूरा रह जाएगा। एक का नाम है–'कहानी का रंगमंच' जिसे उन्होंने सम्पादित किया है और दूसरी है दो खंडों में प्रकाशित–'जयशंकर प्रसाद : रंगदृष्टि' और 'जयशंकर प्रसाद : रंगसृष्टि'। पहली पुस्तक में पिछले पच्चीस वर्षों में एक रंग निर्देशक द्वारा एक ही दिशा में किए गए काम पर कहानीकारों, अभिनेताओं, आलोचकों की प्रतिक्रियाओं के साथ साथ निर्देशक के भी दो साक्षात्कार संकलित हैं। एक तो यह सारा रंगकर्म ही भारतीय रंगमंच की दृष्टि से अत्यन्त ताज़गी भरा था, उस पर उसी रंगकर्म पर एक पुस्तक का प्रकाशन जिसमें उसका पूरा इतिहास और उससे जुड़े लोगों का अपना अनुभव था, अतः पाठकों, आलोचकों और रंगकर्मियों के बीच यह पुस्तक पर्याप्त चर्चा का विषय बनी।

महेश आनन्द की जयशंकर प्रसाद पर केन्द्रित पुस्तक के साथ भी लगभग ऐसा ही हुआ। जिस नाटककार प्रसाद के नाटकों की अनभिनेयता के विषय में तरह तरह के मिथ बने हुए थे, उन सबको इस पुस्तक ने एक साथ खंडित कर डाला। पुस्तक

का पहला खंड 'रंगदृष्टि' के अन्तर्गत उनके नाटकों के कथ्य एवं संरचना का गहन विश्लेषण करता है तो दूसरा खंड 'रंगसृष्टि' के बहाने से आज तक प्रसाद के नाटकों के जितने भी प्रदर्शन हुए हैं, उनमें से ज़्यादातर प्रस्तुतियों के निर्देशकों, अभिनेताओं, अभिकल्पकों के साक्षात्कारों, भूमिकाओं, विचारों के साथ साथ प्रदर्शनों के छायाचित्र, मंचसज्जा, वेशभूषा, शिरस्त्राण, मंच उपकरण इत्यादि के रेखाचित्रों, पोस्टर, ब्रोशर, यहाँ तक कि टिकट और निमन्त्रण पत्रों की प्रतिलिपियों का पूरा दस्तावेज है। यहाँ संकलित सामग्री को एक साथ देखकर, पढ़कर यह भ्रम सचमुच टूट जाता है कि प्रसाद मंचित नहीं किए जा सकते। इतना ही नहीं, जिस नई दृष्टि और भाषा के साथ यह पूरे का पूरा अध्ययन प्रस्तुत किया गया है, वह प्रसाद पर आज तक किए गए सारे आलोचनात्मक लेखन से अलग है। यदि कहा जाए कि इस पुस्तक ने नाट्यालोचना को भी एक नई भाषा दी है तो कोई अत्युक्ति न होगी। अन्तिम पुस्तक के रूप में डॉ. सुरेश अवस्थी की पहली और हाल में ही प्रकाशित 'हे सामाजिक' की चर्चा करना चाहूँगा। डॉ. अवस्थी एक लम्बे अरसे से नाटक और रंगमंच पर लिखते रहे हैं। विशेष रूप से भारत की लोकनाट्य शैलियों, शास्त्रीय शैलियों और एशियाई रंगमंच पर तो उनका लेखन सबसे अलग हटकर है। यह अच्छा हुआ है कि उन्होंने अपने आज तक के लेखन को एक संकलन का रूप दिया है। इस पुस्तक की अपनी विशिष्टता यही है कि ज़्यादातर विषयों पर पहली बार डॉ. अवस्थी ने ही चिन्तन और लेखन किया है।

हाँ, किसी नाटककार की मात्र एक रचना को लेकर किसी पुस्तक की आज भी अपेक्षा है, जो उसका अलग अलग कोणों से विस्तृत विवेचन और विश्लेषण प्रस्तुत करती हो। तभी नाट्यालोचना की प्रतिमानिक भाषा और मानदंडों को परिभाषित और निश्चित करने का मार्ग प्रशस्त होगा।

संक्षेपतः हिन्दी नाट्यालोचना के आज तक के इतिहास से गुज़रकर कुछ ठोस निष्कर्ष सहज ही निकाले जा सकते हैं। मसलन अभी भी नाटक को एक पाठ्य विधा के रूप में ही प्राथमिकता दी जाती है। नाटक के आलेख में ही उसकी एक सम्भावित प्रस्तुति शैली समाहित रहती है, अधिकांश आलोचक सम्भवतः इस तथ्य से अनभिज्ञ होते हैं, इसलिए वे नाटक की जो भी आलोचना प्रस्तुत करते हैं, वह साहित्य की दूसरी विधाओं जैसी होकर रह जाती है। इसीलिए बार बार यह सवाल उठाया जाता है कि नाटक की अपनी नई और अलग से आलोचनात्मक प्रविधि क्या हो सकती है। अध्ययन के तौर पर ऊपर जिन पुस्तकों की चर्चा की गई है, उनमें निश्चित् रूप से वह कोशिश और छटपटाहट दिखाई पड़ती है। इसीलिए आलोचनात्मक पुस्तकों की भीड़ या मेले में ये चन्द पुस्तकें स्वयमेव अलग से दीख जाती हैं। इसका यह अर्थ कदापि न लिया जाए कि यही सूची कोई अन्तिम सूची है। इन पुस्तकों का चयन मात्र इस आधार पर किया गया है कि जिस आलोचनात्मक रंगभाषा की बात बार बार की गई है, उसके कहीं आरम्भिक, कहीं विकसित और कहीं निश्चित् संकेत इन पुस्तकों में मिलते हैं।

इक्कीसवीं सदी का रंगमंच

बीसवीं सदी के अवसान और इक्कीसवीं सदी के आगमन के आसपास इस प्रश्न का सामना सभी क्षेत्रों के लोग एक साथ कर रहे हैं। मसलन आगामी सदी में हमारा रहन सहन कैसा होगा, शिक्षा पद्धति कैसी होगी, कला, संस्कृति, साहित्य का क्या स्वरूप होगा ? ऐसा नहीं कि ये सवाल इसी शताब्दी के मुहाने पर हमारे सामने उपस्थित हो रहे हैं। शायद हर शताब्दी के अन्त पर तत्कालीन समाज और समुदाय ने ऐसे और इन्हीं से मिलते जुलते प्रश्नों और जिज्ञासाओं का सामना किया होगा क्योंकि हर नई शताब्दी कुछ न कुछ नई चीज़ें अपने साथ लेकर आती है जिनके कारण ऐसे प्रश्न पैदा होते हैं। अट्ठारहवीं शताब्दी विश्व में औद्योगिक क्रान्ति लेकर आई तो उन्नीसवीं शताब्दी वैज्ञानिक क्रान्ति की आहटों की शताब्दी थी और बीसवीं शताब्दी तो जीवन के हर क्षेत्र में अभूतपूर्व उथल पुथल से संचालित होती रही है। बेतार के तार से शुरू होकर रेडियो, टेलीफोन, टेलीविज़न, फ़िल्म से होती हुई वीडियो, फ़ैक्स, कम्प्यूटर और इंटरनेट तक एक तरफ़ तो दूसरी तरफ़ पहली बार दो विश्वयुद्ध, सोवियत संघ का प्रादुर्भाव और उसका बिखराव, आदमी का चाँद और अन्तरिक्ष में पहुँचना, इत्यादि। इसके समानान्तर कला और साहित्य में यथार्थवाद से शुरू होकर प्रभाववाद, अमूर्तवाद, विसंगत, आधुनिकता से गुज़रते हुए उत्तर आधुनिकता तक आ पहुँचे हैं। कुल मिलाकर देखा जाए तो बीसवीं सदी पिछली सारी सदियों से इस बात में तो अलग है ही कि एक साथ उपर्युक्त सभी क्षेत्रों में इतना कुछ घटित होकर शिखर तक भी पहुँच गया कि आज वह सब कुछ एक ऐसे बिन्दु पर आकर ठहर गया है कि यह सोचने पर विवश होना पड़ रहा है कि आगामी सदी में हमारा क्या होगा ?

पिछले ढाई हज़ार वर्षों के लिखित इतिहास को उठाकर देखा जाए तो रंगमंच के क्षेत्र में कुछ बहुत ही रोचक चित्रों और छवियों से साक्षात्कार होता है। और यह साक्षात्कार लगभग हर पाँच सौ वर्ष बाद दिखाई पड़ता है। उदाहरण के लिए ईसा पूर्व पाँचवीं शताब्दी में यदि यूनान में रंगमंच की शुरुआत होती है तो हमारे यहाँ भरत के नाट्यशास्त्र जैसी रचना का जन्म होता है। पश्चिम में यदि ईसा के जन्म के लगभग पाँच सौ वर्ष बाद रंगमंच का अवसान हो जाता है तो हमारे यहाँ उसी वक्त के आसपास कालिदास, शूद्रक जैसे नाटककारों के माध्यम से भरत समर्थित शास्त्रीय रंगमंच अपनी पूर्णता को प्राप्त करता है। एक हज़ार ईस्वी के आसपास पश्चिम में चर्च के भीतर

रंगमंच का पुनर्जन्म होता है तो हमारे यहाँ संस्कृत के शास्त्रीय रंगमंच का अवसान होता है। मध्यकाल में पन्द्रहवीं शती में पश्चिम साहित्य, कला और रंगमंच में पुनर्जागरण काल के नाम से जाना जाता है तो भारत में भक्ति युग का उदय, क्षेत्रीय भाषाओं का जन्म और लोक कलाओं, नाटक और रंगमंच की धारा विकसित होती है। इसके बाद के पाँच सौ वर्ष क्रमशः लोक रंगमंच, पारसी रंगमंच, यथार्थवादी रंगमंच आदि के भीतर से गुज़रकर अपनी एक सम्पूर्ण गोलाकार यात्रा को पूरा करते हैं जहाँ आज पुनः भारतीय रंगमंच में भारतीयता की तलाश पर प्रायः विमर्श होता रहता है।

इसी परिप्रेक्ष्य में इक्कीसवीं सदी के सम्भावित रंगमंच का एक खाका तैयार किया जा सकता है। एक बात को शुरू में ही साफ़ कर लिया जाए कि रंगमंच का भावी स्वरूप जो भी बनेगा उसमें यह तथ्य ध्रुवतारे की तरह से अटल है और होना चाहिए कि अन्ततः उसे मनुष्य की जीवन्त उपस्थिति के साथ ही सम्पन्न होना है। बेशक स्वयं मनुष्य ने औद्योगिक क्रान्ति, वैज्ञानिक क्रान्ति, तकनीकी क्रान्ति और अन्ततः संचार क्रान्ति के माध्यम से जीवन क्रम में कितना भी परिवर्तन ला दिया हो लेकिन यदि यह मशीनीकरण आदमी के अस्तित्व पर ही प्रश्नचिह्न लगा देगा तो फिर उसकी क्या सार्थकता है ? यदि स्वयं आदमी द्वारा विकसित साधनों में उसके अपने लिए ही स्पेस नहीं बचेगा तो फिर रंगमंच जैसे माध्यम पर किसी भी तरह के विचार विमर्श का कोई अर्थ नहीं रह जाता। तकनीक कितनी भी विकसित और अग्रगामी क्यों न हो जाए वह अपने जन्मदाता मनुष्य पर हावी नहीं हो सकती। जब जब ऐसा हुआ भी है तो वह माध्यम स्वयमेव ही अपनी अकाल मृत्यु को प्राप्त हो गया। 1995 में जन्म लेनेवाली विधा फ़िल्म की मृत्यु की घोषणा 1995 तक आते आते कर दी गई थी। दूरदर्शन और वीडियो जैसे माध्यमों से जनमानस का मोहभंग हो चुका है। और कम्प्यूटर, इंटरनेट व ई-मेल जैसे नए-नए माध्यम हमारे नित्य प्रति के जीवन में अपना स्थान बनाते ही जा रहे हैं। इस मोड़ पर यह एक शुभ लक्षण है कि हम उपर्युक्त सभी विकल्पों को लगभग छोड़ते हुए पुनः रंगमंच जैसे जीवन्त माध्यम की तरफ़ लौटने लगे हैं। अतः आज यह सवाल और भी ज़्यादा मुखर और गहरा होकर सामने आ रहा है कि अब यहाँ से आगे बढ़ने पर रंगमंच की भावी तस्वीर क्या होनेवाली है ? आज तक वह जितने भी दौरों, दिशाओं और धाराओं में से गुज़रा है उन सभी में एक तथ्य कॉमन है कि एक विशेष समय में उसका अपना स्वरूप जो भी रहा हो, उसने शब्द का साथ कभी नहीं छोड़ा। इसीलिए आज एक नए विकल्प की ओर संकेत किया जा रहा है कि शायद अगली सदी में रंगमंच जैसे माध्यम में शब्द कम से कम होते जाएँगे या कि बिलकुल ही समाप्त हो जाएँगे और उनका स्थान पूरी तरह से मुद्राएँ, गतियाँ, मुखौटे, नृत्य आदि दृश्यात्मक तत्त्व ले लेंगे। इस तरह से रंगमंच अपनी एक नई रंगभाषा विकसित कर पाएगा जिसमें साहित्य से उधार लिए गए शब्द के लिए कोई जगह नहीं होगी। ऐसा अनुमान लगानेवालों का मत है कि यह इसलिए सम्भव होगा क्योंकि संचार माध्यमों द्वारा विकसित दृश्य और सम्प्रेषण की भाषा का मुकाबला इसी रूप में किया जा सकता है।

लेकिन यह विकल्प और उसके पक्ष में दी जानेवाली दलीलें और तर्क बहुत ज़्यादा दूर तक साथ नहीं देते। सबसे पहले तो यही कि मुद्राएँ, गतियाँ, मुखौटे, नृत्य इत्यादि तत्त्व रंगमंच के आरम्भ से ही उसके अनिवार्य और अपरिहार्य अंग रहे हैं। और वह भी तब जब वहाँ शब्द भी अपनी पूरी अस्मिता के साथ मौजूद हैं। तब शब्दों की अनुपस्थिति से ऐसा नया और अनदेखा क्या घटित होनेवाला है ? क्या पहले से मौजूद कठपुतली जैसे माध्यम में ऐसा नहीं होता ? मूकाभिनय अपने आप में एक स्वतन्त्र विधा के रूप में न जाने कब से चली आ रही है। नृत्य, फ़िल्म, चित्रकला, मूर्तिकला और यहाँ तक कि फोटोग्राफी जैसी विधाएँ भी कहीं पूरी तरह से और कहीं आंशिक रूप में शब्दों से अलग अपनी पहचान स्थापित करती आ रही हैं। अतः यह साफ़ दिखाई पड़ता है कि शब्दहीन रंगमंच की कल्पना के पीछे जो भी सम्भावित दृश्य, बिम्ब और स्वरूप जन्म लेगा वह और जो कुछ भी हो रंगमंच तो हरगिज़ नहीं हो सकता।

एक दूसरा विकल्प शायद यह हो सकता है कि जितने जटिल तामझाम से आच्छादित संचार माध्यमों की रचना प्रक्रिया है उनका मुकाबला करने के लिए रंगमंच को भी अपने स्वरूप और प्रक्रिया में उतना ही जटिल हो जाना चाहिए। कहने का तात्पर्य यह है कि यदि फ़िल्म, दूरदर्शन, वीडियो और दूसरे संचार माध्यम अपने छोटे या बड़े परदे पर कुछ भी दिखा सकने की सामर्थ्य रखते हैं तो रंगमंच जैसा त्रिआयामी माध्यम ऐसा क्यों नहीं कर सकता। परिणाम यह हुआ कि रंगमंच मात्र तकनीकी तामझाम में उलझकर रह गया और उसके दूसरे ज़्यादा सार्थक, मार्मिक और संवेदनशील तत्त्व गौण होते चले गए, जिसमें मुख्य रूप से नाटक की कहानी, कथ्य और उन्हें सम्प्रेषित करनेवाली सबसे सशक्त इकाई—अभिनेता। यूँ भी इस तथ्य से किसी को इनकार नहीं होगा कि रंगमंच वह सब कुछ दिखा जाने की क्षमता पा भी ले, जो संचार माध्यमों के चलते सम्भव है तो फिर दर्शक की अपनी कल्पना के विस्तार के लिए स्पेस और गुंजाइश कहाँ बचेगी ? क्या यह कारण ही फ़िल्म, वीडियो और दूरदर्शन जैसे माध्यमों की मृत्यु के लिए ज़िम्मेदार नहीं बना ? इतना ही नहीं, क्या मंच पर सब कुछ दिखा देने में ही कलात्मक अनुभव समाहित है अथवा कम से कम दिखाने पर भी ज़्यादा से ज़्यादा अभिव्यक्त कर पाना और गहरा कलात्मक अनुभव है ? क्या साहित्य, चित्रकला, मूर्तिकला, संगीत और नृत्य जैसी विधाएँ व कलाएँ अपने अपने माध्यमों में यही नहीं करती और करती आ रही हैं, जहाँ ठोस रूप में मंच पर कुछ न मौजूद होते हुए भी शायद सब कुछ मौजूद होता है और पाठक, दर्शक या श्रोता भी उसे उतनी ही गहराई से अनुभूत करता है।

यदि हम रंगमंच के कम से कम पाँच हज़ार वर्षों के जाने पहचाने इतिहास पर भी एक नज़र डालें तो बात साफ़ हो जाएगी। इन पाँच हज़ार वर्षों में भी लगभग साढ़े चार हज़ार वर्ष ऐसे रहे हैं, जब मंच पर तकनीकी, यान्त्रिक तामझाम, कला कौशल एवं साज सज्जा के नाम पर कुछ भी नहीं हुआ करता था। यहाँ तक कि मंच बिलकुल खाली होता था और प्रेक्षागृह का अपना स्थापत्य ही नाटक की मंचसज्जा और दृश्यांकन का

काम देता था। क्या हम लोगों ने अपने समय में ही मंच से यथार्थवाद के हूबहू चित्रणवाले दौर को जड़ से ही समाप्त होते नहीं देखा है ? पारसी नाटक और रंगमंच जैसा माध्यम, जो मंच पर तरह तरह के तकनीकी कारनामे और जादुई करिश्मे दिखा सकता था, फ़िल्मों के आते ही कैसे तिरोहित हो गया ? यहाँ तक कि स्वयं फ़िल्म जैसी विधा भी महज़ सौ साल में ही अपनी अकाल मृत्यु को प्राप्त कर पुनर्जन्म के लिए छटपटा रही है।

अन्ततः यह सारा इतिहास अनजाने ही एक ऐसे विकल्प की ओर संकेत कर रहा है जो शायद इतना अनजान भी नहीं है। जैसा कि इस लेख के शुरू में ही उल्लेख किया गया था। नाटक और रंगमंच के ऐसे दो अनिवार्य तत्त्व हैं जिनके सामने कोई भी संचार माध्यम अपनी तमाम उपलब्धियों के बावजूद कोई मायने नहीं रखता। और वह है नाटक का शब्द और उसको बोलनेवाला एक जीवन्त अभिनेता। जब तक मंच पर इन दोनों तत्त्वों की उपस्थिति बराबर बनी रहेगी तब तक रंगमंच जैसे माध्यम के भावी स्वरूप को लेकर उहापोह में पड़ने की ज़रूरत नहीं है। यहाँ आलोचक अथवा संचार माध्यमों के पक्षधर तुरन्त अपनी प्रतिक्रिया दे डालेंगे कि ये दोनों तत्त्व तो संगीत में भी हैं, नृत्य में भी हैं, फ़िल्म में भी हैं और किसी हद तक साहित्य में भी हैं। तब फिर रंगमंच के सन्दर्भ में इन्हें अलग से किस रूप में व्याख्यायित और विश्लेषित किया जा सकता है ? वे शायद भूल जाते हैं कि बेशक यह दोनों तत्त्व उपर्युक्त सभी माध्यमों में भी भरपूर मौजूद हैं, इसके बावजूद श्रोता दर्शक अथवा पाठक उन्हें किसी भी बदले हुए रूप में अनुभूत कर सकता है। अर्थात् संगीत को रिकार्डिड रूप में सुना जा सकता है, नृत्य को परदे पर देखा जा सकता है, फ़िल्म तो है ही परदे का माध्यम और साहित्य मात्र मुद्रित शब्दों के भीतर से हम तक पहुँच सकता है। लेकिन रंगमंच के साथ ऐसी कोई सुविधा नहीं ली जा सकती। वहाँ शब्द भी जीवन्त हैं और उन्हें प्रयोग में लानेवाला कारक तत्त्व भी जीवन्त है। इन दो तत्त्वों की जीवन्तता तीसरे जीवन्त तत्त्व दर्शक से मिलकर जिस अनुभव की सृष्टि करती है वह अपने आप में बेमिसाल है। इसलिए भावी रंगमंच को पुनः इन्हीं दो तत्त्वों की ओर लौटना होगा। और यह अकारण या संयोग मात्र नहीं है कि पूरे विश्व के रंगमंच में यह यात्रा भी हो चुकी है। पश्चिम में संचार माध्यमों की क्रान्ति से विमुख होकर वहाँ का रंगमंच पुनः उसी सादगी की ओर लौट रहा है जो हमारी परम्परा में बहुत पहले से उपस्थित है। यह सादगी मंच के खाली होने या कम से कम साधनों के इस्तेमाल के बावजूद रंगमंच को मात्र वाचिक के रूप में ही प्रस्तुत नहीं करती वरन् शब्द, गीत, संगीत और आहार्य के माध्यम से एक ऐसा दृश्यत्व बुनती है जो फ़िल्म, दूरदर्शन, वीडियो अथवा किसी भी दूसरे संचार माध्यम में सम्भव नहीं है। यह जानकारी अपने आप में काफ़ी दिलचस्प जान पड़ेगी कि रंगमंच के क्षेत्र में पिछले 25 वर्षों में साहित्य के साथ जो आदान प्रदान हुआ है वह रंगमंच के इसी भावी स्वरूप की दशा और दिशा से जुड़ा हुआ है। रंगमंच ने अपनी स्रोत सामग्री के लिए कहानी, कविता, उपन्यास, डायरी, रिपोर्ताज, संस्मरण और यहाँ तक कि

पत्रों को भी मंचन के लिए इस्तेमाल किया है। इतना ही नहीं एक से दूसरे माध्यम में यह आवाज़ाही रंगमंच के साथ साथ नृत्य और चित्रकला में भी सम्भव हुई है। यह सारी बातें क्या अपने आप में इस तथ्य की सूचक नहीं हैं कि कहीं न कहीं इक्कीसवीं सदी के आने से बहुत पहले ही सृजनात्मक कलाओं में एक दूसरे के नज़दीक आने की और अपने अपने माध्यम की नई नई भाषा और फिर सभी माध्यमों के आपस में मिल जुलकर एक नई रंगभाषा तैयार करने की कोशिशें शुरू हो चुकी थीं। यहाँ तक कि फ़िल्म जैसे माध्यम में भी महान रूसी निर्देशक सर्ज़ेई आइज़ैंस्टाइन की सोच चौथे आयाम के रूप में किसी जीवन्त तत्त्व की खोज में आज से पचास पचपन साल पहले शुरू हो गई थी। हमारे यहाँ भी उदयशंकर जैसा नृत्यकार फ़िल्म और जीवन्त अभिनेता के माध्यम से किसी ऐसे ही दृश्य माध्यम की रचना में संलग्न था। इस भावी स्वरूप के शुरुआती बीज हमें उस दौर में भी मिलते हैं जब फ़िल्में मूक हुआ करती थीं। और एक सूत्रधारनुमा व्यक्ति शुरू में अथवा बीच बीच में अपनी जीवन्त उपस्थिति से दर्शकों को नाटक की कहानी से परिचित कराता था अथवा चरित्रों के संवादों के विषय में भी सूचित करता था। साज़िन्दों की एक जीवन्त मंडली तो परदे के सामने बैठी ही रहती थी जो लगातार फ़िल्म देखते हुए संगीत एवं ध्वनि प्रभाव का संचालन करती रहती थी। अतः आज ज़रूरत इस बात की है कि रंगमंच और संचार माध्यमों को परस्पर विरोधी तत्त्वों के रूप में न देखकर एक दूसरे के पूरक तत्त्वों के रूप में देखा जाए ताकि भावी रंगमंच की एक ऐसी परिकल्पना को साकार रूप दिया जा सके जिसमें शब्द भी हों, अभिनेता भी हों और दोनों के सामंजस्य से बनते सँवरते दृश्य भी हों। तामझाम हो अथवा न हो यह उसका निर्णायक कारक तत्त्व नहीं होना चाहिए। हमारे विद्वान रंग अध्येताओं को यह सम्भावना एक प्रत्यागमन जैसी जान पड़ सकती है। लेकिन क्या यह किसी भी कला माध्यम के बारे में एक सच्चाई नहीं है कि हम जब तब उन्हीं मूल्यों, रूढ़ियों और परम्पराओं की ओर लौटते रहते हैं।

'अभिज्ञानशाकुन्तल' की नाट्यशास्त्रीय प्रस्तुति परिकल्पना

चौथी शताब्दी ई.पू. से सोलहवीं सदी तक फैले दो हज़ार वर्षों के लम्बे अन्तराल में यदि संस्कृत नाटकों के लेखन की विशद परम्परा दिखाई देती है तो उसी के समान्तर उनके मंचन के प्रयोगों का भी संकेत मिलता है। नाटककारों में से एक छोर पर अश्वघोष से आरम्भ होकर भास, कालिदास, शूद्रक, विशाखदत्त, श्रीहर्ष, भवभूति, बोधायन, महेन्द्र विक्रम और वत्सराज जैसे जाने पहचाने नाम हैं तो आगे भी भारतेन्दु हरिश्चन्द्र द्वारा उल्लिखित अनगिनत संस्कृत नाटककारों के और उनकी रचनाओं के नाम मिलते हैं। प्रायः ऐसा माना जाता रहा है कि लगभग आठ सौ-एक हज़ार ई. के आसपास संस्कृत नाटकों के मंचन और प्रस्तुति की परम्परा समाप्त होने लगी और उसका स्थान लोक रंगमंच ने ले लिया। लेकिन यह धारणा एक अर्धसत्य के रूप में ही स्वीकार की जा सकती है। यदि दक्षिण भारत के केरल प्रदेश में आज तक लगभग भरत द्वारा निर्दिष्ट मंच से मिलते जुलते बन्द प्रेक्षागृह में कूडियाट्टम् शैली में अनवरत रूप से संस्कृत नाटकों का मंचन होता आ रहा है, तो कोई कारण नहीं कि देश के दूसरे भागों में भी यह परम्परा अजस्र रूप में विद्यमान न रही हो। आवश्यकता इस बात की है कि हम शोध एवं अनुसंधान के माध्यम से उन लुप्त हो गई कड़ियों को आपस में जोड़ने का प्रयत्न करें। दरअसल यह सारी मुश्किल भी स्वयं अपने इतिहास को पश्चिम की दृष्टि से देखने के कारण हुई है। यदि पश्चिम में पाँचवीं सदी के उत्तरार्द्ध में रोम साम्राज्य के पतन के बाद रंगमंच के, आगामी पाँच सौ वर्षों तक, कोई चिन्ह दिखाई नहीं पड़ते तो औपनिवेशिक दासता के चलते यह कैसे सम्भव था कि यहाँ उस रंगधारा का निरन्तर प्रवाह सिद्ध किया जा सकता।

यही कारण है कि बेशक संस्कृत नाटकों के मंचन लगातार होते रहे, लेकिन वास्तव में वे होते कैसे थे, इसके कोई दस्तावेज़ नहीं मिलते। यों हमारे यहाँ नाटकों के व्यावहारिक और सैद्धान्तिक–दोनों पक्षों के आधार ग्रन्थ के रूप में भरत का 'नाट्यशास्त्र' अवश्य विद्यमान है, लेकिन वह भी इसी दिशा में बहुत दूर तक हमारी मदद नहीं करता क्योंकि एक तो 'नाट्यशास्त्र' को ही कालान्तर में नाटक से ज़्यादा काव्यशास्त्र का ग्रन्थ मान लिया गया, दूसरे नाटक और रंगमंच से जुड़ी जो भी सामग्री 'नाट्यशास्त्र' में मिलती है, वह इतनी बिखरी हुई और टुकड़ों-टुकड़ों में मिलती है कि

उसके आधार पर उस युग में सचमुच उन नाटकों का मंचन कैसे होता होगा, इसका अनुमान लगाना मुश्किल ही है। इसीलिए संस्कृत नाटकों के मंचन के लिए कभी हम लोकनाट्य शैलियों की तरफ़ लौटते हैं, कभी पाश्चात्य रंगमंच से सूत्र ग्रहण करते हैं और कभी प्रयोग के नाम पर कुछ भी ऊल-जुलूल प्रस्तुत कर देते हैं। हम यह भूल जाते हैं कि स्वयं नाटकों में ही उनके तत्कालीन मंचन को लेकर इतने संकेत प्राप्त होते हैं कि हमें अलग से किसी बाहरी शैली की सहायता लेना ज़रूरी नहीं जान पड़ता। इस तथ्य को दोहराने की ज़रूरत नहीं कि अन्ततः नाटकों में उपलब्ध युक्तियाँ, रूढ़ियाँ और शैलियाँ 'नाट्यशास्त्र' पर ही आधारित हैं। अतः प्रकारान्तर से हम 'नाट्यशास्त्र' में बिखरी सामग्री को एक नाटक के आलेख के रूप में एक ही स्थान पर एकत्रित पाते हैं। यह अद्भुत संयोग है कि लगभग दो हज़ार वर्षों में जितने भी नाटक लिखे गए वे समय के अन्तराल में बेशक एक दूसरे से न जाने कितनी शताब्दियाँ आगे पीछे हों, लेकिन मंच रूढ़ियों के रूप में उनमें समानता दिखाई पड़ती है। क्या यह समानता इस तथ्य की सूचक नहीं कि इन नाटकों का लेखन और मंचन सदैव एक दूसरे से जुड़ा रहा है और साथ साथ होता रहा है। इसमें कोई सन्देह नहीं कि यह समानता उनके शास्त्र पर आधारित होने के कारण भी दिखाई पड़ती है। अथवा यह भी नितान्त सम्भव है कि इन्हीं में से कुछ को आधार बनाकर भरत ने अपने 'नाट्यशास्त्र' की रचना की हो। भास के विषय में तो प्रायः यह कहा ही जाता है कि उन्हीं के नाटकों में उपलब्ध सामग्री के आधार पर 'नाट्यशास्त्र' की रचना हुई। पश्चिम में तो यह तथ्य इतिहाससम्मत है कि जब अरस्तू ने अपने 'काव्यशास्त्र' की रचना की, तब तक यूनान के सभी बड़े-बड़े नाटककारों की रचनाओं का लेखन और मंचन हो चुका था। दरअसल, शास्त्र और प्रयोग का यह सम्बन्ध हमेशा से इतिहास में मौजूद रहता है और नाटकों की लम्बी परम्परा व प्रयोग के बाद ही शास्त्र की रचना हुआ करती है। अतः यदि किसी संस्कृत नाटक की नाट्यशास्त्रीय प्रस्तुति की भी आज पुनर्रचना करनी हो तो नाट्यशास्त्र से भी ज़्यादा स्वयं नाटक के आलेख को ही आधार बनाना होगा। यह अलग बात है कि भास, शूद्रक और विशाखदत्त ऐसे नाटककार हैं जो नाट्यशास्त्र की सीमाओं को भी लाँघ जाते हैं और अपनी निजी पहचान प्रस्तुत करते हैं।

आइए, कालिदास के 'अभिज्ञानशाकुन्तल' के माध्यम से उसकी नाट्यशास्त्रीय प्रस्तुति की परम्परा और प्रयोग की सम्भावना और परिकल्पना पर विचार विमर्श किया जाए। लेकिन प्रस्तुति परिकल्पना की ओर बढ़ने से पहले थोड़ा सोच विचार इस दिशा में भी कर लिया जाए कि आख़िर इस नाटक में ऐसा क्या है, जो आज भी हमें अपनी ओर आकर्षित करता रहता है। यदि कालिदास का रचनाकाल ईसा की चौथी शताब्दी में चन्द्रगुप्त विक्रमादित्य के समान्तर माना जाता है तो यह नाटक संस्कृत नाटकों की लम्बी परम्परा के लगभग मध्य में पड़ता है। इससे पहले अश्वघोष, भास, सौमिल्ल, कविपुत्र और बाद में शूद्रक, विशाखदत्त, श्रीहर्ष और भवभूति जैसे नाटककार आते हैं। कुछ विद्वान तो शूद्रक को भी कालिदास से पहले का नाटककार मानते हैं लेकिन यह

इतिहाससम्मत नहीं है।

कालिदास अपने इस नाटक के कथ्य, शीर्षक और शिल्प व संरचना के लिए काफ़ी दूर तक भास के 'स्वप्नवासवदत्ता' के ऋणी हैं। दोनों नाटकों के शीर्षकों की समानता अनायास ही ध्यान आकृष्ट कर लेती है। संस्कृत नाट्य साहित्य में कुछ नाटक और भी हैं जिनके शीर्षक उतने ही सांकेतिक, प्रतीकात्मक और व्यंजनापरक हैं, जितने इन दोनों के। उदाहरणार्थ शूद्रक का 'मृच्छकटिक', विशाखदत्त का 'मुद्राराक्षस' और बोधायन का 'भगवद्अज्जुकम्'। लेकिन जितनी सांकेतिकता भास के 'स्वप्नवासवदत्ता' और कालिदास के 'अभिज्ञानशाकुन्तल' में मिलती है, वह अन्यत्र दुर्लभ है। शकुन्तला की स्मृति खो जाना अथवा शकुन्तला को ही स्मृति में आना। शकुन्तला के बहाने से दुष्यन्त को अभिज्ञान होना अथवा दुष्यन्त के अभिज्ञान के साथ साथ शकुन्तला को भी अहसास होना। अभिज्ञान ही अपने आप में शकुन्तला का पर्याय है या फिर शकुन्तला अभिज्ञान की—इस प्रकार मात्र शीर्षक की ही विविध व्याख्याएँ की जा सकती हैं। ठीक इसी परिप्रेक्ष्य में हम 'स्वप्नवासवदत्ता' को भी व्याख्यायित कर सकते हैं।

लेकिन शीर्षक से भी ज़्यादा यह नाटक अपने कथ्य में गहराई से भरा पूरा है। सतही तौर पर देखने से यह नाटक भी संस्कृत के दूसरे नाटकों की तरह एक सामान्य सी प्रेम कहानी जान पड़ेगा जिसमें नायक की पहले से कई पत्नियाँ होते हुए भी वह एक नई नायिका के साथ प्रेम का श्रीगणेश करता है और वह प्रेम के एक लम्बे अन्तराल के बाद अपनी पूर्णता को पहुँचता है। लेकिन जितनी सतही यह प्रेम कहानी जान पड़ती है, उतनी है नहीं। शायद किसी विद्वान अध्येता ने इस तथ्य की ओर ध्यान नहीं दिया कि पूरे संस्कृत साहित्य में, कम से कम कालिदास के तीनों नाटकों में, यही एक अकेला ऐसा नाटक है जिसमें नायक की पहली पत्नियाँ कभी मंच पर नहीं आतीं अर्थात् नाटककार ने अपनी ओर से उस स्थूल तनाव और संघर्ष की सम्भावना को पहले ही नकार दिया है, जो प्रायः ऐसी प्रेम कहानियों में स्वाभाविक रूप से आ जाता है। न ही यहाँ शकार जैसा प्रतिनायक है, जो प्रत्यक्ष रूप से प्रेम कहानी में व्यवधान उपस्थित कर सके। इसमें कोई सन्देह नहीं कि यहाँ दुर्वासा का शाप और अँगूठी का खोना—दो ऐसी नाटकीय युक्तियाँ हैं, जो इस प्रेम कहानी में अवरोध उत्पन्न करती हैं लेकिन यदि तनिक भी गहराई से विचार किया जाए तो पता चलेगा कि दोनों युक्तियों को नेपथ्य में घटित होते हुए दिखाकर नाटककार ने उनकी उस क्षण की नाटकीयता को कम से कम करने की कोशिश की है, जब उनसे सम्बद्ध घटनाएँ घटित होती हैं। ज़रा कल्पना कीजिए, यदि कालिदास दुर्वासा वाले दृश्य को मंच पर ले आते तो वह अपने प्रभाव से आगे आने वाले दृश्यों का न केवल पूरा आभास दे देता वरन् नाटक के चरमोत्कर्ष को भी निहायत कमज़ोर बना देता। यही बात अँगूठी के विषय में भी कही जा सकती है—जब ये दोनों प्रसंग नाटक के चौथे अंक में प्रियम्वदा-अनसूया के परस्पर संवादों में यूँ ही उल्लेखित होकर रह जाते हैं, तब हम उन जटिल नाटकीय स्थितियों के लिए कभी भी तैयार नहीं होते, जो भवितव्य हैं।

नाटक का कथ्य प्रेम है लेकिन उसका कैसा सहज स्वीकार और ज़रूरत पड़ने पर अस्वीकार भी–शकुन्तला और दुष्यन्त की आपस में स्वीकृति और गान्धर्व विवाह के रूप में परिणति। प्रियम्वदा-अनसूया द्वारा समर्थित और सबसे बड़ी बात यह कि कण्व जैसे ऋषि मुनि द्वारा भी समाचार पाते ही उसका हर तरह से अनुमोदन। यही कारण है कि आज से पन्द्रह-सोलह सौ वर्ष पूर्व की रचना में प्रेम की ऐसी स्वीकृति कितनी आधुनिक और समकालीन जान पड़ती है। भारतीय साहित्य में तो ऐसा सहज स्वीकार दुर्लभ है ही, अपने आप को विकसित और आधुनिक माननेवाले पश्चिम के साहित्य में भी यह कहीं दिखाई नहीं पड़ता। कहने का तात्पर्य यह है कि नाटककार ने जानबूझकर किसी ऐसे बाहरी तत्त्व, स्थिति या घटना को छोड़ दिया लगता है, जो तात्कालिक नाटकीयता पैदा कर दे। इसके विपरीत उसने प्रेम को निहायत ही सूक्ष्म एवं आन्तरिक स्तर पर परखने का प्रयत्न किया है।

वस्तुतः यह प्रेम प्रसंग एक अनवरत यात्रा के समान है। एक स्तर पर यह यात्रा राजभवन से आश्रम, आश्रम से राजभवन, राजभवन से आकाशमार्ग और पुनः आश्रम तक पहुँचती है तो दूसरी ओर आश्रम से राजभवन और पुनः आश्रम तक पूरी होती है। एक स्तर पर इस यात्रा में दुष्यन्त के साथ सदा एक रथ होता है तो शकुन्तला यह यात्रा अपने पैरों यानी अपने बलबूते पर करती है। इस यात्रा में कई दूसरे तत्त्व स्वयं ही सम्मिलित हो जाते हैं–दुष्यन्त के आगे आगे दौड़ता मृग, शकुन्तला के साथ साथ पला मृग, उसे विदाई देता मृग और अन्त में सिंह शावक। दुष्यन्त के हाथ से अँगूठी का प्रियम्वदा-अनसूया के पास पहुँचना, वहाँ से शकुन्तला की उँगली में आना, शक्रावतार तीर्थ में उँगली से फिसल जाना, रोहित मछली के पेट में जाना, मछुआरे के पास पहुँचना, वहाँ से राजपुरुषों के पास से होते हुए पुनः राजा के पास पहुँच जाना। राक्षसों के उत्पात यदि पहली बार दुष्यन्त और शकुन्तला के समागम का कारण बनते हैं तो एक लम्बे वियोग के पश्चात् पुनः उन दोनों के अन्तिम मिलन का अवसर प्रदान करते हैं। प्रेम का पहला स्वीकार और अस्वीकार यदि आश्रम एवं राजभवन में घटित होता है जो इसी भूमि पर अवस्थित हैं तो प्रेम का अन्तिम स्वीकार आकाशमार्ग में स्थित आश्रम में सम्पन्न होता है। अर्थात् दोनों ही पक्ष अपनी-अपनी ज़मीन छोड़कर एक तटस्थ भूमि पर मिलते हैं जहाँ किसी भी प्रकार की असहमति, असहयोग की सम्भावना ही नहीं है। दूसरे रूप में देखें तो दुष्यन्त को भी अपने चारित्रिक स्वभाव का बहुत सा ऐसा अंश छोड़ना पड़ता है जो अनचाहा है और शकुन्तला को भी। प्रेम की विरहाग्नि में दोनों को तपना पड़ता है, तभी दोनों उसमें से खरे सोने की तरह बाहर आते हैं। यह है प्रेम जैसे सामान्य और शाश्वत कथ्य की पराकाष्ठा और गहराई।

मात्र कथ्य के स्तर पर ही नहीं, अपने शिल्प और संरचना के स्तर पर भी 'अभिज्ञानशाकुन्तल' बिलकुल आज का नाटक लगता है। कहा जाता है कि समय, स्थान और कार्य व्यापार की अन्विति नाट्य साहित्य को अरस्तू की देन है। लेकिन कालिदास के इस नाटक में भी वह अद्भुत रूप में उपस्थित है। नाटक के पहले चार अंक महर्षि

कण्व के आश्रम के बाहर और भीतर स्थित हैं तो अगले दो अंक राजभवन के बाहर और भीतर। अन्तिम अंक पुनः एक आश्रम में ही स्थापित किया गया है। स्थान की अन्विति को थोड़ी देर के लिए छोड़ भी दिया जाए, कार्य व्यापार की अन्विति तो देखते ही बनती है। सात अंकों के नाटक में मात्र एक कहानी है, जिसके इर्द गिर्द सारा कार्य-व्यापार केन्द्रित है। यूनानी नाटकों के सन्दर्भ में कार्य-व्यापार की अन्विति समझ में आती है क्योंकि पूरे नाटक में मात्र एक अंक ही हुआ करता था। लेकिन सात अंकों तक एक ही कथा को विकसित कर ले जाना कालिदास के रचना कौशल का अप्रतिम उदाहरण है। समय की अन्विति पूरे नाटक में तो नहीं, हाँ प्रत्येक अंक में अवश्य मिलती है जहाँ, हर बार अंक की शुरुआत सुबह-सुबह होती है और संध्या के आगमन के साथ अंक का अवसान होता है। क्या इस सम्भावना की खोजबीन करना एक रोचक जानकारी और अध्ययन का विषय नहीं होगा कि यदि एक ओर नाटककार ने भरत के 'नाट्यशास्त्र' का गहराई से मन्थन किया है तो दूसरी ओर वह अरस्तू के 'काव्यशास्त्र' से भी अपरिचित नहीं था। कम से कम यह तथ्य तो स्वीकृत है कि कालिदास के अपने समय में भी अरस्तू के 'काव्यशास्त्र' और यूनानी नाटकों की प्रतियाँ हमारे देश में उपलब्ध थीं।

एक और दृष्टि से भी शाकुन्तल के महत्त्व को रेखांकित किया जा सकता है। आज रंगमंच में जिस प्रकार के 'फ्यूज़न', 'सिंथेसिस' और मिश्रण की चर्चा हो रही है, यह नाटक उसकी भी एक बानगी प्रस्तुत करता है। देसी और मार्गी, लोकधर्मी और शास्त्रीय, ग्रामीण और नागर, पूर्व और पश्चिम–किसी भी दृष्टिकोण से विचार करें, यह नाटक उसकी एक निश्चित् आधारभूमि प्रस्तुत करता है। यों तो यह श्रेय आज तक शूद्रक के 'भृच्छकटिक' को दिया जाता रहा है कि राज्य, समाज और परिवार के जितने भी विविध रूप, रंग और रेखाएँ हो सकती हैं, वे सभी शूद्रक के इस नाटक में पहली बार दिखाई पड़ते हैं। लेकिन यदि ध्यान से इस बात पर ग़ौर किया जाए तो पता चलेगा कि 'मृच्छकटिक' के ये सभी विविध चित्र केवल नगरीय परिवेश से सम्बद्ध हैं–जबकि शाकुन्तल का परिवेश जितना ग्रामीण है, उतना ही शहरी भी, जितना सहज एवं अनौपचारिक है उतना ही औपचारिक भी। शाकुन्तल का नागरक श्याल और उसके दो सहयोगी क्या अनायास ही 'मृच्छकटिक' के शकार और वीरक चन्दनक की याद नहीं दिला देते। श्याल और शकार के नाम की समानता तो अपनी जगह है ही, श्याल का बहनोई के रूप में सम्बोधित किया जाना क्या उस शाश्वत तथ्य की ओर संकेत नहीं करता कि व्यवस्था चाहे कोई भी हो, उसके जुड़े सगे सम्बन्धी हमेशा ही इस ताक में लगे रहते हैं कि घूस, रिश्वत और दूसरे अनैतिक कृत्यों से जितना धन बटोरा जा सके, बटोर लिया जाए।

मैं नहीं समझता कि अब अलग से शाकुन्तल के आलेख की नाट्यशास्त्र के लक्षणों के आधार पर किसी विवेचन की आवश्यकता शेष रह जाती है। यदि हम अपने समय के अनुकूल उसकी सार्थकता एवं समकालीनता पर विचार कर सकते हैं तो यह तो सहज

स्वीकार्य है कि 'दशरूपक' के आधार पर शाकुन्तल एक नाटक है, उसका मुख्य रस शृंगार है, वह पाँच अर्थ प्रकृतियों, पाँच कार्यावस्थाओं और पाँच सन्धियों से युक्त है, सभी वृत्तियों और प्रवृत्तियों से समन्वित है और अन्ततः लोकधर्मी नाट्यधर्मी शैलियों को समेटे हुए है। क्या इसीलिए अपने समय में यदि यह नाटक बार बार मंच पर प्रस्तुत किया जाता रहा तो आधुनिक युग में भी पिछले डेढ़ सौ वर्षों में न जाने कितनी प्रस्तुतियाँ हो चुकी हैं इस नाटक की—पारसी नाटक मंडलियों ने इसे प्रस्तुत किया, लोक रंगमंच पर इसका प्रयोग किया गया, पृथ्वीराज कपूर ने इसे नाटक के रूप में खेला तो शान्ताराम ने इस पर फ़िल्म बनाई। संस्कृत, हिन्दी, उर्दू समेत सभी भारतीय भाषाओं में मंचन हुआ तो चीन, फ्रांस, जर्मनी, अमेरिका, डेनमार्क जैसे देशों में भी बार-बार इसे प्रस्तुत किया गया। ये सारी सूचनाएँ इस तथ्य को और भी पुष्ट करती हैं कि यह नाटक पूर्व और पश्चिम के रंगनिर्देशकों को समान रूप से मंच प्रस्तुति के लिए प्रेरित करता रहा है। अतः उपर्युक्त सम्पूर्ण पृष्ठभूमि के बाद अब 'अभिज्ञान शाकुन्तल' की परम्परा और प्रयोग को समेटते हुए एक नाट्यशास्त्रीय प्रस्तुति पर विशद विचार और विश्लेषण किया जा सकता है।

आरम्भ में ही यह बता देना आवश्यक है कि उपर्युक्त मंच प्रस्तुति की परिकल्पना भरत द्वारा अभिकल्पित विकृष्ट मध्यम नाट्यमंडप पर की जा रही है। दर्शक दीर्घा के ठीक सामने पहला धरातल रंगपीठ, रंगपीठ पर लगभग नौ इंच ऊँचा रंगशीर्ष और रंगशीर्ष के बीचों-बीच पुनः उतनी ही ऊँचाई पर बनी एक वेदिका, जिसका शास्त्रीय नाम कुतप है। प्रदर्शन के दौरान इस पर आरम्भ से अन्त तक गायक, संगीतकार एवं अन्य वादक बैठते थे। वेदिका के दोनों कोनों पर रंगशीर्ष पर पिछली दीवार में नेपथ्य से मंच पर प्रवेश प्रस्थान के लिए दो द्वार, जिन पर यवनिका पड़ी रहती थी। रंगपीठ के दोनों सिरों पर चार-चार स्तम्भों से घिरे दो विशेष क्षेत्र, जिन्हें मत्तवारिणी के नाम से जाना जाता है। दर्शक और अभिनेता का आपस में सीधा, प्रत्यक्ष और एकतरफ़ा सम्बन्ध जैसा कि आजकल रंगद्वारी प्रेक्षागृह में दिखाई पड़ता है। इस मूल अभिकल्पन के अतिरिक्त मंच किसी भी प्रकार की मंच सज्जा अथवा दृश्यबन्ध से रहित। हाँ, आवश्यकता पड़ने पर कभी-कभार कोई मंच उपकरण लाया, ले जाया जा सकता है। अन्यथा मंच पर जो भी अभिनय क्षेत्र उपलब्ध है, वह पूरी तरह से अभिनेता के लिए सुरक्षित है।

पहले अंक की शुरुआत का परिवेश तपोवन के पास की भूमि तथा ऋषि कण्व का आश्रम है। स्पष्ट है कि पूरे अंक के बीच कम से कम दो क्षेत्रों की कल्पना की गई है—एक बाहरी और दूसरा भीतरी। सबसे पहले नान्दी स्वर उभरता है। यह नान्दी नाटककार अपने आराध्य देवी देवता की अभ्यर्थना में नाटक के प्रारम्भ में रखता है—एक प्रकार की मंगल कामना है यह नाटक के पात्रों के लिए भी और दर्शकों के लिए भी। कालिदास के पहले के नाटककारों ने नान्दी को नहीं लिया है, विशेष रूप से भास ने। इससे यह अनुमान लगाया जा सकता है कि उस समय नान्दी मंडली के सदस्यों के बीच नेपथ्य में ही सम्पन्न हो जाया करती होगी। कालिदास ने उसे मंच पर

स्थान दिया है। यद्यपि तब भी यह स्पष्ट नहीं है कि उसे कौन लोग गा रहे हैं ? क्या नाटक के सभी पात्र ? क्या मात्र वेदिका पर बैठे गायक, वादक और संगीतकार ? नान्दी से पहले पूर्वरंग के अन्तर्गत दी हुई गतिविधियों के अनुसार उस समय मंच पर कम से कम तीन पात्र उपस्थित हैं—स्वयं सूत्रधार, नटी और विदूषक अथवा परिपार्श्वक जो मंच की पूजा से जुड़े कई अनुष्ठानों को पूरा करते थे। सम्भव है कि इसके बाद नटी और उसका सहयोगी प्रस्थान कर जाते थे, नान्दी अभी भी नेपथ्य में ही होती रही होगी और उसके तुरन्त बाद सूत्रधार नटी को पुनः मंच पर बुलाता है। इस प्रकार आज हमारे सामने दो विकल्प सहज ही उपलब्ध हैं—नाटक के आरम्भ में सभी पात्र मंच पर प्रवेश करके नान्दी पाठ करें और फिर लौट जाएँ अथवा मात्र मंच पर पहले से बैठी संगीत मंडली उसका गायन करे। आज तक जितनी भी प्रस्तुतियाँ देखने का अवसर मिला है, उनमें पहले विकल्प का ही प्रयोग किया गया है क्योंकि इतने सारे पात्रों की उपस्थिति से मंच आरम्भ में ही भरा पूरा लगने लगता है और दर्शकों के साथ एक अन्तरंग रिश्ता स्थापित हो जाता है।

नान्दी के बाद प्रस्तावना संस्कृत नाटकों की मंच प्रस्तुति का एक महत्त्वपूर्ण अंग हुआ करता था। नान्दी को बेशक नाटककारों ने अपने नाटकों में स्थान न दिया हो, लेकिन प्रस्तावना या स्थापना हरेक नाटककार ने रखी है और कई बार तो उसका बहुत ही नाटकीय प्रयोग किया है। उदाहरण के लिए भास प्रायः अपने हर नाटक के आरम्भ को अधिक से अधिक रोचक बनाने के लिए प्रस्तावना को बीच में ही अधूरा छोड़कर नेपथ्य में हुई किसी घटना को मंच पर ले आते हैं। इसके विपरीत कालिदास प्रस्तावना में सारी सूचनाएँ देते हैं ज़रूर, जैसे कि नाटक कहाँ खेला जा रहा है, नाटककार का नाम क्या है, नाटक का नाम क्या है और उसकी कथा क्या है। लेकिन प्रस्तावना के अन्त तक आते आते वह भी उसे नाटक के मुख्य कार्य व्यापार से जोड़ देते हैं। बहरहाल, उस युग में तो प्रस्तावना की उपस्थिति समझ में आती है, जब यह सम्भव नहीं था कि नाटक से जुड़ी सारी सूचनाएँ हस्तलिखित प्रतियों के माध्यम से सभी दर्शकों को वितरित की जा सकें। आज तो पहले से प्रकाशित और दर्शकों में वितरित नाटक की स्मारिका यह काम बखूबी कर सकती है, फिर भी हरेक निर्देशक इस प्रस्तावना को अपने प्रदर्शन का हिस्सा अवश्य ही बनाता है। आखिर क्यों ? इसका भी एक गहरा कारण है। दर्शक द्वारा सारी सूचनाओं को जान लेने के बाद वह नाटक की कहानी से ज़्यादा अभिनेता विशेष की अभिनय कला पर ध्यान केन्द्रित करेगा। यह मात्र संयोग या अकारण नहीं है कि जिस 'अलगाव' के सिद्धान्त की स्थापना ब्रेष्ट बीसवीं शताब्दी में आकर करते हैं, वह हमारी अपनी नाट्य परम्परा में कथागायन और प्रस्तावना जैसी युक्तियों में पिछले दो हज़ार साल से प्रयोग में आता रहा है। इसीलिए वह आज के निर्देशक को भी संस्कृत नाटक के अनिवार्य अंग के रूप में जान पड़ता है।

वास्तव में नान्दी और प्रस्तावना तो पूर्वरंग के ही अन्तिम दो अंग होते हैं। भरत के अनुसार नाटक की प्रस्तुति दो भागों में बँटी रहती थी—पूर्वरंग और प्रयोग। पूर्वरंग

नाट्यमंडली के अपने व्यवहार का हिस्सा था, इसलिए नाटककारों ने अपनी रचनाओं में उसे छोड़ दिया है। पूर्वरंग के अन्तर्गत वे सब कार्यकलाप आते हैं, जो नाटक की मंच प्रस्तुति से जुड़े हो सकते हैं। मंच उपकरणों एवं वाद्य यन्त्रों का मंच पर लाकर रखा जाना, गायकों, वादकों और संगीतकारों का मंच पर आकर स्थान ग्रहण करना, गायकों द्वारा स्वर संधान, वादकों द्वारा अपने यन्त्रों को साधना, हाथ से बजाए जानेवाले वाद्य, वायु से बजने वाले यन्त्र—सबका आपस में मिलकर नाटक के संगीत का अभ्यास करना, सूत्रधार आदि का मंच पर प्रवेश, मंच के चारों कोनों की पूजा, मंच के मध्य में जर्जर ध्वज की स्थापना, मंच पर उपस्थित तीनों पात्रों का त्रिगत के नाम से आशु संवाद, सूत्रधार द्वारा चारी और महाचारी पदगतियों द्वारा लास्य व तांडव गतियों का प्रदर्शन—इनमें से शुरू की गतिविधियाँ, जिनमें दृश्य के नाम पर कुछ नहीं है, रंगपटी के पीछे और बाकी सारे कलाप दर्शकों के सामने। ये सब कुछ इसलिए कि पहले से आए दर्शकों के मनोरंजन के लिए कुछ होता रहे, धीरे धीरे दर्शकों को उस भाव भूमि एवं 'मूड' में लाया जाए और मुख्य नाटक के प्रयोग के लिए एक उचित और अनुकूल वातावरण तैयार किया जाए। इसीलिए पूर्वरंग का प्रावधान रखते हुए भी भरत इसके लिए सचेत हैं कि यह न तो बहुत छोटा है और न बहुत लम्बा। क्या आज भी हम परोक्ष अपरोक्ष रूप में उपर्युक्त पूर्वरंग की प्रक्रिया से नहीं गुज़रते, चाहे उसका स्वरूप कितना ही क्यों न बदल गया हो ?

उस समय तो पूर्वरंग की एक और पक्ष से भी अनिवार्यता थी। नाटक पूरी तरह से शास्त्र पर आधारित है और हरेक नाटक में काम करनेवाले अभिनेता शास्त्र के जानकार हैं, अतः अलग से किसी पूर्वाभ्यास की आवश्यकता नहीं हुआ करती थी। पूर्वरंग के माध्यम से वे सभी प्रदर्शन के दिन एकत्रित होकर नाटक के संवाद, गीत, संगीत एवं गतियों को दोहरा लिया करते थे।

इसीलिए मुख्य नाटक का प्रयोग उस पहले दृश्य से आरम्भ होता है जो ठीक प्रस्तावना के बाद आता है और जिसमें नाटक की कहानी से जुड़े पात्र प्रवेश करते हैं। यों तो मुख्य पात्रों के मंच पर प्रवेश-प्रस्थान के लिए भी भरत ने अलग से ध्रुव गीतों का प्रावधान किया है। लेकिन नाटककारों ने उन्हें भी अपनी रचना का हिस्सा नहीं बनाया। ये गीत भी वस्तुतः नाट्य मंडलियों की अपनी उपज हुआ करते थे और उनका एकमात्र उद्देश्य था कि मुख्य पात्र के प्रवेश के लिए दर्शकों को अतिरिक्त रूप से सजग कर दिया जाए।

शाकुन्तल का पहला दृश्य ही इतना महत्त्वपूर्ण है कि वह नाटक की संभावित प्रस्तुति शैली को एकदम से स्थापित कर देता है और वह है 'धनुष चढ़ाए और सारथि के साथ रथ में हरिण का पीछा करते राजा दुष्यन्त का प्रवेश।' इस दृश्य को हम किसी भी यथार्थवादी पद्धति से करना चाहें वह कभी सम्भव नहीं है। इसीलिए भरत ने तत्कालीन नाटकों की परम्परा में से ही नाट्यधर्मी पद्धति को खोज निकाला अर्थात् मंच पर न कोई सचमुच का रथ है न कोई वास्तविक हरिण है, फिर भी पात्रों की गतियों,

मुद्राओं एवं चर्याओं से मृगया का सम्पूर्ण चित्र प्रस्तुत कर दिया जाए। कल्पना की जा सकती है कि एक खाली मंच पर मात्र पात्रों की वेशभूषा, रूप सज्जा, पद संचालन, हस्त मुद्राओं के साथ-साथ संवादों की अदायगी से कितना अभिराम दृश्य जगत उपस्थित हो जाता होगा। पात्रों की गतियाँ और मुद्राएँ भले ही नृत्यवत् हैं लेकिन वे नृत्य नहीं हैं। यहाँ आंगिक और आहार्य के साथ साथ वाचिक का निर्वाह भी अभिनेता को ही करना है। यही वाचिक और शब्द तब भी काम में आते हैं जब उसी ख़ाली मंच पर मात्र एक संवाद से कि 'यह रहा आश्रम। अब मैं अन्दर प्रवेश करता हूँ।' पूरे का पूरा मंच एक आश्रम में परिवर्तित हो जाता है। एक मंच निर्देश बार बार संस्कृत नाटकों में आता है और वह है–'घूमकर और देखकर' अर्थात् जब भी कोई नया क्षेत्र स्थापित करना है तो पात्र मंच पर घूमेगा और अपने अगले संवाद से उस क्षेत्र का परिचय दे देगा। दर्शक इस रूढ़ि के इतने अभ्यस्त थे कि उन्हें एक ख़ाली 'स्पेस' में भी पूरा दृश्य और उससे जुड़ी साज-सज्जा दिखाई पड़ने लगती थी। क्या यही पद्धति यूनानी और यहाँ तक कि शेक्सपीयर के नाटकों में भी नहीं अपनाई जाती थी ?

यही नाट्यधर्मी प्रस्तुति शैली शकुन्तला और उसकी सखियों द्वारा वृक्ष सींचने के अभिनय में भी प्रयोग में आती है। और इसी का सहारा तब भी लिया जाता है, जब एक भौंरा शकुन्तला के ऊपर मँडराने लगता है और वह उसे हटाने का अभिनय करती है अर्थात् मंच हर बार किसी भी तरह की बाह्य साज सज्जा से मुक्त है और उसे पात्रों के वाचिक और आंगिक अभिनय के भीतर से साकार होना है।

उपर्युक्त दृश्यों में ही कालिदास कितनी कुशलता से और बिना बताए 'नाट्यशास्त्र' की एक और पद्धति का परिचय भी दे जाते हैं और वह है कक्षा विभाग यानी एक ही समय में मंच के अलग-अलग हिस्सों में समानान्तर एवं स्वतन्त्र कार्य व्यापार–यहाँ एक क्षेत्र दुष्यन्त का है, एक क्षेत्र शकुन्तला और उसकी सखियों का है। जब दुष्यन्त के संवाद हैं तो सम्भव है कि दूसरा क्षेत्र स्थिर हो या जब शकुन्तला और उसकी सखियों के संवाद हैं तो दुष्यन्त स्थिर हो। इसी का एक दूसरा रूप यह भी हो सकता है कि एक क्षेत्र में संवाद हों और दूसरे में मात्र मौन गतिविधान हो। यही दोनों अलग कार्यक्षेत्र कितनी सहजता से पुनः एक सामान्य कार्यक्षेत्र में लौट आते हैं, जब भौंरे को हटाने के क्रम में दुष्यन्त ठीक शकुन्तला के सामने पहुँच जाते हैं। अंक के अन्त में जब शकुन्तला के पैर में नई कुशा का एक काँटा गड़ जाता है और उसका वल्कल शाखा में उलझ जाता है–क्या तब भी उसी सांकेतिकता की अपेक्षा नहीं, जिसके विषय में हम अब तक बात करते आए हैं ?

संस्कृत नाटकों की एक और युक्ति ऐसी है जो बार-बार प्रयोग में आती है और शाकुन्तल भी इसका अपवाद नहीं है। वह है किसी भी नए पात्र को बाहर लेने जाना और तुरन्त उसके साथ मंच पर प्रवेश करना–हमारा आज का बौद्धिक रवैया सवाल कर बैठता है कि यह कैसे सम्भव है ? लेकिन यदि हम अपनी परम्परा में कथावाचन एवं गायन की शैलियों के भीतर झाँककर देखें तो ऐसे प्रश्न और उनके पीछे के

'लॉजिक' आप ही आप पीछे छूट जाते हैं। क्या वामन के अवतार रूप में विष्णु ने केवल तीन कदमों में ही पूरी सृष्टि को नहीं नाप लिया था ? गणेश ने मात्र अपने माता पिता की परिक्रमा को पूरे संसार की परिक्रमा से नहीं जोड़ दिया था ? यदि हम मिथक में, लोककथा में ऐसे अंशों को स्वीकार कर सकते हैं तो उन नाटकों में आए ऐसे अंशों को सहज रूप में लेने में इतनी आपत्ति क्यों, जो स्वयं उन्हीं मिथकों पर आधारित हैं ?

कभी कभी ऐसे मंच निर्देशों को सामने पाकर सचमुच दुविधा खड़ी हो जाती है। शाकुन्तल के तीसरे अंक में दुष्यन्त का एक संवाद है—"ओह ! आँखें जैसे सार्थक हो उठीं ! यह रही वह सामने फलों से ढँके शिलाखंड पर। सखियाँ इसकी परिचर्या कर रही हैं। तो यहीं लताओं के पीछे छिपा इनकी अन्तरंग बातें सुनता हूँ।"

इसके साथ का मंच निर्देश है—"देखता हुआ खड़ा रहता है। निर्दिष्ट रूप में सखियों के साथ शकुन्तला का प्रवेश।"

जिज्ञासा यह होती है कि शकुन्तला का मंच पर यह प्रवेश कैसे कराया होगा ? क्या दुष्यन्त के संवाद के बाद शकुन्तला और उसकी सखियाँ मंच पर प्रवेश करके शिलाखंड पर आकर बैठ गई होंगी ? इसमें कोई सन्देह नहीं कि संस्कृत नाट्य परम्परा की नाट्यधर्मिता के अनुकूल इस प्रवेश में यथार्थ का कोई भ्रम उत्पन्न करने पर आग्रह नहीं है लेकिन सौन्दर्य की दृष्टि से यह प्रवेश बिलकुल सपाट जान पड़ेगा।

इसीलिए मंच के प्रवेश द्वारों पर पड़ी दो यवनिकाओं—पटी व अपटी के अतिरिक्त भरत ने एक तीसरी चलायमान पटी का भी संकेत किया है, जिसे आज हम अपनी लोक परम्पराओं में रंगपटी के नाम से भी जानते हैं। यह रंगपटी संस्कृत नाटकों की मंच प्रस्तुति में कई रूपों में काम में लाई जाती थी। सबसे पहले तो पूर्वरंग के उन आरम्भिक कार्यकलापों को छिपाने के लिए, जो श्रव्य मात्र होते थे। फिर किसी दृश्य की पृष्ठभूमि के रूप में कोई चित्र उपस्थित करना हो तो दो परिपार्श्वक बड़ी सहजता से इसे लेकर खड़े हो सकते थे। अन्ततः सबसे ज़्यादा नाटकीय उपयोग उपर्युक्त प्रकार के प्रवेश के लिए किया जाता था। इसकी भी दो परिकल्पनाएँ की जा सकती हैं—पहली यह कि जब तक दुष्यन्त का संवाद चल रहा है, शकुन्तला और उसकी सखियाँ रंगपटी के पीछे पीछे प्रवेश कर शिलाखंड पर अपना स्थान ग्रहण कर लें और दुष्यन्त के संवाद समाप्त होने तक रंगपटी लौट जाए और वे सभी निर्दिष्ट स्थिति में बैठी दिखाई पड़ें।

दूसरा और इससे भी ज़्यादा रोचक, आकर्षक और उत्सुकता से भरा विकल्प यह हो सकता था कि अंक के आरम्भ से ही शकुन्तला और उसकी सखियाँ शिलाखंड पर आसीन हैं और रंगपटी से ढकी हुई हैं। ज्यों ही दुष्यन्त का संवाद शुरू होता है, रंगपटी उसके अनुसार धीरे धीरे हटती जाती है।

नाटक का चौथा अंक एक बार फिर ज़्यादा से ज़्यादा अभिनय की उसी सांकेतिक, प्रतीकात्मक, शास्त्रीय और चित्र पद्धति की ओर मुड़ता है, जहाँ शकुन्तला की आश्रम से विदाई होती है। प्रकृति के मानवीकरण के माध्यम से अभिनेताओं की गतियों, मुद्राओं एवं हाव भाव से ही पेड़ पौधों, जीव जन्तुओं को मंच पर जीवन्त रूप में प्रस्तुत कर

दिया गया है।

हाँ, अंक के आरम्भ में अनसूइया और प्रियम्वदा के विष्कम्भक के बाद सोकर उठे कण्व शिष्य का प्रवेश है और उसके तुरन्त बाद एक मंच निर्देश है—"बिना पट परिवर्तन के प्रवेश करके अनसूया का संवाद।" पूरे नाटक में अकेला यही मंच निर्देश ऐसा है जो थोड़ा उलझन में डालनेवाला है। विष्कम्भक के बाद दोनों सखियों के जाने का कहीं कोई संकेत नहीं है। ऐसी स्थिति में वे दोनों एक स्थान पर स्थिर हो सकती हैं और शिष्य के संवाद के बाद अनसूया गतिमान हो सकती है। यदि वे विष्कम्भक के बाद प्रस्थान कर चुकी हैं तो कालिदास अनसूया के पुनः प्रवेश के लिए किस प्रकार के पट परिवर्तन का संकेत कर रहे हैं, जबकि और कहीं भी किसी पात्र के प्रवेश के लिए इस प्रकार के पट परिवर्तन का प्रावधान नहीं किया गया है। सम्भवतः इसी तरह के मंच निर्देशों के कारण कुछ विद्वान संस्कृत मंच पर रंगपीठ और रंगशीर्ष के बीच भी कम से कम तीन भागों में विभाजित यवनिका की कल्पना करते हैं किन्तु इससे सहमत नहीं हुआ जा सकता। यहाँ शायद कालिदास का मन्तव्य मात्र इतना रहा होगा कि किसी नए कार्यक्षेत्र की संवाद के माध्यम से सूचना देने के बजाय सीधे अनसूया का प्रवेश करा दिया गया है। ऐसा ही प्रवेश छठे अंक में कंचुकी को भी दिखाया गया है।

नाटक के चौथे अंक की समाप्ति यदि नाटक के पूर्वार्द्ध के अन्त की सूचना है तो नाटक की कथा और उसके परिवेश परिवर्तन की सूचना भी प्रस्तुत करता है। नाटक पहली बार राजभवन और राजमार्ग पर पहुँचता है और नाटक की सभी अप्रत्याशित घटनाएँ अगले तीन अंकों में ही घटित होती हैं। नाटक पहले चार अंकों में जहाँ बहुत मन्थर गति से शकुन्तला की बिदाई के दृश्य तक पहुँचता है, वहाँ अन्तिम तीन अंकों में उतनी ही तीव्र गति से आगे बढ़ता है। एक प्रकार से नैसर्गिक एवं प्राकृतिक और राजसी जीवन पद्धति का 'कंट्रास्ट' तो प्रस्तुत करता ही है, उससे भी ज़्यादा नाटक के शिल्प और संरचना पर नाटककार की अचूक पकड़ का भी परिचायक है यह भाग। इस भाग में अभिनय की जटिलता, सूक्ष्मता और विशिष्टता के प्रसंग में दो अंगों का अवश्य उल्लेख किया जाना चाहिए—पहला राजभवन में दूर कहीं से गाए जाते किसी गीत को सुनकर दुष्यन्त के ऊपर स्मृतिहीनता का उन्मन भाव छा जाना और दूसरा मिश्रकेशी द्वारा तिरस्कारिणी विद्या से अपने को अदृश्य करना। इसमें कोई दो राय नहीं हो सकतीं कि उपर्युक्त दोनों प्रसंगों के लिए अभिनेता निश्चित् रूप से किसी ऐसी मुद्रा को प्रयोग में लाते होंगे जो नाटक के दूसरे अंशों से बिलकुल अलग दिखाई पड़े।

इस प्रकार हम देखते हैं कि वाचिक, आंगिक, आहार्य और अन्ततः सात्विक अभिनय के भीतर से गुज़रते हुए शाकुन्तल की एक नाट्यशास्त्रीय प्रस्तुति की परिकल्पना की जा सकती है जो उसकी तत्कालीन मंच परम्परा व प्रयोग से तो सम्बद्ध है ही, आज के रंगमंच से भी उतना ही सामीप्य रखती है। इसमें कोई सन्देह नहीं कि प्रस्तुति शैली की दृष्टि से यह पूरी तरह से नाट्यधर्मी है लेकिन इसका अर्थ यह नहीं कि यहाँ लोकधर्मी पद्धति के लिए कोई स्थान नहीं। नाटक में स्थान-स्थान पर सुबह,

रात्रि, सन्ध्या इत्यादि समयसूचक निर्देश नाटककार के व्यावहारिक एवं दैनन्दिनी गतिविधियों के साथ गूढ़ सम्बन्ध का परिचय देते हैं तो उनके अनुकूल पात्रों की वेशभूषा का भी संकेत देते हैं। मैंने जान-बूझकर पूरे आलेख में इसका कहीं कोई संकेत नहीं किया है कि अन्ततः नाटक का कौन सा दृश्य कहाँ खेला गया होगा ? रंगशीर्ष, रंगपीठ एवं मत्तवारिणी की अपनी निस्संगता एवं उन्मुक्तता हमें पर्याप्त अवकाश एवं सम्भावनाएँ प्रस्तुत करती हैं कि हम अलग-अलग दृश्यों को कभी एक साथ, कभी समानान्तर, कभी अकेले सम्पूर्ण अभिनय क्षेत्र में संयोजित कर सकें। यहाँ तक कि नेपथ्य से मंच पर आनेवाले मात्र दो द्वारों को ही कितनी तरह से बहुआयामी रूप में प्रयोग किया जा सकता था—एक द्वार सदैव प्रवेश के लिए, दूसरा सदैव प्रस्थान के लिए। या जिस द्वार को प्रवेश के लिए चुनें, उसी से प्रस्थान करें। यह भी नहीं तो एक द्वार पूरी तरह से उच्च वर्ग के प्रवेश के पात्रों के लिए और दूसरा नाटक के शेष पात्रों के लिए। क्या संस्कृत नाट्य परम्परा के ही समानान्तर यूनानी परम्परा में ऐसे ही प्रवेश-प्रस्थान का प्रावधान नहीं हुआ करता था ? भरत के मंच पर प्रवेश द्वारों पर पड़ी यवनिकाएँ भी पात्र के अभिनय का ही हिस्सा बन जाया करती थीं, जब पात्र अपनी मनःस्थिति के अनुसार उन्हें एक ओर हटाते या झटकते थे। इस सूचना को अलग से देने की ज़रूरत नहीं कि प्रत्येक अंक की समाप्ति पर मंच पर उपस्थित सभी पात्र मंच से प्रस्थान कर लेते थे। नाटक का आरम्भ यदि नान्दी पाठ या ऐसे ही किसी दूसरे गीत से होता था तो उसका अन्त भरतवाक्य से होता था। नाटकों में एक साथ गद्य पद्य का प्रयोग, सूच्य दृश्यों के रूप में अर्थोपक्षेपकों की उपस्थिति और स्वगत, जनान्तिक, अपवारित और आकाशभाषित जैसी नाटकीय युक्तियाँ भी नाटक की प्रस्तुति शैली में स्वयमेव समाहित हो जाती हैं।

लेकिन उपर्युक्त सम्पूर्ण विवरण, विवेचन एवं विश्लेषण से यह निष्कर्ष निकाल लेना नितान्त भ्रामक होगा कि संस्कृत नाटकों की प्रस्तुति मात्र कुछ युक्तियों, रूढ़ियों, रीतियों में उलझकर रह जानेवाली तकनीकी, शास्त्रीय पद्धति का पुंज मात्र होकर रह जाती है। ये सब कुछ होते हुए भी अन्ततः ये नाटक अभिनेता से पात्रों के अनुकूल उसी भावप्रवणता एवं सम्वेदना की माँग करते हैं, जो भरत के रस सिद्धान्त की धुरी है और जिससे दर्शकों के साथ उसका तादात्म्य स्थापित होता है। यदि वहाँ दर्शक से सहृदय होने की अपेक्षा है तो अभिनेता से भी उसी धरातल पर और उसी अनुपात में, अन्यथा साधारणीकरण की अवस्था तक कैसे पहुँचा जा सकेगा। संक्षेप में, शाकुन्तल की नाट्यशास्त्रीय प्रस्तुति भी एक सम्पूर्ण जीवनदृष्टि एवं अनुभव को आत्मसात करके ही अभिनेता द्वारा एक विशेष 'फ़ार्म' अथवा शैली में प्रस्तुत की जाती थी और इस तरह वह हमें अपने आज के रंगानुभव एवं प्रक्रिया से कहीं भी अलग नहीं जान पड़ती।

'यहूदी की लड़की' का रचना विधान

पारसी नाटकों और रंगमंच के उन्नीसवीं शती के ठीक उत्तरार्द्ध से लेकर बीसवीं शती के भी लगभग पूर्वार्द्ध तक फैले सौ बरस के इतिहास में यदि किसी एक नाटककार का सबसे ज़्यादा सक्रिय योगदान और महत्त्वपूर्ण भूमिका रही है तो वह आग़ा हश्र कश्मीरी हैं। भारतीय रंगमंच में इस परम्परा के आकस्मिक आविर्भाव के कारण जिस तरह से भारतीय और पाश्चात्य तत्त्वों से युक्त एक नए क़िस्म के आलेख की ज़रूरत पड़ी, उसका सबसे अच्छा उदाहरण आग़ा हश्र के नाटक हैं। इसमें कोई सन्देह नहीं कि जब आग़ा हश्र लेखन की ओर प्रवृत्त हुए तो पारसी रंगमंच को शुरू हुए लगभग पचास साल पूरे हो चुके थे लेकिन फिर भी एक नाटककार के रूप में जो प्रसिद्धि और प्रतिष्ठा उन्हें प्राप्त हुई, वह किसी दूसरे नाटककार को न तो उनके पहले और न बाद में मिल पाई। यों उन्हीं के आसपास नारायण प्रसाद बेताव और राधेश्याम कथावाचक का नाम भी लिया जाता है।

वास्तव में उनकी इस विशिष्ट पहचान का कारण यह है कि उन्होंने शेक्सपीयर के जगप्रसिद्ध नाटकों के भारतीय रूपान्तर पारसी रंगमंच पर प्रस्तुत किए लेकिन संरचना के स्तर पर भारतीय शास्त्रीय एवं लोकनाटकों से प्रेरणा प्राप्त की। यही कारण है कि आज भारतीय रंगमंच में पाश्चात्य और भारतीय रंगमंच के समन्वय से जिस निजी रंगमंच की खोज की बात बार-बार की जाती है, उसका संकेत एक ओर भारतेन्दु ने कम से कम एक सौ पच्चीस साल पहले और आग़ा हश्र ने सौ साल पहले अपने नाट्यलेखन के माध्यम से कर दिया था। एक और स्तर पर भी आग़ा हश्र भारतेन्दु के ऋणी हैं। शेक्सपीयर के एक सुप्रसिद्ध नाटक 'मर्चेंट ऑफ वेनिस' का भारतीय रूपान्तर भारतेन्दु उनसे पहले प्रस्तुत कर चुके थे। भारतेन्दु के शहर में ही जन्म लेकर इस बात की पूरी सम्भावना है कि अपने युवाकाल में आग़ा हश्र ने उस आलेख को पढ़ा हो और शेक्सपीयर के नाटकों को स्रोत सामग्री के रूप में इस्तेमाल करने की प्रेरणा उन्हें वहीं से प्राप्त हुई हो। शिल्प और संरचना की दृष्टि से तो दोनों नाटककार एक दूसरे के बहुत निकट हैं अर्थात् नाटक में एक साथ गद्य और पद्य का प्रयोग, जिसके लिए उनके सामने संस्कृत और लोकनाटकों की एक सुदीर्घ परम्परा मौजूद थी। अतः यह स्वाभाविक था कि आग़ा हश्र को 'इंडियन शेक्सपीयर की संज्ञा से विभूषित किया गया।

लेकिन इसी इतिहास का दूसरा पहलू यह भी है कि आज यदि आग़ा हश्र बार बार याद किए जाते हैं और खेले जाते हैं तो शेक्सपीयर के भारतीय रूपान्तरों के कारण नहीं वरन् अपने मौलिक नाटकों के कारण और उनमें भी विशेष रूप से 'यहूदी की लड़की' और 'रुस्तम सोहराब' के कारण। इनमें से कोई भी शेक्सपीयर के किसी नाटक पर आधारित नहीं है। इनकी विषयवस्तु वह क्रमशः रोम और ईरान के प्राचीन इतिहास में से लेते हैं और उसे समकालीन सन्दर्भों से जोड़ने का अद्‌भुत काम करते हैं। दोनों ही नाटक उनके जीवन के अन्तिम दौर की रचनाएँ हैं। दोनों प्रथम विश्वयुद्ध के आसपास रचे गए हैं और उनके अपने कथानक भी युद्ध से सम्बद्ध हैं। दोनों को उनके अपने जीवनकाल में उतनी सफलता और लोकप्रियता नहीं मिली, जितनी उनके दूसरे नाटकों को। 'यहूदी की लड़की' ज़रूर कुछ हद तक सफल रहा लेकिन 'रुस्तम सोहराब' पूरे तामझाम से मंचित किए जाने के बावजूद बुरी तरह से असफल होकर रह गया। इसे एक विडम्बना ही कहा जाएगा कि पारसी रंगमंच पर अपने समय में इस क़दर फ़्लाप होनेवाले नाटक हिन्दी रंगमंच में बेहद लोकप्रिय हैं। जब भी इनमें से किसी नाटक का मंचन होता है तो दर्शकों की भीड़ उमड़ पड़ती है।

दरअसल अपने समय में इनके असफल होने के कारण ढूँढ़ना इतना मुश्किल भी नहीं है। ये दोनों नाटक पारसी नाटकों के बँधे बँधाए ढाँचे से बिलकुल अलग हटकर हैं। इनमें कोई हैरतअंगेज़ और चमत्कारपूर्ण दृश्य नहीं हैं। कोई ऐसा बड़ा 'स्पेक्टेक्ल' नहीं है, जिससे दर्शकों को लुभाया जा सके। 'रुस्तम सोहराब' में मात्र एक गीत नृत्य है। 'यहूदी की लड़की' में बेशक पाँच छह गीत हैं ज़रूर लेकिन वे भी ऐसे हैं, जो बहुत आसानी से ज़ुबान पर नहीं चढ़ते और इसीलिए जनमानस में अपना स्थान नहीं बना सके।

इनसे भी ज़्यादा महत्त्वपूर्ण तथ्य यह है कि आग़ा हश्र स्वयं पारसी नाटकों की उस लटके-झटकेवाली फ़ार्मूला पद्धति से ऊब चुके थे और अपने लिए नई ज़मीन तैयार कर रहे थे। इसीलिए वह शेक्सपीयर के नाटकों में उपलब्ध काल्पनिक इतिहास को छोड़कर वास्तविक ऐतिहासिक घटनाओं के भीतर से अपने इन नाटकों का तानाबाना बुनकर लाए। यह अनुमान लगाना भी सहज और स्वाभाविक होगा कि इसकी प्रेरणा उन्हें अपने ही शहर में उपलब्ध, अपने ही समकालीन हिन्दी के दो बड़े साहित्यकारों प्रेमचन्द और प्रसाद से मिली हो। ज्ञातव्य हो कि प्रेमचन्द का 'गोदान' और 'कफन', 'पूस की रात' जैसी कहानियाँ उसी दौर में लिखी गईं। प्रसाद के तीन बड़े नाटक—'स्कन्दगुप्त', 'चन्द्रगुप्त' और 'ध्रुवस्वामिनी' उसी समय के आसपास लिखे गए। ये रचनाएँ भी उपर्युक्त दोनों लेखकों के पूर्ववर्ती लेखन से बिलकुल अलग दिखाई पड़ती हैं। यह भी उतना ही सच और सही है कि उस समय राष्ट्रीय स्तर पर जो कुछ देश में घटित हो रहा था वह भी विषयवस्तु का प्रेरणा स्रोत बना। इसे मात्र नाटक और रंगमंच के क्षेत्र में ही नहीं, दूसरे कला माध्यमों में हुए रचनाकर्म से भी जोड़ा जा सकता है। फ़िल्म जैसे सशक्त माध्यम का जन्म हो चुका था और 'अछूत कन्या', 'चंडीदास'

जैसी फ़िल्में सामने आनेवाली थीं।

अपने कथ्य की दृष्टि से भी आग़ा हश्र के ये दोनों नाटक बेजोड़ हैं। 'रुस्तम सोहराब' तो पूरी तरह से एक ट्रेजेडी है लेकिन 'यहूदी की लड़की' भी उससे बहुत ज़्यादा अलग नहीं है। यद्यपि उसका अन्त सुखान्त है लेकिन पूरा नाटक त्रासद स्थितियों से भरपूर है। ये त्रासद स्थितियाँ पैदा कहाँ से होती हैं ? सबसे पहले तो रोमन और यहूदी लोगों का आपसी संघर्ष, जो आज भी अपने उसी रूप में संसार में विद्यमान है। हिटलर द्वारा यहूदियों पर किए गए अमानुषिक, अत्याचारों की ऐतिहासिक गाथा को घटित हुए अभी बहुत समय नहीं हुआ है। फ़िलस्तीनियों और यहूदियों का आपसी संघर्ष आज तक भी किसी अन्तिम मुक़ाम तक नहीं पहुँचा है। आग़ा हश्र ने बेशक अपने कथ्य को सुदूर अतीत अर्थात् सीज़र के बाद के रोम साम्राज्य से जोड़ा है लेकिन उससे उसकी समकालीन सार्थकता में कोई अन्तर नहीं पड़ता। देखा जाए तो आज के समय के लिए यह नाटक और ज़्यादा अर्थपूर्ण हो उठता है। आज हमारे अपने देश में ही जिस तरह का साम्प्रदायिक तनाव और वातावरण सदैव बना रहता है, उस दृष्टि से तो इस नाटक की सार्थकता और भी ज़्यादा बढ़ जाती है क्योंकि सारे संघर्ष के बावजूद नाटक का मुख्य सन्देश क्या विश्व प्रेम और शान्ति का नहीं है ? हम अपने समय में ही दोनों जर्मनियों को एक होते देख चुके हैं, दोनों कोरिया लगभग एक होने की स्थिति में हैं—ऐसे में यह नाटक अपने समय से आगे की रचना लगता है।

एक और दृष्टि से भी इन नाटकों की महत्ता को आँका जा सकता है और वह यह है कि ये अपने रूप और रंग में ग्रीक नाटकों की सी ऊँचाई हासिल किए हुए हैं। इसे यों भी कहा जा सकता है कि शायद इनकी रचना की प्रेरणा नाटककार को ग्रीक नाटकों से ही मिली हो, तो भी कोई आश्चर्य नहीं। यदि 'रुस्तम सोहराब' अपने कथ्य में सोफोक्लीस के नाटक 'किंग इंडिपस' की याद दिलाता है तो 'यहूदी की लड़की' उसी नाटककार के एक दूसरे नाटक 'एंटीगनी' के निकट पड़ता है। मैं समझता हूँ कि जब जब आधुनिक भारतीय अथवा विदेशी नाटककारों ने 'क्लासिकी' आयामों वाले नाटकों की रचना की है तो उन्होंने ज़्यादा प्रभाव और प्रेरणा ग्रीक नाटकों से ही प्राप्त की है। अपने यहाँ धर्मवीर भारती का 'अन्धा युग' और हबीब तनवीर का 'बहादुर क्लारिन' इसके उदाहरण हैं तो पश्चिम में यूज़ीन ओ नील का नाटक 'मार्निंग बिकम्स इलेक्ट्रा' और ब्रेष्ट के अधिकांश नाटकों का साक्ष्य प्रस्तुत किया जा सकता है। 'रुस्तम सोहराब' और 'यहूदी की लड़की' अपने कथानक में भी ग्रीक नाटकों से कितने मिलते जुलते हैं—बाप और बेटे अथवा बाप और बेटी का एक दूसरे को न पहचानना, दोनों का परस्पर दो विरोधी शक्तियों का प्रतिनिधित्व करना, युद्ध और किसी एक पक्ष की पराजय और उससे उत्पन्न त्रासद स्थितियाँ—पहचानते हुए भी न पहचान पाना अथवा न पहचाने जाने का संकट इससे बड़ा मानवीय संकट और क्या हो सकता है ? क्या महाभारत में कौरवों और पांडवों का आपसी संघर्ष इससे कहीं अलग करके देखा जा सकता है ? कर्ण, घटोत्कच और बर्बरीक जैसे पात्र क्या इसी से मिलती जुलती स्थितियों

और परिस्थितियों की देन नहीं हैं ? एक दूसरे स्तर पर अभिमन्यु को भी इसी श्रेणी में रखा जा सकता है। अपने कथ्य की इसी मार्मिकता और गहराई के कारण 'यहूदी की लड़की' परवर्ती रंगमंच और फ़िल्म जगत में इतना लोकप्रिय हुआ। यह स्वाभाविक ही था कि उस समय पारसी नाटकों से गीत संगीत, आश्चर्यजनक करतब और कारनामों की अपेक्षा रखनेवाले दर्शकों को ये नाटक ज़्यादा रास नहीं आया होगा।

'यहूदी की लड़की' का रचना विधान भी उपर्युक्त सारे तत्त्वों के सन्दर्भ में बहुत अच्छी तरह से व्याख्यायित और विश्लेषित किया जा सकता है। सतही तौर पर यह नाटक भी दूसरे पारसी नाटकों में उपलब्ध शिल्प और संरचना को ही अपनाता है अर्थात् पहला बाब, दूसरा बाब और तीसरा बाब के रूप में तीन अंक और फिर प्रत्येक बाब में परदों के रूप में अलग अलग दृश्य। यहाँ पहले बाब में दो पर्दे हैं यानी कुल मिलाकर ग्यारह दृश्यों में बँटा हुआ है इस नाटक का कथानक। इस बात का कोई निश्चित् संकेत नहीं मिलता कि इस तीन अंकोंवाले ढाँचे को पारसी नाटकों ने कहाँ से लिया ? जब यह परम्परा हमारे यहाँ शुरू हुई, उस समय पश्चिम में भी इब्सन का कोई लेखन ठीक से सामने नहीं आया था, उसके प्रभाव की बात तो बहुत बाद में की जा सकती है। मेरे विचार में तीन अंकों की परिकल्पना के पीछे पारसी कम्पनियों के मालिकों की व्यावसायिक बुद्धि और सोच ज़्यादा ज़िम्मेदार है क्योंकि तीन अंकों के बीच दो अन्तराल रखकर जहाँ वे नाटक में चरमोत्कर्ष के दो बिन्दुओं तक जा सकते थे, वहीं दर्शक को थोड़े रिलीफ़ के साथ-साथ खानपान के रूप में उसकी जेबों से भी अधिकाधिक वसूली करने में विश्वास रखते थे। अंकों में दृश्यों की व्यवस्था तो संस्कृत नाटकों में भी विद्यमान है, बाद में शेक्सपीयर के नाटकों में उसका बखूबी चलन है। इस प्रकार 'यहूदी की लड़की' अपनी ऊपरी संरचना में कई स्रोतों को आधार बनाता है—तीन अंकोंवाली आज के यथार्थवादी नाटक की सी युक्ति, हर अंक में अलग अलग दृश्यों के लिए अलग अलग पर्दे, विक्टोरियन युग से प्रेरित, हर पर्दा या दृश्य अपने आप में एक स्वतन्त्र इकाई अर्थात् वह पहले या अपने बाद वाले पर्दे पर निर्भर नहीं है, इस तरह से ग्रीक नाटकों वाले एक अंकीय ऐपिसोडिक विधान से प्रेरित और अन्ततः समय, स्थान और कार्य व्यापार की अन्वितियों से मुक्त संस्कृत और लोक नाटकों का सा खुलापन। इतना ही नहीं, एक साथ गद्य और पद्य की उपस्थिति का इस सन्दर्भ में पहले ही उल्लेख किया जा चुका है।

लेकिन इस नाटक की सबसे बड़ी विशेषता यह है कि इस बाहरी आवरण के भीतर जिस संश्लिष्ट और जटिल शिल्प को यह अपने साथ समेटकर चलता है, उसका अध्ययन और विश्लेषण निश्चय ही नाटककार की अपनी कला और कौशल को सामने उभारकर लाता है। अच्छा यही होगा कि हम हरेक दृश्य में मिलनेवाले ऐसे तत्त्वों और बिन्दुओं पर गहराई से विचार करें।

नाटक के पहले बाब में पहला पर्दा ही एक रोचक तथ्य को चुपके से हमारे सामने उजागर कर देता है। यों तो हर पारसी नाटक की शुरुआत नाटक के सभी चरित्रों द्वारा

मंच पर प्रार्थना या हम्द गाने से हुआ करती थी लेकिन 'यहूदी की लड़की' उन सबसे अलग एक नाटकीय युक्ति प्रस्तुत करता है। पहली बार नाटक के आरम्भ की प्रार्थना में नाटक के सभी चरित्र नहीं वरन् मात्र सहेलियाँ प्रवेश करती हैं और वे भी गाते हुए आती हैं। इसका अर्थ यह हुआ कि यह नाटक का वह प्रार्थना गीत नहीं है जो अमूमन शुरू में हुआ करता है। इसके विपरीत यह नाटक के मुख्य कार्य-व्यापार से जुड़ा हुआ अंश है। इसीलिए इस गीत के अन्त में सहेलियाँ मंच से प्रस्थान नहीं करतीं और पर्दा बदल जाता है। एक और तथ्य की तरफ भी आज तक किसी का ध्यान नहीं गया और वह यह कि सिर्फ सहेलियों द्वारा हम्द किए जाने से यह ग्रीक नाटकों के विशेषतः यूरिपिडीज़ के 'द ट्रोजन विमन' के नारी कोरस की याद दिलाता है।

पहले बाब का हर पर्दा एक गाने से शुरू होता है और इस तरह से एक नई शुरुआत का अहसास दिलाता है। इसका अर्थ यह भी हुआ कि हरेक दृश्य चाहे छोटा हो, चाहे बड़ा हो, हर बार वह एक चरमोत्कर्ष तक पहुँचता है। यही वह संरचना है जिसे ब्रेष्ट ने अपने नाटकों में इस्तेमाल किया और आज के दूरदर्शन धारावाहिक भी अपनाते हैं, अर्थात् अपने-अपने दृश्य में समेकित कथा अपने आप में सम्पूर्ण और स्वतन्त्र है।

इस बाब के पाँचों पर्दे मिलकर एक और रोचक शिल्प की रचना भी करते हैं। पहला पर्दा यदि रास्ते का दृश्य है तो दूसरा महल के भीतर, तीसरा पुनः रास्ते में तो चौथा इबादतगाह और अन्त में पाँचवाँ बाग़ीचे में। यह पारसी नाटकों की बड़ी चिरपरिचित और सुविधाजनक युक्ति है जिसके कारण वे भीतरी परिवेश में घटित होनेवाले दृश्यों के लिए अतिरिक्त तामझाम और साज सज्जा का निर्माण कर सकते थे। पहले ही अंक में महल, इबादतगाह और बाग़ीचा—ये तीन ऐसे परिवेश हैं जिनमें चमत्कार के नाम पर चाहें तो क्या नहीं रचा जा सकता !

दूसरे बाब के चारों पर्दों में पुनः उसी नाटकीय प्रविधि को अपनाया गया है और क्रमशः बाग़ीचा, दरबार, घर और अदालत यानी दो दृश्य बाहरी और दो भीतरी परिवेश में स्थित किए गए हैं। लेकिन यह बाहरी और भीतरी दृश्यों का विभाजन मात्र चमत्कारपूर्ण दृश्यों को प्रस्तुत करने के लिए नहीं वरन् एक दूसरे उद्देश्य की पूर्ति करने के लिए यहाँ उपस्थित हैं। जितने दृश्य बाहरी परिवेश में स्थित हैं, वे मुख्यतः चरित्रों के बाहरी संघर्ष, वरन् कहना चाहिए कि सामाजिक अथवा राजनैतिक संघर्ष को उघाड़कर रखते हैं लेकिन भीतरी दृश्य मानो चरित्रों के भी आन्तरिक, गहरे और मार्मिक तनाव के साक्षी बनते हैं। इसलिए जहाँ बाहरी दृश्य प्रायः एक बड़े समूह के साथ आते हैं, वहाँ भीतरी दृश्यों में कम से कम चरित्र होते हैं और इसीलिए और भी सघन हो उठते हैं।

तीसरे बाब के दो पर्दे क्रमशः जेलखाने और एक खुले मैदान में बहुत बड़ी भीड़ के सामने घटित होते हैं। देखा जाए तो जिस तरह के तनाव, जटिलता और संघर्ष से ओतप्रोत इस नाटक का अन्तिम दृश्य है उस हिसाब से उसे भीतरी दृश्य के रूप में

प्रदर्शित किया जाना चाहिए था लेकिन तब यह नाटक अपने अन्तिम एवं सम्पूर्ण प्रभाव में उतना आकर्षित नहीं कर पाता, जितना इस रूप में, क्योंकि अब यह दोहरी आयामिता लिए हुए है अर्थात् पहले तो नाटक के दृश्य में खड़ी भीड़ पर उस कहानी का असर और वहाँ से सचमुच के दर्शकों के समूह तक उस असर का स्थानान्तरण।

यह संश्लिष्टता इस नाटक के चरित्रों में भी विद्यमान है। कोई भी चरित्र इकहरे रंगों में नहीं उकेरा गया है, जैसा कि प्रायः पारसी नाटकों के साथ हुआ है वरन् वे अपनी मूल प्रकृति और स्वभाव में ही बहुआयामी हैं। राजकुमार मारकस को डैसिया अथवा राहील में से चयन करना है, अथवा रोमन धर्म या यहूदी धर्म में से एक को चुनने का संकट। यही दुविधा अज़रा और राहील की भी है। दूसरी ओर ब्रूट्स के सामने भी यही प्रश्न आ खड़ा होता है, जब यह भेद खुलता है कि राहील तो उसकी अपनी बेटी है। शाह टाइनस का अन्तर्द्वन्द्व भी इससे अलग नहीं है, जब उसे न्याय और अपने बेटे में से एक के पक्ष में निर्णय लेना होता है। इस प्रकार हम देखते हैं कि यह नाटक लगभग सारे ऐसे चरित्रों के माध्मय से अपने कथानक को आगे बढ़ाता है। एक साथ एक ही नाटक में इतने ऐसे चरित्रों से साक्षात्कार–ऐसा संयोग पारसी नाटकों में तो बिरले ही मिलता है, दूसरे नाटकों में भी बहुत कम ही देखने में आता है।

ऐसा ही एक और संयोग भी इस नाटक में संकेतित किया जा सकता है–नाटक के पहले दृश्य से लेकर अन्तिम दृश्य के कुछ पहले तक हर दृश्य का अन्त एक अनिश्चय, एक अस्वीकार अथवा एक विरोध के स्वर पर होता है। इसका अर्थ यह है कि अपने संवादों की बुनावट और बनावट में भी यह नाटक एक बहस-मुबाहिसे की शक्ल में आगे बढ़ता है, जहाँ दो परस्पर विरोधी विचारधाराएँ एक दूसरे से टकराती हैं और कोई भी झुकने को तैयार नहीं है। यही कारण है कि हर दृश्य की समाप्ति एक चरमोत्कर्ष पर होती है। इससे नाटक में दृश्य दर दृश्य तनाव गुंफित होता जाता है, जो अन्त में एक ज्वालामुखी की तरह से फट पड़ता है। यों कहने को नाटक का हर दृश्य अपने बाहरी आकार प्रकार में एक दूसरे से बिलकुल स्वतन्त्र है लेकिन जहाँ तक उनकी आन्तरिक बनावट का प्रश्न है, सूक्ष्म रूप में वे एक दूसरे से जुड़े हुए भी हैं।

जैसा कि इस लेख के शुरू में भी संकेत किया गया था, शास्त्रीय एवं लोकनाटकों के अनेक तत्त्व इस नाटक में भी सहज ही देखे जा सकते हैं–नाटक का एक प्रार्थना से आरम्भ, स्थान-स्थान पर गीत एवं नृत्यों का समावेश, स्वगत सम्भाषण, नाटक के हर दृश्य के अन्त में पर्दे का गिरना अथवा मंच पर उपस्थित सभी पात्रों का प्रस्थान, नाटक का एक सुखमय अन्त और भरत वाक्य जैसा एक गीत। इसे अलग से दोहराने की ज़रूरत नहीं कि यदि संस्कृत अथवा लोक नाटकों में मात्र संवाद और सूचना से ही स्थान का बोध हो जाया करता है तो पारसी नाटक में यह काम बार-बार बदलते जानेवाले पर्दे से सम्पन्न हो जाता था। इस प्रकार जहाँ इस नाटक का शिल्प और संरचना आपने आप में सूक्ष्म और जटिल है, वहीं मंचन के स्तर पर यह नाटक अत्यन्त सादगी और सहजता की माँग करता है। कथ्य और संरचना के स्तर पर भी इस दृष्टि

से यह नाटक परस्पर दो विरोधी ध्रुवों का संगम है--प्रायः कथ्य जटिल हो तो वैसी ही फ़ार्म भी प्रयोग में लाता है नाटककार। अपने मंचन में यह नाटक प्रस्तुतकर्ता के लिए कोई चुनौती प्रस्तुत नहीं करता—क्या इसीलिए तो तत्कालीन दर्शक समुदाय ने इसे अस्वीकृत नहीं कर दिया था ?

ऐसा बहुत कम होता है कि कोई रचना अपने समय में अस्वीकृत होकर बाद के आनेवाले समय में खुलेपन से स्वीकार कर ली जाए। यद्यपि यह कोई अनहोनी घटना भी नहीं है। इतिहास में कई ऐसे उदाहरण मौजूद हैं जहाँ रचनाकार अथवा उसकी रचना को किन्हीं विशेष कारणों से अपने युग और काल में वह सहज स्वीकृति और प्रतिष्ठा प्राप्त नहीं हुई, जिसका वह अधिकारी था लेकिन परवर्ती काल में उसे हाथों हाथ लिया गया। भारत में भास का नाटक 'उरूभंग' और विशाखदत्त का नाटक 'मुद्राराक्षस' इसके उदाहरण हैं तो पश्चिम में यूरिपिडिज़ का नाटक 'मीडिया' और मार्लो का नाटक 'फास्टस' साक्ष्य के रूप में प्रस्तुत किए जा सकते हैं। महत्त्वपूर्ण बात यह है कि ये रचनाएँ आज के अभिनेता के लिए किस प्रकार की रचनात्मक सम्भावनाएँ और चुनौतियाँ खड़ी करती हैं ? क्या भारतेन्दु का 'अंधेर नगरी' धर्मवीर भारती का 'अन्धा युग' और प्रसाद के तो लगभग सभी नाटकों के साथ ऐसा नहीं हुआ था ? लेकिन आज यदि आधुनिक हिन्दी रंगमंच में नाटकों के मंचनों, प्रदर्शनों का कोई पूरा लेखा जोखा तैयार किया जाए तो सम्भवतः उपर्युक्त नाटक और नाटककारों की संख्या ही सर्वोपरि हो। इसी क्रम में आग़ा हश्र का 'यहूदी की लड़की' भी अपवाद नहीं है।

दरअसल, आज के हिन्दी रंगमंच में जिस तरह से पारसी नाटकों की पुनर्प्रस्तुति और पुनराविष्कार हो रहा है, उस परिप्रेक्ष्य में 'यहूदी की लड़की' को एक मानक नाटक के रूप में परिभाषित किया जा सकता है। अपने मंचन के लिए यह नाटक किसी अतिरिक्त तामझाम की माँग नहीं करता और सीधे-सीधे अभिनेता को अभिनय एवं चरित्र चित्रण के स्तर पर उस मार्मिकता और गहराई को उभारकर लाने के लिए उकसाता है जो एक ओर पारसी नाटकों में समाहित गहरी भावप्रवणता से जुड़ी है, दूसरी ओर यथार्थवादी रंगमंच में आन्तरिक अभिनय के सत्य की खोज से भी सम्बद्ध है। यही वह विशेष कारण है जो 'यहूदी की लड़की' को अपने कलेवर में छोटा होते हुए भी एक विशिष्ट नाटक बनाता है और पश्चिम के यथार्थवादी अभिनय एवं पारसी नाटकों के भावातिरेकवादी अभिनय के बीच एक सन्तुलन बनाने के लिए प्रेरित करता है। क्या आज के अभिनेता के सामने भी यही प्रश्न नहीं है कि अलग अलग तरह की शैलियों व परम्पराओं के भीतर से अपनी एक अलग, निजी और स्वतन्त्र पहचान कैसे बनाए ? इसमें 'यहूदी की लड़की' का रचनाविधान निश्चय ही उसकी सहायता कर सकता है।

आषाढ़ का एक दिन : नाट्यालेख से प्रस्तुति तक

रंगमंच में निर्देशक की अपनी उपस्थिति और पहचान रही हो या न रही हो, यह निश्चित् है कि निर्देशन के बिना रंगमंच की अन्तिम परिणति सम्भव ही नहीं है। दूसरे शब्दों में यह भी कहा जा सकता है कि रंगकर्म की अपनी पूरी प्रक्रिया ही ऐसी है कि उसमें निर्देशन के बिना काम चल ही नहीं सकता। इसका कारण यह है कि रंगमंच एक दोहरी प्रक्रिया के तहत सम्पन्न होता है अर्थात्, पहले नाटक एक आलेख के रूप में लिखा जाता है और फिर उसका मंच पर प्रदर्शन किया जाता है। इस प्रक्रिया से यह साफ़ जाहिर है कि नाटक के आलेख और उसकी प्रस्तुति के बीच एक लम्बी तैयारी और अन्तराल रहता है जिसे रंगमंच के सभी सहयोगी तत्त्व यथा निर्देशक, अभिनेता मंडली और नेपथ्य के दूसरे अभिकल्पक मिलकर पूरा करते हैं।

इस पूरी प्रक्रिया में ज़रूरी नहीं कि कोई व्यक्ति निर्देशक के तौर पर अलग से उपस्थित हो। प्रस्तुति से जुड़ी पूरी प्रक्रिया उपर्युक्त सभी लोगों के संयुक्त प्रयास से सम्पन्न होती है। कहने का अर्थ यही है कि निर्देशक नाम का व्यक्ति इतिहास में अलग से मौजूद रहा हो या नहीं, नाटक की अपनी तैयारी इस तथ्य की साक्षी है कि बिना किसी की अतिरिक्त देखरेख के उसकी प्रस्तुति सम्भव ही नहीं हो सकती। यह अलग से देखरेख की ज़िम्मेदारी कभी नाटककार निभाया करता था, कभी मुख्य अभिनेता, कभी कोई अभिकल्पक और अन्ततः एक ऐसा व्यक्ति जिसे निर्देशक के नाम से जाना जाने लगा। बहरहाल, स्थिति और सच्चाई जो भी रही हो, इस बात से इनकार नहीं किया जा सकता कि किसी न किसी प्रकार की निर्देशन प्रक्रिया नाटक जैसी कला के जन्म और विकास के साथ ही जुड़ी हुई है।

इस अध्ययन का सबसे ज़्यादा रोचक पहलू यह है कि निर्देशन प्रक्रिया की मूल प्रकृति क्या है ? यदि प्रश्न को थोड़ा और स्पष्टता और विस्तार से रखा जाए तो पूछा जा सकता है कि आखिर एक निर्देशक नाटक के लिखे हुए आलेख के साथ ऐसा क्या सुलूक करता है कि वह प्रस्तुति आलेख के रूप में परिवर्तित हो जाता है। यहीं पर थोड़ा रुककर इस बात पर भी विचार कर लिया जाए कि निर्देशक को ही किस रूप में परिभाषित किया जाए। क्या वह प्रस्तुति का व्यवस्थापक है? क्या वह आलेख का व्याख्याकार है ? क्या वह आलेख की व्याख्या के बहाने से एक नए आलेख की रचना करता है ? यदि वह प्रस्तुति का मात्र व्यवस्थापक ही है तो यह काम तो निर्देशक की

बजाय एक मंच या प्रस्तुति व्यवस्थापक ज़्यादा अच्छी तरह से निभा सकता है। यदि उसे नाटक के आलेख का व्याख्याकार माना जाए तो फिर उसमें और आलोचक में क्या भेद है और अन्त में यदि वह नाटक की व्याख्या के बहाने से अपना एक नया प्रस्तुति-आलेख रचता है तो वह दिखाई कहाँ पड़ता है ? नाटक के शब्द वही रहते हैं, नाटक की कहानी वही रहती है और नाटक के चरित्र भी वही रहते हैं। यदि वह अपनी ओर से इनमें कोई हेर-फेर करता है, तब तो निश्चय ही उसकी एक नई रचना को रेखांकित किया जा सकता है। लेकिन अगर ऐसा नहीं है तब उसे किस नई रचना के सृजन का श्रेय दिया जाए।

मैं समझता हूँ कि उपर्युक्त सभी प्रश्नों और जिज्ञासाओं के उत्तर नाटक के आलेख से लेकर उसकी प्रस्तुति तक की पूरी प्रक्रिया में से खोजे जा सकते हैं। सबसे पहले एक लिखे हुए और प्रस्तुत हो रहे नाटक में क्या अन्तर है ? उत्तर बहुत साफ है। जिस आलेख को नाटककार ने मात्र शब्दों के माध्यम से रचा है वह प्रस्तुति में जीवन्त अभिनेताओं के माध्यम से उजागर होता है। इतना ही नहीं, वे जीवन्त पात्र एक सचमुच के जीते-जागते परिवेश के साथ होते हैं, चरित्रों के आपसी सम्बन्धों और तनाव के साथ। अर्थात्, जो कहानी नाटक में शब्दों के रूप में वर्णित होती है और पाठक द्वारा मात्र शब्दों के रूप में ही अनुभूत की जा सकती है, उसे नाटक की प्रस्तुति के दौरान वही पाठक घटित होते हुए देखता है। कहा तो यह भी जाता है कि अपने नाटक का पहला दर्शक नाटककार स्वयं हुआ करता है। लेकिन यह मात्र अर्धसत्य है क्योंकि नाटककार ने कितने भी प्रामाणिक रूप में अपने मन-मस्तिष्क में किसी नाटक की दृश्य प्रस्तुति को क्यों न रच लिया हो, इस बात की क्या गारंटी है कि जब नाटक का मंचन होगा तो उसे कौन निर्देशक और कौन से अभिनेता प्रस्तुत करेंगे, यह पहले से कैसे निश्चित् किया जा सकता है। अतः यह स्वाभाविक ही है कि नाटककार के चाक्षुष बिम्ब और चित्र अलग-अलग हों। इतना ही नहीं, यदि नाटककार को यह मालूम भी हो कि उसके नाटक को कौन निर्देशक और कौन से अभिनेता मंचित कर रहे हैं तब भी नाटक के लिखित आलेख के निहितार्थ और प्रस्तुति के निहितार्थ में ज़मीन-आसमान का फर्क हो सकता है।

दरअसल, निर्देशन प्रक्रिया का सबसे महत्त्वपूर्ण पक्ष यही होता है जिसकी ओर दर्शक का ध्यान नहीं जाता। वह प्रायः प्रस्तुति के बाह्य उपकरणों जैसे कि मंच सज्जा, वेशभूषा, प्रकाश, संगीत और दूसरी इसी तरह की बाह्य चीज़ों में उलझकर रह जाता है, इसीलिए एक निर्देशक की रचनात्मक यात्रा से वह अपरिचित रह जाता है। यूँ भी यह रचनात्मक यात्रा पहले स्वयं निर्देशक के भीतर और फिर उसके बाद प्रस्तुति के भीतर इतने अमूर्त और सूक्ष्म रूप में घटित होती है कि यदि दर्शक उसे अलग से नहीं देख पाता तो उसका कोई दोष नहीं। प्रस्तुति के दूसरे पक्ष जो सीधे-सीधे उसे दिखाई दे जाते हैं, वह उन्हें ही निर्देशन की रचना प्रक्रिया के अंग मानकर इतिश्री कर लेता है।

स्थूल रूप से निर्देशन प्रक्रिया को कई चरणों में बाँटा जा सकता है। सबसे पहले आलेख का चुनाव। वह आलेख किसी नाटक का हो, कहानी का हो, उपन्यास का हो, कविता का हो अथवा स्वयं निर्देशक द्वारा लिखा गया हो—उसे एक ज़रूरी सवाल का सामना करना पड़ता है और वह यह कि वह उसी आलेख विशेष को क्यों मंचित करना चाहता है। उस आलेख विशेष की उसके अपने लिए क्या सार्थकता है और उसके बहाने से दर्शकों के लिए क्या सार्थकता है। जैसा कि बार-बार कहा और दोहराया जा चुका है कि नाटक सदैव अपने समकालीन वर्तमान में घटित होता है। अतः दर्शकों के लिए सार्थकता का प्रश्न भी उसी क्षण प्रेक्षागृह में उपस्थित दर्शकों से जुड़ा है। इसी प्रश्न का एक दूसरा पक्ष यह है कि किसी आलेख विशेष के भीतर से निर्देशक कौन सी अर्थध्वनियों को ध्वनित करना चाहता है। एक ही नाटक की अलग-अलग निर्देशक के लिए अलग-अलग अर्थ ध्वनियाँ और छवियाँ हो सकती हैं। इस दृष्टि से शायद हर कला और विधा अपने आप में मुक्त और स्वतन्त्र है कि वह अपने पाठक, श्रोता या दर्शक को स्वयं अपना अर्थ निश्चित् करने की प्रेरणा दे।

प्रक्रिया का दूसरा चरण नाटक की उस तैयारी से सम्बद्ध है जिसमें अभिनेता मंडली और मंचन से जुड़े दूसरे अभिकल्पक आपस में मिल-जुलकर नाट्य प्रस्तुति का एक सम्भावित ढाँचा तैयार करते हैं। यह अलग बात है कि उस सम्भावित ढाँचे तक पहुँचने की प्रक्रिया एक दूसरे से अलग हो सकती है। इस विषय में कम से कम दो विकल्प तो हमेशा मौजूद रहते हैं। एक वह जिसमें निर्देशक स्वयं पहले से सब कुछ निश्चित् कर ले और दूसरा वह जिसमें वह अभिनेताओं को स्वयं खोजने, रचने के अवसर प्रदान करे और उनके काम में से प्रस्तुति के लिए अन्तिम चुनाव करता चले। एक सीधा सा तीसरा विकल्प उपर्युक्त दोनों रास्तों के बीच का अथवा उनका मिश्रण ही हो सकता है। हम निर्देशन प्रक्रिया के लिए कोई भी रास्ता क्यों न अपनाएँ, नाटक के मौन, मृतप्राय उद्धृत शब्दों को गति देना, जीवन देना और अन्ततः शब्द से परे अर्थ की तरफ संकेत करना ही निर्देशन प्रक्रिया का सबसे अहम पहलू है। इसी अर्थ में निर्देशक व्यवस्थापक और व्याख्याकार की सीमाओं को लाँघकर सचमुच के सर्जक कलाकार की भूमिका में उतरता है। इस भूमिका में उसके साधन भी दूसरी कलाओं एवं विधाओं से भिन्न हैं। जहाँ दूसरी कलाएँ या विधाएँ मात्र निर्जीव सामग्री और शब्दों पर आधारित होती हैं, वहाँ निर्देशक का माध्यम एक जीवन्त तत्त्व है और वह है अभिनेता। इसलिए निर्देशन प्रक्रिया की सबसे मार्मिक कड़ी है निर्देशक और अभिनेता के पारस्परिक सम्बन्ध। यह जितने ही समझ, सूझ-बूझ और परिपक्वता से भरपूर होंगे उतना ही प्रस्तुति में निखार आएगा। प्रायः निर्देशक इस तथ्य को अनदेखा कर जाते हैं कि वह अपनी परिकल्पना को जिन औज़ारों के माध्यम से दृश्य रूप में मंच पर प्रस्तुत करते हैं वह औज़ार भी जीते-जागते हाड़मांस के पुतले हैं और कितना भी क्यों न चाहें उन्हें कठपुतली बनाकर नहीं रख सकते। निर्देशक किसी भी नाटक का कथ्य किसी भी हद तक निश्चित क्यों न कर ले, स्वयं अभिनेता की अपनी सोच, संवेदना और व्यक्तित्व

का कुछ न कुछ अंश तो रहेगा ही। इसीलिए निर्देशन प्रक्रिया का यह दूसरा चरण उसका सबसे जटिल पड़ाव है।

नाटक का एक विशेष क्षण में दर्शकों के सामने प्रस्तुत किया जाना निर्देशन प्रक्रिया का तीसरा और अन्तिम चरण है। इस प्रक्रिया का सबसे बड़ा अन्तर्विरोध यही है कि जो निर्देशक पहले दोनों चरणों में मुख्य भूमिका निभाता है, प्रस्तुति के समय उसकी उपस्थिति का कोई अर्थ और महत्त्व नहीं रह जाता। बेशक प्रस्तुति के प्रत्येक अंग में और प्रत्येक अंश में वह अदृश्य रूप से विद्यमान है लेकिन जब नाटक मंच पर हो रहा होता है तो उसकी पूरी ज़िम्मेदारी अभिनेता मंडली और दूसरे पार्श्वकर्मियों पर टिकी रहती है। निर्देशक चाहे भी तो उस समय कोई हस्तक्षेप नहीं कर सकता। इतना ही नहीं जैसे अभिनेता मंडली प्रदर्शन प्रक्रिया के दौरान एक ढाँचे में बँधी होकर भी मुक्त एवं स्वतन्त्र है उसी तरह दर्शक मंडली भी नाटक की प्रस्तुति में से अपने साथ क्या अर्थ लेकर जाना है इसे निश्चित् करने के लिए पूरी तरह से स्वतन्त्र है। इस अर्थ में नाट्य प्रस्तुति में निर्देशक और दर्शक का रिश्ता लगभग एक लेखक और पाठक जैसा होता है। जैसे रचना के समाप्त होने और प्रकाशित रूप में पाठक के सामने आने के बाद लेखक उससे मुक्त हो जाता है उसी तरह निर्देशक भी अन्तिम अथवा पहले प्रदर्शन के बाद उससे अलग हो जाता है। यद्यपि रंगमंच जैसे गतिशील माध्यम में यह सुविधा फिर भी उपलब्ध है कि हर प्रदर्शन के बाद निर्देशक चाहे तो उसमें रद्दोबदल कर सकता है। लेकिन यह सुविधा मंच पर घटित होने के क्षण में उसे उपलब्ध नहीं हो सकती। वास्तव में नाट्य कला का यही सबसे बड़ा मर्म और रहस्य भी है कि जो निर्देशक आरम्भ से लेकर अन्त तक हर चीज़ का नियामक होता है, वह भी प्रस्तुति के क्षण में एक भोले-भाले शिशु की तरह से अपनी रचना को देख रहा होगा। यह भी नितान्त सम्भव है कि अपनी तैयार की गई रचना को देखते हुए उसे उसमें फिर से नए-नए अर्थ दिखाई देने लगें।

प्रायः हर प्रस्तुति के बाद कुछ ऐसे दर्शकों से सामना होता है, जिनके मन में हमेशा यह जिज्ञासा बनी रहती है कि नाटक की प्रस्तुति अपने दृश्य रूप में मंच पर कैसे सम्भव होती है। यों कहने को यह एक बहुत ही साधारण सा प्रश्न है, लेकिन यदि इस प्रश्न पर सोच-विचार किया जाए तो सचमुच में नाटक के आलेख से प्रस्तुति तक की यात्रा उतनी सीधी और सपाट नहीं होती, जैसी कि वह दर्शकों को दिखाई पड़ती है। यह अकारण नहीं है कि हमारे यहाँ और पश्चिम में भी इस सम्बन्ध में दो शब्दों का प्रचलन होता रहा है। नाटक का पाठ्यालेख और नाटक का प्रस्तुति आलेख। पाठ्यालेख से नाटक के उस आलेख से अभिप्राय है, जो लिखित रूप में हमें नाटककार से प्राप्त होता है और प्रस्तुति आलेख नाटक के उस आलेख से ताल्लुक रखता है, जो नाटक की प्रस्तुति प्रक्रिया के दौरान और अन्ततः नाटक की प्रस्तुति के बाद अपना अन्तिम स्वरूप ग्रहण करता है। अंग्रेज़ी में इन दोनों आलेखों को ड्रामाटिक टेक्स्ट और परफार्मेंस टेक्स्ट के नाम से जाना जाता है। यह भी सम्भव है कि कई प्रस्तुतियों का पहले से कोई

लिखित आलेख न हो और प्रस्तुति के बाद ही उसका एक निश्चित् आलेख तैयार किया जाए। इसी के साथ जुड़ा एक अन्य मत यह भी है कि नाटक के लिखित आलेख और प्रस्तुति आलेख में भेद करना और उन्हें दो अलग-अलग आलेखों के रूप में देखना निहायत ही एकांगी दृष्टिकोण का परिचायक है, क्योंकि जब हम यह मानते हैं कि नाटक अपने आप में एक प्रदर्शनकारी विधा है तो फिर उसके लिखित आलेख की अलग से कोई सार्थकता नहीं रह जाती और अन्ततः यही आलेख प्रदर्शन के माध्यम से प्रस्तुति आलेख में परिवर्तित हो जाता है। बहरहाल, हम चाहे दोनों आलेखों को एक मानें अथवा अलग-अलग, इस बात से इनकार नहीं किया जा सकता कि नाटक के लिखित आलेख को जिस रूप में हम मंच पर घटित होते हुए देखते हैं, उसके पीछे बहुत से लोगों की सोच, समझ और सहयोग का हाथ रहता है, जिससे हमारा दर्शक प्रायः अनभिज्ञ रह जाता है। यही कारण है कि कई बार वह किसी प्रस्तुति को उसकी समग्रता में अनुभूत नहीं कर पाता। अतः यह निहायत ही ज़रूरी हो जाता है कि हम नाट्यालेख से प्रस्तुति तक की यात्रा को हूबहू दर्शक के लिए शब्दबद्ध करने का प्रयास करें।

इस यात्रा का पहला चरण है आलेख का चुनाव। आमतौर पर यह चुनाव निर्देशक का होता है, क्योंकि कहा जाता है कि अपनी प्रस्तुति का पहला पाठक, दर्शक और यहाँ तक कि समीक्षक भी निर्देशक ही होता है। कई बार ऐसा भी होता है कि निर्देशक स्वयं अकेले किसी आलेख का चुनाव न करे। वह अभिनेताओं की मंडली के साथ एक साथ कई नाटकों का पाठ करे और फिर आपस में विचार-विमर्श करके किसी एक आलेख का प्रस्तुति के लिए चयन किया जाए। हम नाटक के चुनाव के लिए कोई भी प्रक्रिया क्यों न अपनाएँ, हमें सबसे पहले एक ज़रूरी सवाल का सामना करना पड़ता है—आखिर हम किसी भी नाटक अथवा रचना का मंचन के लिए क्यों चयन करते हैं ? कहने का तात्पर्य यह है कि आखिर उस नाटक में ऐसा क्या है, जो हमें उसके मंचन के लिए प्रेरित करता है ? ज़ाहिर है कि हर नाटक में एक कहानी होती है और वह कहानी हमारी ज़िन्दगी से जुड़े किसी भी पक्ष को जितने गहरे जाकर उद्घाटित करती है, वह नाटक उतना ही आकर्षित करता है। बेशक यह कथ्य अकेले व्यक्ति से जुड़ा हो, व्यक्ति और परिवार से जुड़ा हो, व्यक्ति और समाज के आपसी सम्बन्धों से ताल्लुक रखता हो अथवा व्यक्ति, समाज और राजनीतिक व्यवस्था के भीतर से बुना गया हो, सवाल यह है कि यह हमारे लिए कितना सार्थक है ? इस बात को भी रेखांकित किया जाना बेहद ज़रूरी है कि नाटक की कहानी चाहे किसी भी काल, युग, मिथक, पुराण, लोककथा अथवा इतिहास से सम्बद्ध हो सकती है, लेकिन उसे सार्थक हमेशा वर्तमान में ही होना होता है। इसीलिए ज़्यादा अच्छे नाटक वही माने जाते हैं, जो अपने समय की सीमाओं को लाँघकर कालजयी और सार्वजनीन हो जाते हैं। इसमें कोई सन्देह नहीं कि तात्कालिक विषयों और समस्याओं पर भी अच्छे नाटक लिखे जा सकते हैं, लेकिन देखा यही गया है कि एक समय के बाद वे नाटक उतने सार्थक नहीं रह जाते। दरअसल हर समय और हर युग के लिए सार्थक एवं अर्थपूर्ण होने की क्षमता सिर्फ़ नाटक से

ही नहीं, वरन् कला एवं साहित्य की हर विधा से अपेक्षित है। यदि ऐसा न होता तो आज भी हम बार-बार संस्कृत, ग्रीक और शेक्सपीयर के नाटकों की ओर क्यों लौटते हैं ? मात्र एक रात में रचित भारतेन्दु का नाटक 'अंधेर नगरी' लिखे जाने के एक सौ बीस बरस बाद भी क्यों इतना ताज़ा लगता है ? इसका एकमात्र उत्तर यही है कि हम हर बार इन नाटकों में से अपने लिए, अपने दर्शकों के लिए और अपने समय के लिए भी कुछ न कुछ नया खोज लेते हैं।

शायद दर्शक की जिज्ञासा यह जानने में भी हो कि कोई नाटक अपने कथ्य के रूप में उस तक क्या सम्प्रेषित करना चाहता है, इसका निर्णय कौन और कैसे करता है ? क्या एक नाटक का मात्र एक ही कथ्य हुआ करता है कि उसमें न जाने कितने कथ्य एक साथ समाए रहते हैं और निर्देशक एवं अभिनेताओं की मंडली उनमें से किसी एक मुख्य कथ्य का अपनी प्रस्तुति के लिए चुनाव कर लेती है। वास्तव में कला एवं साहित्य की विधाओं का रहस्य यही है कि उनके कथ्य को हम किसी एक विचार, बिन्दु या दृष्टि के साथ बाँधकर नहीं देख सकते।

अच्छा होगा कि हम इस स्थापना को किसी नाटक के आलेख के माध्यम से ही व्याख्यायित करने का प्रयत्न करें। इसके लिए हम मोहन राकेश के नाटक *आषाढ़ का एक दिन* को चुनते हैं और उसके बहाने से प्रस्तुति तक की सम्भावित यात्रा को पकड़ने की दिशा में आगे बढ़ते हैं। *आषाढ़ का एक दिन* को मात्र इसलिए लिया जा रहा है कि यह आधुनिक एवं समकालीन हिन्दी रंगमंच का पहला ऐसा नाटक है, जिसे लगभग हर निर्देशक ने मंचित किया है, हर भाषा में उसकी प्रस्तुतियाँ हुई हैं और पाठकों एवं दर्शकों के लिए भी इतना ही परिचित आलेख है।

आइए, देखें कि कथ्य के स्तर पर यह नाटक हमारे लिए कितने विकल्प और सम्भावनाएँ प्रस्तुत करता है ? बहुत ही स्थूल एवं सपाट रूप से इस नाटक को कालिदास एवं मल्लिका की असफल प्रेम कहानी कहा जा सकता है। यदि मात्र इतने तक सीमित होकर ही इस नाटक की व्याख्या कर दी जाए तो ज़ाहिर है कि प्रस्तुति के स्तर पर दर्शकों को कुछ भी नया हासिल होनेवाला नहीं है। तो फिर वह नया क्या है, जो हर बार दर्शक को इस नाटक की प्रस्तुति देखने के लिए बाध्य करता है ? अनगिनत दिशाएँ और दृष्टियाँ हो सकती हैं, जिनके तहत इस नाटक के कथ्य को रेखांकित किया जा सके। किसी के लिए यह नाटक रचनाकार के लिए प्रस्तुत उस पीड़ादायक चयन का नाटक हो सकता है, जब उसे अपनी रचनात्मक भूमि और उससे मिलनेवाले राज्याश्रय में से एक को चुनना पड़ता है। एक और स्तर पर यह नाटक एक ऐसी प्रेमिका का नाटक भी हो सकता है, जो अपने व्यक्तिगत स्वार्थ से ऊपर उठकर अपने प्रेमी को आगे बढ़ाने के लिए एक उत्प्रेरक का काम करती है और अन्ततः अपने जीवन का उत्सर्ग कर देती है। क्या यह नाटक जीवन को पूरी तरह से व्यावहारिक स्तर पर जीनेवाले चरित्रों की जीत का नाटक हो सकता है ? यदि यह नहीं तो प्रकृति एवं राज्याश्रय से जुड़े चरित्रों का अपने-अपने स्तर पर मोहभंग होते जाने

का नाटक कहा जा सकता है ? देखा जाए तो उपर्युक्त सारे कथ्य इस नाटक में मौजूद हैं। अब यह निर्देशक विशेष पर निर्भर करता है कि वह स्वयं को किस कथ्य पर केन्द्रित करे। लेकिन इस बात से इनकार नहीं किया जा सकता कि निर्देशक चाहे जिस भी कथ्य को अपनी प्रस्तुति में रेखांकित करने के लिए चुने, दर्शक फिर भी उसमें से नितान्त अपने निजी स्तर पर कोई नया कथ्य आत्मसात करने के लिए स्वतन्त्र है। इसीलिए नाटक के तीन आलेखों की चर्चा बार-बार की जाती है--नाटककार का आलेख, निर्देशक एवं अभिनेता मंडली का आलेख और अन्ततः दर्शक का आलेख। ऐसा नहीं कि ये आलेख किसी नाटक में स्पष्ट रूप में अलग-अलग दिखाई पड़ते हैं, वरन् यह हमारी अपनी ग्राह्यता पर निर्भर करता है और हमारे मन-मस्तिष्क में इतने सूक्ष्म रूप में घटित होता है कि कई बार उस बिलकुल अलग एवं नए कथ्य का साक्षात्कार करके हम स्वयं चमत्कृत हो जाते हैं। लेकिन इतना निश्चित है कि किसी भी मंच प्रस्तुति में एक कथ्य स्वयमेव प्रमुखता ग्रहण कर लेता है और उस कथ्य से जुड़ी दूसरी चीज़ें अपने-आप उसे स्थापित करती चलती हैं।

किसी भी कथ्य को मंच पर दृश्य रूप में कैसे साकार होना है, इस प्रक्रिया को भी काफ़ी हद तक स्वयं नाटक का आलेख निश्चित् कर देता है। यों तो जैसे किसी एक नाटक का मात्र एक कथ्य नहीं हुआ करता, उसी प्रकार किसी नाटक को किस शैली में प्रस्तुत किया जाना है, इसका भी कोई निश्चित् व्याकरण नहीं हो सकता। फिर भी इतना तो कहा ही जा सकता है कि रंगमंच के इतिहास में नाटक की प्रस्तुति शैली को लेकर जितने भी रूपों और आकारों में काम हुआ है, उसे मुख्यतः तीन वर्गों में बाँटा जा सकता है--यथार्थवादी, किसी भी शैली विशेष पर आधारित, उपर्युक्त दोनों विकल्पों का मिश्रित रूप अथवा उनमें से उभरती एक नई शैली। हमारी अपनी नाट्य परम्परा में भी ठीक यही बात कही गई है, जब भरत अपने नाट्यशास्त्र में प्रस्तुति चर्चा के सन्दर्भ में लोकधर्मी, नाट्यधर्मी और मिश्रित शैली की चर्चा करते हैं।

इस परिप्रेक्ष्य में *आषाढ़ का एक दिन* की तरफ लौटकर आएँ तो सबसे पहले यह देखना होगा कि नाटककार ने अपने कथ्य को व्यंजित करने के लिए किस प्रकार की नाटकीय संरचना का ताना-बाना तैयार किया है। नाटक संरचना के स्तर पर तीन अंकों में बँटा हुआ है। तीनों अंक समय के एक लम्बे अन्तराल में से मात्र तीन दिन की घटनाओं को चित्रित करते हैं। तीनों अंकों का परिवेश एक ही है, हालाँकि भौतिक रूप में उसमें कुछ परिवर्तन होते रहते हैं। नाटक के इस परिवेश का भूगोल क्या है, इसका सूक्ष्म से सूक्ष्म संकेत नाटककार ने मंच कोष्ठकों में दिया है। मात्र नाटक के परिवेश के भूगोल का ही नहीं, उसमें रहनेवाले हर पात्र और बाहर से आने-जानेवाले विभिन्न पात्रों के व्यक्तित्व से जुड़े हर पहलू को भी स्वयं अपनी ओर से पात्रों के संवादों के माध्यम से अथवा पात्रों के एक-दूसरे के विषय में बोले गए संवादों के माध्यम से भी स्पष्ट कर दिया है। मसलन, किसी पात्र विशेष की आयु क्या है, उसका पहनावा क्या है, उसका आर्थिक एवं सामाजिक स्तर क्या है, उसके दूसरे पात्रों के साथ क्या सम्बन्ध

हैं ? वे जिस भाषा में बात कर रहे हैं, वह उनके अपने परिवेश और वातावरण की उपज है, उनका सम्पूर्ण आचार-व्यवहार उसी परिवेश की देन है—कहने का अर्थ यह है कि ये सभी हाड़मांस के बने ऐसे जीवन्त मानवीय चरित्र हैं, जो हूबहू हमारी तरह की किसी भी प्रकार की क्रिया-प्रतिक्रिया से संवेदित और प्रभावित होते हैं। संक्षेप में, ये सभी गुण और लक्षण *आषाढ़ का एक दिन* को यथार्थवादी शैली के भीतर से मंच प्रस्तुति की ओर बढ़ने के लिए प्रेरित करते हैं। यह अलग बात है कि निर्देशक और उसकी अभिनेता मंडली उस यथार्थ को मंच पर किस रूप में दृश्यत्व प्रदान करे—क्या वे नाटक के बाहरी, स्थूल और भौतिक यथार्थ को हूबहू मंच पर प्रस्तुत कर दें अथवा नाटक में निहित उस आन्तरिक एवं काव्यात्मक यथार्थ तक पहुँचने की चेष्टा करें ? इसमें बहस की कोई गुंज़ाइश नहीं कि कोई भी कल्पनाशील निर्देशक नाटक के आन्तरिक एवं काव्यात्मक यथार्थ पर ही अपनी प्रस्तुति को केन्द्रित करना चाहेगा। यह अध्ययन हमारे दर्शकों के लिए काफ़ी दिलचस्प हो सकता है कि इस नाटक की काव्यात्मक यथार्थवादी प्रस्तुति की तरफ निर्देशक और अभिनेता कैसे बढ़ते हैं और उस प्रक्रिया में दर्शक को भी शामिल कर लेते हैं।

जब भी कोई निर्देशक किसी नाटक को मंचन के लिए हाथ में लेता है, तो उसके मन में नाटक के दृश्य रूप को लेकर कुछ चित्र, कुछ बिम्ब और कुछ प्रतीक बनने लगते हैं। यद्यपि ये अभी बहुत ही धुँधले रूप में होते हैं, लेकिन होते हैं अवश्य।

वास्तव में रचना से पहले की यह प्रक्रिया किसी भी रचनाकार के साथ गुज़रती है। नाटक की विधा में इस प्रक्रिया को दोहरे स्तर पर गुज़रना होता है। पहले एक लिखित आलेख से पहले नाटककार के मन में और फिर प्रस्तुति की प्रक्रिया के दौरान निर्देशक के साथ। यह भी नितान्त सम्भव है कि निर्देशक जिस रूप में नाटक के आलेख में दृश्यता की परिकल्पना करता है, वह नाटककार से बिलकुल भिन्न हो और प्रायः ऐसा ही होता भी है। इसका एकमात्र कारण यही है कि नाटक में उपस्थित शब्द बेशक वही रहें, किन्हीं भी दो व्यक्तियों के लिए उनके अर्थ अलग-अलग हो सकते हैं। हम ऊपर इस विषय में पहले ही चर्चा कर चुके हैं कि कैसे एक नाटक के अलग-अलग अर्थ हो सकते हैं। और इसीलिए नाटक के अलग-अलग पाठ भी होते हैं—नाटककार का पाठ निर्देशक एवं अभिनेताओं का पाठ और दर्शकों का पाठ। यहाँ तक कि यदि नाटक का लेखक, निर्देशक और मुख्य अभिनेता भी एक व्यक्ति है, तब भी नाटक के अलग- अलग अर्थों की सम्भावना से इनकार नहीं किया जा सकता, क्योंकि लिखित, वाचिक और श्रुति के स्तर पर शब्द नए-नए रूप एवं अर्थ ग्रहण करते रहते हैं।

आषाढ़ का एक दिन के वे धुँधले चित्र, बिम्ब और प्रतीक क्या हो सकते हैं? तीन अंक का नाटक, तीनों अंकों की पृष्ठभूमि में धारासार वर्षा, जो एक ओर उत्सव की सूचक है तो दूसरी ओर किसी विपदा का संकेत देती भी लगती है। प्रत्येक अंक में तीन पात्रों की बार-बार मुलाक़ात—मल्लिका, कालिदास, विलोम। अम्बिका, प्रियगुमंजरी, मल्लिका। सभी अंकों को एक सूत्र में जोड़ते मातुल, राजपुरुष, दन्तुल और

निक्षेप। बेशक नाटक के दूसरे अंक में कालिदास नाटक में प्रवेश नहीं करता, तो भी उसकी उपस्थिति का अहसास दूसरे चरित्रों के संवादों में लगातार बना रहता है। अब यह चरित्रों का लगभग एक ही ढाँचे में हर अंक में आवागमन निर्देशक के लिए बहुत ही रोचक समानान्तर बिम्बों की रचना करने में सहायता देता है—मंच के तीन कोनों पर खड़े तीन चरित्र, जो एक दूसरे के निकट आना चाहते हैं, लेकिन चाहकर भी ऐसा नहीं कर पाते। कभी दो चरित्र एक साथ और तीसरा एक तरफ़, लगभग अकेला, निरुपाय और असहाय सा। कभी कोई चरित्र उसे चारों तरफ़ से घेरे हुए। देखा जाए तो ये सभी चित्र यों बहुत ही सामान्य, स्थूल और सपाट जान पड़ते हैं, लेकिन जब ये नाटक के आलेख के भीतर से साकार होकर आते हैं तो मंच पर एक नया अर्थ ग्रहण कर लेते हैं। यह कोई ज़रूरी नहीं कि निर्देशक इन बिम्बों की रचना में सजग और सोच-समझ कर प्रवृत्त हो। दरअसल स्थिति ठीक इसके उलट होती है। जिस प्रकार रचनाकार के मन में किसी भी रचना से जुड़े दृश्य बिम्ब सहज एवं अनायास ही जन्म लेते हैं, उसी से मिलती-जुलती प्रक्रिया निर्देशक के साथ भी घटित होती रहती है। कुछ चित्र नाटक पढ़ने के साथ ही मन में उभर आते हैं, कुछ नए चित्र अचानक पूर्वाभ्यास के दौरान जन्म ले सकते हैं और यहाँ तक कि कुछ बिलकुल ही दूसरे चित्रों को अभिनेता अपनी किसी छोटी सी मुद्रा, भंगिमा या प्रतिक्रिया से जन्म दे बैठे।

इसमें कोई सन्देह नहीं कि *आषाढ़ का एक दिन* का भौगोलिक परिवेश भी निर्देशक को अपने अनुरूप चाक्षुष बिम्बों को रचने की सुविधा प्रदान करता है। मंच पर एक खिड़की जो भीतर के परिवेश को लगातार बाहर से जोड़ती रहती है। यदि बिजली का चमकना और वर्षा की आवाज़ को खिड़की से देखा-सुना जा सकता है, तो दूर से आती घोड़े की टापों की ध्वनियाँ भी नाटक में इतना ही गहन अर्थ ग्रहण कर लेती हैं। यदि नाटक के आरम्भ से लेकर अन्त तक मंच पर रखे दो घड़े और घर की दीवारें धीरे-धीरे जीर्ण-शीर्ण होती जाती हैं और वहाँ रहनेवाले पात्रों की वास्तविक व्यथा का भान करा देती हैं तो उसी परिवेश में अनुस्वार-अनुनासिक, अनुसूया-प्रियम्वदा और प्रियगुमंजरी का आगमन मानो एक विरोधी समान्तर प्रस्तुत करता है। नाटक के तीनों अंकों का काल संयोजन भी निर्देशक की बिम्ब रचना के लिए बहुत बड़ी स्रोत सामग्री का काम दे सकता है—सुबह, दोपहर और शाम।

यहीं से आरम्भ होती है वह यात्रा, जिसमें मंच के दूसरे पार्श्वकर्मी भी शामिल होने लगते हैं। नाटक का आलेख, उसमें प्रस्तुत परिवेश, निर्देशक और अभिनेताओं की मंडली और उन्हें चाहिए एक 'स्पेस'। यह 'स्पेस' पूर्वाभ्यास स्थल के रूप में नहीं, वरन् नाटक के अपने 'स्पेस' के रूप में चाहिए उन्हें। एक घर, जिसे आप नाटककार के निर्देशानुसार तैयार करें अथवा अपनी स्वयं की परिकल्पना से, पात्रों की वेशभूषा के रंग, सामग्री और डिज़ाइन, उनकी मुख-सज्जा, इन सबके भीतर से बनते हुए सचमुच के जीते-जागते मुनष्य, जिन्हें नाटककार ने मात्र शब्दों के रूप में हमें सौंपा है और इन शब्दों को पूरी तरह से मानवीय रूप प्रदान करने के लिए प्रकाश, अन्धकार, ध्वनि एवं संगीत जैसे दूसरे आवश्यक

उपादान। किसी भी नाटक की प्रस्तुति में उपर्युक्त सभी तत्त्वों का अपरिहार्य योगदान रहता है। *आषाढ़ का एक दिन* भी इसका अपवाद नहीं है। यह निर्देशक पर निर्भर करता है कि वह इस नाटक में उपर्युक्त तत्त्वों का कितना और किस रूप में इस्तेमाल करे, इनमें से किसी एक तत्त्व को ज़्यादा उभारने की कोशिश करे अथवा लगभग सभी तत्त्वों को मात्र पृष्ठभूमि में रखकर चरित्रों के आपसी सम्बन्धों को रेखांकित करे। इतना ही नहीं, परिवेश के निर्माण में उसके साथ अलग-अलग लोग भी हो सकते हैं और निर्देशक चाहे तो उपर्युक्त सभी तत्त्वों की परिकल्पना भी स्वयं ही कर सकता है।

अभी तक *आषाढ़ का एक दिन* की प्रस्तुति को लेकर जितनी भी चर्चा की गई है, वह उसके यथार्थवादी प्रस्तुतिकरण के सन्दर्भ में है। इसका यह अर्थ कदापि न लिया जाए कि इस नाटक को प्रस्तुत करने का एकमात्र विकल्प यही हो सकता है। दर्शकों के साथ इस रास्ते से होकर प्रस्तुति तक की सम्भावित यात्रा का विश्लेषण करने के पीछे उद्‌देश्य यही था कि स्वयं नाटक में उपलब्ध कथ्य और 'फ़ार्म' किसी निर्देशक को किस दिशा में अग्रसर होने के लिए एक सहज विकल्प प्रस्तुत कर देते हैं। लेकिन यह कोई एकमात्र और अन्तिम विकल्प नहीं है। जैसा कि पहले भी संकेत दिया जा चुका है कि कोई निर्देशक चाहे तो नाटक के इस यथार्थवादी ढाँचे को छोड़कर किसी अमूर्तवादी शैली की ओर भी पदार्पण कर सकता है। जब से इस नाटक का प्रकाशन हुआ है, पिछले चालीस सालों में अलग-अलग निर्देशकों ने विभिन्न व्याख्याएँ प्रस्तुत की हैं। उदाहरण के लिए मल्लिका की मंचीय मुद्राओं, गतियों और चर्याओं को पूरी तरह से शास्त्रीय नृत्य की गतियों में पिरोया गया है, नाटक के संवादों में कोई हेर-फेर किए बिना भी उन्हें विभिन्न सुरों एवं रागों के माध्यम से अभिव्यक्ति दी गई है, कभी नाटक के पात्रों की वेशभूषा को युगानुकूल स्पर्श दिया गया है तो कभी आज के आधुनिक परिधानों के साथ भी जोड़ा गया है। नाटक की मंच-सज्जा क़भी स्वयं नाटककार के निर्देशानुसार, कभी मात्र सांकेतिक रूप में और कभी मात्र शून्य स्थल पर ही उसकी परिकल्पना कर ली गई है—महज एक-दो आवश्यक उपकरणों के साथ। इन सारी बातों को दोहराने का एकमात्र उद्‌देश्य यही है कि अन्ततः नाटक के लिखित आलेख और प्रस्तुति आलेख के बीच एक बहुत बड़ा अन्तराल हो सकता है। यों कहने को दोनों आलेख एक ही रचना के वाहक हैं, लेकिन फ़र्क यही है कि एक आलेख को हम अपने अकेले मौन में पढ़ते हुए देखते हैं और दूसरे आलेख को सामूहिक स्तर पर दृश्य और श्रव्य के माध्यम से पढ़ते हैं। बल्कि यह कहना ज़्यादा सही होगा कि उसे अपनी आँखों के सामने सचमुच में घटित होते हुए देखते हैं। इसीलिए अन्ततः नाटक के प्रस्तुति आलेख पर ही सब कुछ निर्भर करता है कि दर्शक उसे किस रूप में ले रहे हैं, उसके कथ्य का दर्शक तक किस रूप में सम्प्रेषण हो रहा है और अन्ततः दोनों के बीच कोई गहरा रिश्ता, आत्मीयता और तादात्म्य बनता है या नहीं। जिस प्रस्तुति में ये गुण और सम्भावनाएँ जितनी ज़्यादा मौजूद होंगी, वह उतनी ही सशक्त और सफल प्रस्तुति सिद्ध होगी। फिर कोई कारण नहीं कि इस बात पर माथा-पच्ची की जाए कि किसी नाटक

को फलाँ शैली विशेष में क्यों किया गया ? यदि नाटक को देखते समय दर्शक के मन में यह प्रश्न उत्पन्न नहीं होता और वह पूरे मनोयोग से प्रस्तुति का आनन्द लेता है तो उसके बाद उस पर किसी क़िस्म की बहस की गुंजाइश नहीं रह जाती।

यहाँ तुरन्त यह सवाल उठाया जा सकता है कि दर्शक तो कई बार चलताऊ क़िस्म के मनोरंजक नाटक का भी उतना ही आनन्द उठा सकता है तो ऐसे में मात्र उसकी स्वीकृति को किसी प्रस्तुति की सफलता-असफलता का लक्षण कैसे माना जाए ? इसका एकमात्र उत्तर यही है कि इस आलेख की सारी चर्चा के केन्द्र में ऐसी रचना को रखा गया है, जो हमारे अपने जीवन-मूल्यों से कहीं गहरे में जुड़ती है और हमारे लिए सार्थक बनती है, नहीं तो कोई कल्पनाशील निर्देशक किसी नाटक को मंचन के लिए उठाएगा ही क्यों ?

मैं समझता हूँ कि अब हम इस विषय में भी बातचीत कर सकते हैं कि दर्शक और प्रस्तुति के बीच यह गहरा रिश्ता, आत्मीयता और तादात्म्य स्थापित कैसे होता है ? कहा जाता है कि दर्शक की उपस्थिति के बिना नाटक अपनी पूर्णता को प्राप्त नहीं करता। रचना और भोक्ता (दर्शक) के बीच ऐसा अनिवार्य सम्बन्ध किसी और कला अथवा विधा में हो या न हो, लेकिन नाटक की तो उसके बिना कल्पना ही नहीं की जा सकती। दर्शक के नाटक को अनुभूत करने की यात्रा को कुछ इस तरह से परिभाषित किया जा सकता है।

बहुत कम ऐसा होता है कि नाटक देखने आने से पहले दर्शक ने वह नाटक पढ़ा भी हो। अतः स्वाभाविक है कि उसकी पहली उत्सुकता नाटक की कहानी को लेकर होती है। यह नितान्त सम्भव है कि नाटक को पढ़े बिना भी उसकी कहानी इतनी चिर-परिचित हो कि दर्शक उसका आदि, मध्य और अन्त सब कुछ जानता हो। इसके बावजूद उसके मन में बनी उत्सुकता में कोई कमी नहीं होती, क्योंकि अब दर्शक की रुचि आरम्भ से लेकर अन्त तक यह जानने में रहती है कि उस नाटक विशेष में उसकी चिर परिचित कहानी का निर्वाह कैसे किया गया है। बाहर की हलचल और चहल-पहल से कटकर जब दर्शक प्रेक्षागृह में प्रवेश करता है तो वह धीरे-धीरे एक ख़ाली, तटस्थ, शून्य और निस्संगता के संसार में प्रवेश कर रहा होता है। वह अच्छी तरह से जानता है कि वह एक नाटक की प्रस्तुति देखने आया है, लेकिन फिर भी वह नाटक के जादुई और रहस्यमय संसार का हिस्सा बनता जाता है। कई बार तो ऐसा भी होता है कि नाटक में जो अभिनेता काम कर रहे हों, वह अपनी व्यक्तिगत ज़िन्दगी में उनसे भली-भाँति परिचित हो, तब भी नाटक को देखने और अनुभूत करने की प्रक्रिया में कोई अन्तर नहीं पड़ता।

नाटक का आरम्भ प्रायः पूर्ण अन्धकार में होता है। यह अन्धकार उस शून्य की स्थिति तक पहुँचने की अन्तिम कड़ी है। यह ठीक वैसा ही अनुभव होता है, जैसे हम किसी पुस्तक के आरम्भ के खाली पृष्ठों से गुज़रते हुए धीरे-धीरे शब्दों तक पहुँचते हैं, जो पहले आकार ग्रहण करते हैं और फिर ध्वनि तक आते हैं। नाटक के आरम्भ में

भले ही अन्धकार हो, लेकिन उसके बाद दृश्य अथवा श्रव्य में से किसी एक तत्त्व द्वारा आगे बढ़ा जा सकता है। यदि मात्र दृश्य है तो भी उसमें ध्वनि स्वयं ही समाहित है और यदि श्रव्य है तो उसे दृश्य में परिवर्तित होते देर नहीं लगती। लेकिन यहीं से नाटक दूसरी सभी कला विधाओं से अलग अपनी निजी सत्ता स्थापित करना शुरू कर देता है और वह इस रूप में कि यहाँ शब्द सचमुच में चलते-फिरते हैं, बोलते हैं, अनुभव करते हैं, अर्थात् वे इस हद तक जीवन्त होते हैं कि मनुष्य जैसे मानवीय तत्त्व के भीतर से स्वयं भी उतने ही मानवीय हो उठते हैं। शब्दों की ऐसी इयत्ता और अस्मिता सचमुच में किसी और कला एवं विधा में सम्भव ही नहीं हो सकती। इसी प्रकार नाटक के शब्द भी मानवीय हैं और उन्हें देखने और अनुभूत करनेवाले भी मानवीय हैं—यही वह कुंजी है, जिससे नाटक और दर्शक के रिश्ते का खुलासा किया जा सकता है। ऐसा माना जाता है कि दर्शक चूँकि अन्धकार में बैठे होते हैं, अतः अभिनेता को उनकी उपस्थिति से बेखबर होकर मंच पर हो रहे क्रियाकलाप पर अपना ध्यान केन्द्रित करना चाहिए। इसी से मिलता-जुलता तर्क दर्शकों को लेकर भी दिया जाता है कि वास्तव में वे एक नाटक की प्रस्तुति नहीं देख रहे हैं, वरन् किसी दूसरे परिवार के घर में चोरी से ताकझाँक करते हुए उनकी व्यक्तिगत ज़िन्दगी का जायज़ा ले रहे हैं। मेरे विचार में दर्शक और अभिनेता के आपसी सम्बन्धों को लेकर बनी हुई यह दोनों ही अवधारणाएँ अथवा सिद्धान्त निहायत ही अतिवादी और भ्रामक हैं। दरअसल, इन अवधारणाओं के पीछे प्रोसीनियम थिएटर और उसमें घटित होते यथार्थवादी रंगमंच का हाथ है। क्या अपने आप में यह हास्यास्पद स्थिति नहीं है कि जिस यथार्थवादी रंगमंच की मूल स्थापना ही दर्शक और अभिनेता के अन्तरंग रिश्ते पर आधारित है, अर्थात् यह रंगमंच दर्शक के लिए नाटक की प्रस्तुति के माध्यम से यथार्थ की भ्रान्ति उत्पन्न करता है और दर्शक को कहानी के बहाव के साथ बहाकर ले जाता है, उसी यथार्थवाद को देखने के ढंग में दर्शक और अभिनेता की अलग-अलग परिकल्पना की गई है।

जैसा कि पहले भी बार-बार कहा जा चुका है कि अन्ततः नाटक किसी भी प्रस्तुति शैली में किया जा रहा हो, यदि दर्शक और अभिनेता के बीच पूर्ण तादात्म्य की स्थिति नहीं बनती तब किसी भी प्रस्तुति की सार्थकता कहाँ बची रह पाती है! *आषाढ़ का एक दिन* के विषय में भी यह निकष पूरी तरह से खरा उतरता है। यदि नाटक को देखते समय दर्शक कालिदास, मल्लिका, अम्बिका, विलोम और दूसरे सभी पात्रों के अन्तर्द्वन्द्व, दुख-दर्द और दूसरे मार्मिक प्रसंगों से नहीं एकाकार हो पाता या कि इन सबकी कहानी उसे अपनी नहीं मालूम पड़ती तो फिर वह नाटक देखने आएगा ही क्यों ? क्या स्वयं दर्शक के सामने कभी ऐसे प्रसंग नहीं आए होंगे, जब उसे किन्हीं दो चीज़ों में एक का चुनाव करना पड़ा हो ? क्या अपने जीवन में उपस्थित ऐसे प्रश्नों के उत्तर ढूँढ़ने के लिए ही हम कला, साहित्य और रंगमंच की तरफ़ बार-बार नहीं लौटते ? यदि ऐसा न होता तो दर्शक और अभिनेता के आपसी सम्बन्धों की मृत्यु की घोषणा बहुत पहले हो चुकी होती।

भारतीय रंगकर्म प्रारम्भ से ही बहुआयामी रहा है

(रॉबिनदास से बातचीत)

आप पिछले कई वर्षों से पश्चिमी नाटकों के निर्देशन से जुड़े हुए हैं। इधर के वर्षों में बहुत तेज़ी से भारतीय नाटकों विशेषतः संस्कृत नाटक और जयशंकर प्रसाद के नाटकों की तरफ़ आकृष्ट हुए हैं। इसकी कोई खास वजह ?

ऐसा नहीं है कि मैं पहले भारतीय नाटकों की तरफ़ आकृष्ट नहीं था। बात यह है कि उस दौर में जब मैंने नाटक करने शुरू किए तो मेरे वरिष्ठ लोग जैसे कि आप, रामगोपाल बजाज, एम.के. रैना भारतीय नाटक कर रहे थे। और उन सबके बहुत अच्छे मंचन हो चुके थे। उसी दौरान एक आगे आनेवाले भारतीय रंगकर्म को नज़र में रखते हुए मैं खुद को नाट्य विधा से ज़्यादा परिचित कराना चाह रहा था। भारतीय नाटकों का मंचन और वह भी बहुत ही खूबी के साथ जैसे कि 'आधे अधूरे', 'अन्धा युग', बादल सरकार के नाटक और दूसरे लोगों के नाटक। तब मुझे लगा कि मुझे और भी बहुत कुछ सीखने को बाकी रह गया है—विदेशी नाटकों की जो विभिन्नता है, खासतौर पर यूरोपीय और अमेरिकी नाटक उन सभी से मैं अपने आपको समृद्ध करना चाहता था इसीलिए बतौर एक डिज़ाइनर भी मैंने बहुत सारे लोगों के साथ काम किया। जब मैंने भारतीय नाटकों का मंचन किया तो यह सोचकर नहीं कि मैं किसी विशेष नाट्य शैली की तरफ़ आकृष्ट था और दूसरी की तरफ़ नहीं। दरअसल, मैं अपनी शिक्षा को सम्पूर्ण करना चाहता था। सम्पूर्णता को प्राप्त करने के लिए हर दिशा के प्रति, एक तरह से विश्व नाट्य साहित्य से अपने आपको जोड़ना था। और इसीलिए मैंने उस दौरान वे विदेशी नाटक किए। सम्पूर्णता प्राप्त कर मैं भारतीय नाटक और रंगमंच की विविधता और गहराई में भी उतरना चाहता था, जानता था कि जब तक मैं शास्त्र और भारतीय लोक शैलियों की पद्धतियों के अन्दर नहीं जाऊँगा तब तक बात बनेगी नहीं।

इसीलिए जब मैं 'छाऊ' नृत्य नाट्य शैली का अध्ययन करने के लिए अपने छात्रों को लेकर गया और वहाँ 'डॉक्टर फॉस्टर्स' जैसे विदेशी नाटक का भारतीयकरण करके, रूपान्तरित करके, 'बागड़बिल्ला' के नाम से मंचन किया, तब मुझे पहली बार भारतीय रंगमंच की गहराई की समझ आई और मुझमें विश्वास पैदा हुआ कि मैं उसके साथ एकाकार हो सकता हूँ। उससे पहले मैंने जो भी विदेशी नाटक किए वे ज़्यादातर हमारे सामूहिक जीवन को, समय-समय पर विश्व जीवन को, पूँजीवादी सभ्यता से आक्रान्त

करनेवाले जीवन को प्रतिबिम्बित करते थे। उदाहरण के लिए, 'ए व्यू फ्रॉम द ब्रिज', 'डैथ ऑफ ए सेल्समैन', स्ट्रिंडबर्ग का 'फादर' या 'डान जुआन'—यह सब ऐसे नाटक थे जो विदेशी होने के बावजूद हमारे जैसे पढ़े-लिखे कल्पनाशील लोगों की स्थिति को भी प्रतिबिम्बित करते थे। जो जीवन को एक ढर्रे में जीना नहीं चाह रहे थे फिर भी उन स्थितियों के भीतर से गुज़र रहे थे। मैंने इन नाटकों को इसीलिए चुना था और दूसरे भारतीय नाटक को प्रस्तुत करने के लिए जो दृष्टि और पृष्ठभूमि चाहिए उसे तैयार करना था। चाहे वे मोहन राकेश के नाटक ही क्यों न हों। जब हम लोग सत्तर के दशक में पढ़ रहे थे तो हमें लगा कि ज़्यादातर निर्देशक 'आधे अधूरे' को एक 'रियलिस्टिक' नाटक मानते रहे। यह एक पश्चिमी पैमाना है 'रियलिस्टिक' नाटक का, लेकिन यदि ध्यान से देखें या पढ़ें तो पता चलेगा कि मोहन राकेश के नाटक मात्र 'रियलिस्टिक' नहीं हैं। वे भारतीय 'रियलिज़्म' से वास्ता रखते हैं। उसकी रचना शैली पूरी तरह से भारतीय लेखन शैली से जुड़ी हुई है जहाँ विदूषक की तरह से 'बिहेव' करता हुआ सिंघानिया आता है। उसके चरित्र-चित्रण में भी एक खास तरह का 'मैलोड्रामा' है जबकि महेन्द्रनाथ के साथ ऐसा कुछ नहीं है। दूसरी तरफ़ ज़्यॉ आनुई के नाटकों में उपलब्ध तीखा व्यंग्य भी हमें उतना ही 'रियलिज़्म' से जोड़ता है। इन चीज़ों को भी हम देख पाते हैं। अब समझ में आ रहा है कि मोहन राकेश भी अपने आपको विश्व नाट्य साहित्य और भारतीय नाट्य परम्परा से इतना गहरे में जोड़ने के बाद फिर से आपको मौजूदा स्थिति में ले आते हैं। और इसी गहराई को शुरू के दिनों में मुझे भी प्राप्त करना था। इसीलिए मैंने अपने आपको भारतीय नाटकों से दूर रखा था।

एक निर्देशक के तौर पर किसी भी नाटक का चुनाव आप कैसे करते हैं अर्थात् उसमें क्या देखते हैं या क्या देखना चाहते हैं ?

सबसे पहले तो यही कि हमारे अन्दर जो एक गम्भीर उत्तरदायित्व है कि एक बौद्धिक आदमी होने के नाते उसकी सामूहिक जनता या दर्शकों के लिए क्या सार्थकता है, यह ज़रूर देखना चाहिए। लेकिन साथ-साथ एक बहुत ही 'मूडी' सृजनकर्ता के रूप में मैं स्वयं को भी उसमें देखना चाहता हूँ। यानी उस नाटक का जो कथ्य है, जो समस्या है, वह मेरे सन्दर्भ में—मेरे व्यक्तिगत जीवन, मेरे अन्दर के आलोड़न, मेरे अतीत, मेरे वर्तमान, मेरी इच्छाएँ, मेरी प्रेरणाएँ, मेरी चोट खाई हुई मानसिकता—इन सबके साथ उसका कितना सम्बन्ध है, तभी शायद मैं बहुत ईमानदारी से भीतर तक डूबकर उसके मंचन की प्रक्रिया से गुज़रता हूँ। दूसरे शब्दों में कहें तो नाटक में अभिव्यक्त समस्याओं से मेरा अतीत जुड़ा होना चाहिए, मेरी ज़िन्दगी होनी चाहिए या उन्हीं सपनों के साथ जुड़ी हुई मेरी जीवन यात्रा होनी चाहिए। इसीलिए एक वक्त में मैं अगर 'डान जुआन' और 'डैथ ऑफ ए सेल्समैन' जैसे नाटक चुनता हूँ तो 'डॉक्टर फास्टर्स' भी आता है। या बाद में जाकर मुझे जयशंकर प्रसाद के नाटक और उनमें होने वाले तनाव और संघर्ष, 'जनमेजय का नागयज्ञ' में जो विभिन्न चरित्रों की मानसिकता है, उससे भी मैं अपने

आपको उतना ही जुड़ा हुआ पाता हूँ। इसी तरह से चारुदत्त और वसन्तसेना का जुड़ाव, एक दूसरे के प्रति झुकाव, और वह भी उस स्थिति में जिस वक़्त पूरे देश में नई सत्ता की खोज को लेकर आन्दोलन और विद्रोह की नई चेतना फैली हुई हो। यह सारी चीज़ें एक दूसरे से मिलती जुलती हैं। मैं खुद भी उसी वातावरण और परिवेश से उभरकर आया हूँ जिसके साथ ज़्यादातर हमारी 'ऑडिएंस' भी जुड़ी हुई है।

एक निर्देशक के रूप में अपनी प्रस्तुतियों का डिज़ाइन भी आप खुद करते हैं। इस सवाल को हम दो तरह से रख सकते हैं–आप इन दोनों स्थितियों में कैसे सामंजस्य स्थापित करते हैं ? इसे थोड़े विवादास्पद रूप में यूँ भी कहा जा सकता है कि आपकी प्रस्तुतियों में कौन सा पक्ष ज़्यादा हावी रहता है ? निर्देशक वाला या कि डिज़ाइन वाला ?

मेरे विषय में हमेशा यही मत रहा है कि मेरा डिज़ाइन पक्ष हावी रहता है। इसका कारण फिर वही दिया जा सकता है कि पहले दस सालों में मैं वह करता रहा जो बाकी निर्देशक नहीं करते थे, अर्थात ज़्यादातर दूसरे निर्देशकों के लिए डिज़ाइनर का काम भी किया। मेरी चेष्टा यह रही कि नाटक के प्रस्तुतिकरण को सम्पूर्णता प्रदान करने के लिए अभिनय, संरचना और डिज़ाइन भरपूर होना चाहिए। और कम पैसे में भी बेहतर डिज़ाइन प्रस्तुत किया जा सकता है, इस भूमिका को अदा करने के लिए ही मैं शुरू में डिज़ाइन को थोड़ा हावी रखता था। लेकिन सच्चाई तो यह है कि जब मैं खुद निर्देशक होता हूँ तो मेरे भीतर का डिज़ाइनर बेहद 'कन्फ़्यूज' रहता है क्योंकि एक निर्देशक के रूप में मैं बहुत कुछ तलाश करता हूँ जिससे अभिनेता भी परेशान रहते हैं और मेरे भीतर का डिज़ाइनर भी। इसका सबसे बढ़िया उदाहरण यह कि जिन नाटकों को मैं बतौर निर्देशक करता हूँ तो उनका डिज़ाइन अधूरा रहता है और जहाँ मैं दूसरों के लिए डिज़ाइन करता हूँ तो वह काम पूरा होता है।

आपने निर्देशन के साथ साथ अभिनय को भी अपने छात्रों के साथ प्रशिक्षण के प्रिय विषय के रूप में विकसित किया है। भारतीय अभिनेता की आदर्श प्रशिक्षण पद्धति क्या होनी चाहिए ?

मैं, एक तरह से इसे मेरा सौभाग्य ही कहा जाए, ऐसे गाँव से आया हूँ जो बंगाल और बिहार के पास पड़ता है। वहाँ गाँव में गायन शैली, यात्रा शैली, अलग-अलग तरह के ग्रुप हुआ करते थे और उनकी ट्रेनिंग मेरे घर के बगल में हुआ करती थी तो दूर से उनके 'सा-रे-गा-मा' के अभ्यास को मैं सुनता रहता था। एक तरह से कहें तो लोक शैलियों में अभिनय का प्रशिक्षण कैसे दिया जाता था इसकी जानकारी मुझे बचपन से थी। भारतीय रंगमंच की परिकल्पना में सभी तत्त्वों का एकीकरण है। अर्थात् उसमें निर्देशक, अभिनेता, डिज़ाइनर इस तरह के भेद नहीं हैं। जो गुरु होते हैं वही अभिनेता होते हैं वहीं निर्देशक होते हैं और वे खुद मुख्य भूमिका भी करते हैं। इस तरह हमारे यहाँ अभिनय और डिज़ाइन एक दूसरे से मिले हुए हैं। जब मैंने काम शुरू किया तो

मुझे इन सभी रूपों को लेकर चलना होता था। जब से मैं दिल्ली में काम कर रहा हूँ मुझे लगता है हमारे अभिनेता को मूलभूत रूप से 'रियलिज़्म' का प्रशिक्षण दिया जाना चाहिए। अर्थात् वास्तविकता किस रूप में घटित होती है, किस रूप में लोग एक दूसरे से बात करते हैं, किस तरह से एक व्यक्ति दुखी होता है, किस तरह से एक व्यक्ति दूसरे व्यक्ति से किसी स्थान विशेष में अपना सम्बन्ध स्थापित करता है–झुककर, सीधे सीधे खड़े, पास जाकर, दूर जाकर, दूर से झुके हुए या दूर से टेढ़े होकर–इन सबकी एक मूलभूत समझ होनी चाहिए। ज़्यादातर अभिनेता सीधे मानसिकता के अन्दर चले जाते हैं लेकिन वास्तविकता में किस तरह से 'स्पेस' के साथ सुलूक़ करना चाहिए उसकी समझ बहुत कम है। यथार्थवादी संरचना–इसके बारे में भी एक अभिनेता की समझ बहुत साफ़ होनी चाहिए। इसीलिए मुझे लगता है कि कविता और मनोविज्ञान की समझ तो चाहिए ही इससे भी ज़्यादा उपन्यासों और कहानियों की और गहरे में समझ होनी चाहिए ताकि पता चल सके कि एक लेखक लिखते समय पात्रों के क्रियाकलाप या उनके मन में चलनेवाली बातों को किस रूप में प्रस्तुत करता है। यह जो कोष्ठकों में निर्देश हुआ करते हैं इन बातों के प्रति जागरूक होने से कार्य-व्यापार के दौरान अभिनेता 'सबटेक्स्ट' या मानसिक क्रियाओं को रूप दे सकता है। इसमें उसे उपन्यासकार और कहानीकार से मदद मिल सकती है। इसी के साथ भारतीय नाटक की विविधता को देखते हुए अभिनेता में इतिहास, साहित्य, राजनीति विज्ञान, इन तीनों के बारे में भी मूलभूत समझ चाहिए। नृत्य, संगीत, शारीरिक भाषा, मुद्राओं का इस्तेमाल, काव्यमय संवाद अथवा आधी कविता, आधा गद्य, तरह-तरह के संवादों को कैसे बोला जाए इसका ज्ञान होना चाहिए। सीधा सादा विवरण, किसी भी कथानक को कह पाना जैसे कि कहानी मंचन में होता है, उसी तरह से नाटकों में भी उसकी ज़रूरत पड़ती रहती है। सबसे बड़ी बात यही है कि एक अभिनेता, एक स्थान विशेष में अपने आपको किस रूप में स्थापित करे। यदि इतनी समझ उसके पास पहले से मौजूद है तो निर्देशक को सभी चीज़ें बताने की ज़रूरत नहीं पड़ेगी। वह मात्र एक सन्दर्भ दे देगा और अभिनेता अपने आपको स्पेस में एडजस्ट कर लेगा।

भारतीय रंगमंच में डिज़ाइन की मौजूदा स्थिति क्या है ?

इस बारे में आप भी जानते हैं, पिछले पच्चीस-तीस साल में इसकी गति थोड़ी अलग-अलग रही है। जब हम शुरू-शुरू में छात्र बनकर आए सत्तर के दशक के प्रारम्भ में, तब डिज़ाइन एक हौआ बनकर हावी था। उस वक़्त ज़्यादातर बॉक्स सेट होते थे। ऐसे नाटक जिनमें एक से ज़्यादा स्थल हों उनमें प्लेटफॉर्म का इस्तेमाल होना ज़रूरी था। उसी दौर में दूसरा विचार आना शुरू हुआ कि भारतीय रंगशैली में मंच सज्जा की ज़रूरत ही नहीं है लेकिन इसके पीछे एक गहरी समझ की कमी दिखाई पड़ी। बेशक भारतीय परम्परागत मंच खाली रहता है, फिर भी ध्यान से देखा जाए तो रंगपीठ, रंगशीर्ष और वेदिका अलग अलग धरातल तो प्रदान करते ही हैं और दोनों तरफ मत्तवारिणी

एक ऊँचाई में रहती है और रंगपीठ भी एक ऊँचाई पर स्थित है। समझ लेना चाहिए कि नाटक की एक अन्दरूनी गुत्थी है कि उसके लिए एक 'फ़ॉर्मल स्पेस' एक 'इनफ़ार्मल स्पेस', 'खाली स्पेस', नाटकीय भारी और केन्द्रीय (रंगशीर्ष) में आने वाले 'स्पेस' की ज़रूरत होती है। हमारे भारतीय संस्कृत रंगमंच का यह डिज़ाइन है जो किसी स्थान विशेष का सूचक नहीं होता, लेकिन नाटक के अन्दर चरित्र, स्थितियों, परिस्थितियों में होनेवाले सम्बन्ध की व्याख्या करने के लिए मदद करता है। तो इस मूल समझ की कमी में दो तरह के विचार सामने आए, कुछ लोग ये कहते रहे कि डिज़ाइन तो करना चाहिए, तामझाम होना चाहिए, कुछ लोगों ने कहा कि डिज़ाइन बिलकुल नहीं होना चाहिए और कुछ लोगों ने अपने आपको बीच में ही रखा जहाँ कम से कम में काम चल जाए अर्थात् अभिनेता को नाटकीय दृष्टि से थोड़ी सी त्रिआयामी 'स्पेस' मिल जाए जिसके अन्दर वह नाटक की अलग-अलग चीज़ों को उभार सके।

इसे सिर्फ अभिनेता ही नहीं उभारेगा बल्कि वो 'स्पेस' खुद भी एक बड़े मूर्तिशिल्प की तरह से बहुत सारे स्टेटमेंट और संकेत प्रस्तुत कर देगा। उसमें कभी कम प्रकाश और कभी ज़्यादा और अभिनेता की खास स्थिति मिलाकर एक बड़े फ़लक पर चित्रकला की भाषा सा प्रभाव पैदा किया जा सकता है। यह भाषा आम आदमी को अलग से सीखने की ज़रूरत नहीं है। जीवन में शाम का समय, अँधेरे का समय, रात की स्थिति बहुत सुबह-सुबह, भीड़ के समय लोगों का 'स्पेस', मंडी में, हाट में, और उस 'स्पेस' में लोगों का व्यवहार जैसे कि सड़क पर, आँगन में, इन सब भिन्न-भिन्न स्थितियों में हम 'स्पेस' के साथ जो सुलूक करते हैं, जानवर से लेकर इंसान की स्थिति तक हमारे भीतर जो एक आदिम प्रवृत्ति है, उसे जब हम एक स्थान विशेष में स्थित कर देते हैं तो सिर्फ अभिनेता के संवाद या चेहरे से ही सब कुछ सम्प्रेषित हो जाता है। इस तरह स्थान विशेष में स्थित करने की कला अभिनेता मंच के निचले हिस्से में अथवा ऊपरवाले हिस्से में रहने से दोनों के सम्बन्धों में जो अर्थ ध्वनित होता है तो उसका अन्दाज़ा दर्शकों को आप से आप मिल जाता है। यह एक आदिम और सहज दृश्यभाषा हरेक दर्शक के मन में होती है और यदि हम इसे समझ लें तो सारी समस्या अपने आप हल हो जाती है। लेकिन अगर यह संरचना बहुत ज़्यादा बौद्धिक और थोपी हुई हो तो सब कुछ बोझिल और जटिल हो जाता है। उसे समझ में नहीं आता कि क्या हो रहा है। भारतीय रंगकर्म में आरम्भ से ही बहुआयामिता है, जैसे कि 'दशरूपक' की अवधारणा। इसीलिए मुझे लगता है कि हमारे नाटक ऐसे होने चाहिए कि मंच पर अभिनेता की कला अंग-अंग से ही सम्प्रेषित हो सके, शब्द और बोलने के तरीक़े से कुछ ऐसे हो कि कम डिज़ाइन में भी नाटक किया जा सके, कुछ ऐसे भी हों जो नाटकीय प्रस्तुति के लिए तामझाम, मंचसज्जा, धरातल और उनमें बहुत सारे पात्र, पात्रों के अलग-अलग समूह, इस तरह से सिर्फ़ कहानी ही नहीं, कहानी के साथ साथ होनेवाली स्थितियों परिस्थितियों में गुज़रनेवाले विभिन्न स्तरों का एक सम्प्रेषण दर्शक को मिलता रहेगा। इस प्रकार मुझे लगता है कि भारतीय सन्दर्भ में हमारी जनता पारसी थिएटर

से लेकर आज तक एक तरफ़ सादा और सपाट प्रस्तुतिकरण भी पसन्द करती रही है तो दूसरी तरफ़ बहुआयामी जैसे कि यक्षगान, जात्रा जैसी शैलियाँ जिनमें डिज़ाइन भी भरपूर, टेक्सचर भी भरपूर और मनोरंजन भी भरपूर रहता है।

आप के विचार में आगामी शताब्दी में रंगमंच का, भारतीय हो या विश्व रंगमंच हो, क्या स्वरूप होने जा रहा है ?

यह तो मेरी धृष्टता होगी कि मैं ऐसी बातों को कहने की कोशिश करूँ क्योंकि समय कैसे किधर को करवट लेगा कौन क्या कह सकता है, थोड़ा बहुत आभास दिया जा सकता है। हमारे यहाँ कहावत है ही कि समय बड़ा बलवान और उसके आगे किसी का ज़ोर नहीं चलता। कभी कुछ पुश्किन, चेखव, इब्सन जैसे लोगों ने सोचा भी नहीं होगा कि इसी पृथ्वी पर ऐसा समय भी आएगा जबकि पूँजीवाद का ही बोलबाला होगा और समाजवाद को पूरी तरह से नकार दिया जाएगा। लेकिन ऐसा हो रहा है। अभी इसी तरह से अगर आप हमारा जीवन जैसे आज चल रहा है तो आगे आनेवाले समय में क्या होगा कहना मुश्किल है। हो सकता है कि समाजवादी चिन्तन फिर से वापस आ जाए और तब थिएटर एक बार फिर से बदल जाए जैसे कि विश्वयुद्ध के बाद रंगमंच का पूरा स्वरूप ही बदल गया था। इस तरह से कई स्थितियाँ हो सकती हैं। फिर भी जो मुझे निश्चित तौर पर लगता है कि हमारा भविष्य एक तरफ तो जटिलता की तरफ जाएगा तो दूसरी तरफ ठोस सादगी की तरफ भी बढ़ेगा जिसकी तलाश हमारे रंगकर्मी को है। 1960 के दशक से लेकर भारतीय रंगमंच में यह तलाश तरह तरह से हुई। हबीब तनवीर की सपाटता, कारन्त की एक संवेदनात्मक रवानगी, रतन थियम के दृश्यजगत से लेकर आपके कहानी का रंगमंच की सहजता और सादगी तक हमने देखा और इन सारी चीज़ों के मिश्रण से आगे आनेवाली पीढ़ी काव्यात्मकता की तरफ बढ़ेगी, अमूर्तता की तरफ बढ़ेगी और हम आलेख और बिना बोले जानेवाले नाटकों की तरफ बढ़ेंगे। लेकिन इसका अर्थ यह नहीं कि शब्द और आलेखवाले नाटक नहीं होंगे। क्योंकि कहानी कभी खत्म नहीं होगी। कहानी और बनेगी, नई कहानी आएगी। मुझे लगता है कि मशीनीकरण के बाद साधारण जनता जो आज दूरदर्शन का शिकार हो रही है उस दर्शक के साथ भी दस पन्द्रह साल के भीतर भीतर भारत में भी और विदेशों में भी फिर से सीधा-सादा इन्सानी सम्प्रेषण होगा। इसका मूल्य और बढ़ेगा और उस समय जटिल चीज़ों का भी इस्तेमाल होगा और सादगीवाली चीज़ों का भी।

आप कभी अपने प्रदेश, अपनी ज़मीन पर जाने की इच्छा नहीं रखते ?

हाँ, क्योंकि मैं अपनी भाषा में काम करना चाहता हूँ, लेकिन नहीं क्योंकि उड़ीसा बहुत पिछड़ा प्रदेश है। जहाँ तक कि सांस्कृतिक गतिविधियों का सम्बन्ध है, मैं खुश हूँ कि अखिल भारतीय स्तर पर नाट्य विद्यालय में अपने आपको उपयोगी पाता हूँ, दिल्ली रंगमंच में उपयोगी पाता हूँ। लेकिन फिर भी मेरे भीतर एक शून्य रह गया है

कि एक ऐसा जीवन जिसे मैं बिताकर आया हूँ, वे लोग, उन लोगों की त्रासदी, उनके हास परिहास, मैं अपने नाटकों में पूरी तरह से व्यक्त नहीं कर पाया हूँ। कई बार मैंने सोचा कि मैं नाट्य विद्यालय की नौकरी छोड़ दूँ और वहाँ एक चित्रकला स्टूडियो बनाकर साथ साथ रंगकर्म भी करता रहूँ, लेकिन आर्थिक स्थितियों को देखते हुए, व्यावहारिक दुनिया को देखते हुए मुझे इस सपने से डर लगता है। मैं एक ऐसी स्थिति को प्राप्त करना चाहूँगा जहाँ पर अपनी भाषा में काम कर सकूँ। अपनी जनता के लिए उड़िया दर्शकों के लिए जो कुछ कर सकता हूँ, ज़रूर करूँ। लेकिन नाट्य विद्यालय में अपनी भूमिका को देखते हुए मुझे लगता है कि ठीक है, मुझे इतना त्याग करना पड़ेगा कि मैं वहाँ नहीं जा पाऊँगा। यहाँ लद्दाख से लेकर मणिपुर तक, दिल्ली से लेकर कन्याकुमारी तक के छात्र आते हैं और अपने अपने रंगकर्म के अनुभव लेकर आते हैं। साथ ही रंगमंच करते रहने की एक ज़िद लेकर आते हैं। ये सब मुझे परिपुष्ट करते हैं और मुझे बहुत अच्छा लग रहा है यहाँ रहना।

आप इतने वर्षों से नाट्य विद्यालय में प्राध्यापन से भी जुड़े हुए हैं, आपको क्या लगता है कि एक प्राध्यापक एक अच्छा निर्देशक भी हो सकता है अथवा एक निर्देशक अच्छा प्राध्यापक ?

मुझे एक खुशफहमी है कि मैं अच्छा शिक्षक हूँ लेकिन जैसा कि बर्नार्ड शॉ कहते हैं कि जो निर्देशन कर सकते हैं वे करते हैं और जो नहीं कर सकते वे प्राध्यापक हो जाते हैं। शायद मैं अच्छा प्राध्यापक इसीलिए हूँ कि एक निर्देशक के तौर पर अपने आपको लगातार खाली जगह पर देखता हूँ और सीखने सिखाने के प्रयास में रहता हूँ। इसीलिए मेरे सहकर्मी, मेरे दोस्त कई बार मेरे साथ बच्चे का सा सुलूक़ करते हैं। उससे मुझे परेशानी भी होती है। लेकिन मैंने हबीब जी को देखा, कारन्त जी को देखा और बैरी जॉन को देखा तो लगा कि हाँ अच्छा शिक्षक अच्छा निर्देशक भी हो सकता है, अच्छा निर्देशक अच्छा शिक्षक हो सकता है और ये ज़्यादा सही है।

रंगमंच में इतना काम करने के बाद भी आपको अफसोस नहीं होता कि मीडिया ने और खासकर हमारे प्रिंट मीडिया ने आपको कभी भी गम्भीरता से नहीं लिया ?

इसका कारण यह है कि जिस तरह परिपूर्ण रंगकर्म करने के प्रयत्न मैंने दिल्ली में किए उसको लेकर मैंने यह कभी नहीं सोचा कि मैं हिन्दुस्तान के लिए क्या कर रहा हूँ या अपने लिए क्या कर रहा हूँ। जिस तरह आप लोगों की सम्भव मंडली एक तरह का काम कर रही थी, जिस दौरान हबीब तनवीर एक तरह से काम कर रहे थे, सबके काम को मैंने खूब सराहा और उनसे सीखा भी कि सम्पूर्ण रंगकर्म में जो कमी है मैं उसे पूरा करूँ। अब और क्या कारण हो सकता है यह मैं नहीं कह सकता, हो सकता है कि मैंने प्रयोगवादी नाटक ऐसे दौर में किए जिस दौर में शायद हमारी ऑडिएंस उनके लिए तैयार नहीं थी। नहीं जानता कि यही कारण रहा होगा। लेकिन हाँ स्थिति तो यह अवश्य रही

है। या मेरे अन्दर का एक बचपना है, एक लापरवाही है, व्यावहारिकता कह लीजिए लेकिन उससे जो कुछ हुआ उसकी वजह से मैं पीड़ित तो रहा ज़रूर लेकिन शायद इसी पीड़ा ने मुझे जोश भी दिया। लगातार नया-नया काम करने की क्षमता मिली। नब्बे के मध्य तक आते आते मैं उस पीड़ा को झटककर सन्तुष्टि की तरफ बढ़ने लगा था और एक ऐसी स्थिति बनी कि मैं अहंकार और आडम्बर को ओढ़े बिना लगातार मेहनत करता रहूँ और हर नाटक में काम के माध्यम से दर्शक को जीतने के लिए हमेशा प्रयत्नशील रहूँ।

यूँ तो कहा जाता है कि कोई भी निर्देशक अपने काम से सन्तुष्ट नहीं होता क्योंकि रंगमंच है ही ऐसा माध्यम, फिर भी आप अपनी ऐसी कोई प्रस्तुति याद कर सकते हैं जिसका अनुभव सबसे ज़्यादा मज़ेदार और आनन्द से भरपूर रहा हो और जिसे आप हमेशा अपनी याद में सँजोकर रखना चाहेंगे ?

निश्चित तौर पर, क्योंकि मैं ऐसा निर्देशक रहा हूँ जिसके साथ काम करनेवाले, प्रकाश, संगीत, वेशभूषा, सज्जा से जुड़े लोग और अभिनेता इन सबके सहयोग को मैं बहुत उभारता हूँ अथवा उन्हें कुरेद कुरेदकर सहयोग लेता हूँ और उसी को निखारने की कोशिश करता हूँ। लेकिन काम हमेशा एक टीम ही करती है। इसलिए मैं खुशी के साथ कह सकता हूँ कि अपने चालीस पैंतालीस नाटकों में से आधे नाटकों को तो प्यार से याद कर ही सकता हूँ क्योंकि यह सब कुछ टीम पर निर्भर करता है। 'गोल खोपड़ी', 'नुकीली खोपड़ी' या 'जनमेजय का नागयज्ञ' या 'बाक़ी इतिहास' और इन सबसे पहले एक विदेशी नाटक 'टू रेन डॉट' वो भी मुझे बहुत अच्छा लगा था। सन् 1977 में प्रस्तुत किया था 'वल्लभपुर की रूपकथा' और तभी मैंने निर्देशन शुरू किया था, उसमें रवि बासवानी और ऐसे अभिनेता थे मेरे साथ जो मुझे अभी भी याद आते हैं। इसके अलावा बहुत सारे संगीत नाटक, रियलिस्टिक नाटक और अभी 'मिट्टी की गाड़ी', 'बाक़ी इतिहास' और 'चन्द्रिका नायक' की प्रस्तुति मुझे अच्छी लगती है। लगता है कि शायद मैं भी धीरे धीरे मैच्योर हो रहा हूँ।

कोई ऐसी असफलता जिसे आप फिर से दोहराना चाहेंगे ?

बहुत सारे नाटक। 'जनमेजय का नागयज्ञ' मैं फिर से करना चाहूँगा ताकि और बेहतर ढंग से किया जा सके। जयशंकर प्रसाद के और मोहन राकेश के नाटकों को फिर से करना चाहूँगा। यह ज़रूर है कि मोहन राकेश के नाटकों के बहुत सफल प्रयोग हुए हैं दिल्ली में। मसलन 'आधे अधूरे', 'आषाढ़ का एक दिन' और इसीलिए मैं उन्हें अपनी पद्धति से करना चाहूँगा।

ज़्यादातर निर्देशक आजकल खुद अपना आलेख लिखने की तरफ बढ़े हैं। क्या आपकी इच्छा होती है कि नाटक का आलेख खुद लिखें ?

हाँ, मैंने 1991 में स्कूल के बच्चों के साथ, जिनमें तीसरी से लेकर ग्यारहवीं

क्लास तक के बच्चे थे, दो छोटे नाटक करवाए थे, एक था 'सपना' दूसरा था 'मनु'। एक तरह से ये दोनों विष्णु प्रभाकर की कहानी पर आधारित थे। कथा पंचतन्त्र के नाम पर मैंने ही इम्प्रोवाइज़ करवाया था। 'डॉक्टर फॉस्टर्स' पर आधारित 'बागड़बिल्ला' का रूपान्तरण मैंने ही किया था। अभी-अभी जो सफल डिज़ाइनर और आग्रही निर्देशक अपनी रंगप्रस्तुति का आलेख खुद तैयार करते हैं जैसे कि इधर मैंने 'शिला-शृंगार' किया जो कि पूरी तरह से मूक अभिनय पर आधारित था। मात्र कुछ ही शब्द बोले जाते थे अन्यथा पूरी प्रस्तुति नृत्यपरक थी। इससे पहले भी मैंने कनाडा में 'आधा' शीर्षक से एक नृत्यपरक प्रस्तुति की थी तो मुझे लगा कि एक डिज़ाइनर निर्देशक होने के नाते और अहिन्दी भाषी निर्देशक होने के नाते मैं अपने आपको 'नॉन वर्बल शैली' की प्रस्तुति के लिए ज़्यादा तैयार अनुभव करता हूँ। इधर एक उड़िया कहानी पर आधारित 'माँ' नामक नाट्य प्रस्तुति को करने के लिए सुविधा और मौके की तलाश में हूँ।

आप डिज़ाइन पर एक पुस्तक लिख रहे हैं, इसकी ज़रूरत आपको क्यों महसूस हुई ?

डिज़ाइनर के रूप में अपने अनुभव के दौरान ही मुझे लगा था कि जिस चिन्तन को मैं बरत रहा हूँ और इतनी सारी चीज़ों को जोड़ रहा हूँ उन सबको शायद मैं भूल जाऊँगा इसलिए यह ज़रूरी था कि इन सबके बारे में एक किताब लिखी जाए। एक डिज़ाइनर के रूप में मैंने एक लम्बी भूमिका निभाई है। हमारे देश में नाटक के बारे में बहुत कम लिखा गया है और वह भी ऐसी विधा में जिसमें बहुत विकास हुआ है—कोलकाता में, पुणे में, महाराष्ट्र में, दक्षिण भारत में, दिल्ली में लेकिन उस सारे काम पर कोई किताब नहीं है, जिसका होना बहुत ज़रूरी है। मैं इस विद्यालय में पढ़ा रहा हूँ तो मेरे अपने नोट्स, मेरी अपनी प्रक्रिया इन सबके बारे में लिखा जाना चाहिए और सौभाग्य से मुझे संस्कृति मन्त्रालय से वरिष्ठ शोधवृत्ति मिली है तो मैं इस काम को पूरा करने की कोशिश कर रहा हूँ।

नाटक की अपनी मर्यादा होती है

(सत्यदेव दुबे से बातचीत)

सबसे पहला सवाल तो यही कि आज से लगभग चार दशक पहले आपने अपनी ज़मीन मध्य प्रदेश छोड़कर मुम्बई जाने का निर्णय क्यों लिया ?

अतीत से मैं घबराता हूँ। लेकिन अतीत हमेशा साथ रहता है। मुझे बचपन की दो तीन यादें याद हैं। माँ की मृत्यु के बाद मुझे दो चचेरे भाईयों के साथ नागपुर भेजा गया। उम्र उस समय पाँच साल की रही होगी। चचेरे भाई वहाँ बिशप कॉटन स्कूल में पढ़ते थे। उम्र के लिहाज़ से मैं छोटा था इसलिए स्कूल में दाखिला नहीं मिला। मुझे मिस्टर या मिसेज़ स्ट्रेसी के घर में छह माह के लिए रखा गया ताकि मैं अंग्रेज़ी बोलना सीख सकूँ। आप ही बताइए, भला माँ के मरने के बाद आपको कहीं ऐसी जगह भेजा जाता है जिस जगह का चुनाव आपने न किया हो ? परिवार की बात ही अलग होती है। यह ठीक है कि थोड़ा सा मुआवज़ा भी आ जाता था। लेकिन यही तो सब कुछ नहीं होता। बिलकुल अपरिचित माहौल था। दूसरों के साथ निभा लेने की जो शक्ति मुझे मिली उसका उद्‌गम शायद यही था। तत्पश्चात् यह देखिए, मेरी कुछ तबीयत खराब हुई तो पिताजी के दोस्त के घर इन्दौर में रहकर इलाज वगैरह कराया। अब वहाँ से बिलासपुर आता हूँ। तो यहाँ भी पिता मुझे एंग्लो इंडियन परिवार के साथ रखते हैं। वहाँ का कस्टर्ड मुझे आज भी याद आता है। छह महीने मैं वहाँ रहा। जिस स्कूल में जाता था, वह भी एंग्लो इंडियन स्कूल ही था। जो भी लोग मिले ज़्यादातर एंग्लो इंडियन ही थे। मेरे पिताजी के दोस्तों के कुछ बेटे भी आते थे, जो मुसलमान थे। उनमें से नसीम और अब्दुल से मेरी दोस्ती हो गई। हमें कैथोलिक चर्च में नहीं जाने दिया जाता था। ऐसे माहौल में एक विवशता सी थी। लगा कि कहीं पे मेरा कोई हक़ नहीं। एक बड़ा भाई भी था, जो देखने में मुझसे अच्छा, दिमाग भी ज़्यादा, मगर मुझे लगता कि कब तक उसके उतारे कपड़े पहनूँगा। इच्छा हुई कि हो जाएँ भाई से अलग। आज सोचता हूँ कि कितनी विवशता रही होगी। हमेशा निभाना ही पड़ा। पिताजी की भौत के बाद चाचा के घर गया तो मैंने पहली बग़ावत की। सुबह मैं नहीं उठूँगा।

फिर बाद की ज़िन्दगी। डॉक्टर बनने की इच्छा थी, मगर डॉक्टरी में एक साल पढ़कर फेल हो चुके मेरे चाचा को मंज़ूर नहीं था। यही हाल एन.सी.सी. का हुआ। स्कूल

में आने के बाद सबसे पहले दूर हुआ नसीम और अब्दुल से। उन्हें अंग्रेज़ी मीडियम दिया गया और मुझे हिन्दी। फिर वही विवशता। आजाद हिन्द दल में शामिल हुआ। अन्त में आर.एस.एस. के लोग थे, क्लास में उनकी तरफ आकृष्ट हुआ। एक नया समाज मिला। व्यायाम, कसरत से शारीरिक शक्ति बढ़ी। कुछ अलग ही माहौल मिला। आदर्शवाद और अनुशासन की अनुभूति हुई। आदेश लेने व आदेश देने की समझ आई। मगर यकायक संघ से विरक्ति हुई। पाँच दोस्त थे, जिनके बँगले पर क्रिकेट खेलता था। खेलते-खेलते ही मुम्बई चला आया। आज लगता है कि कहीं पर किसी न किसी चीज़ की खोज थी, मगर उस वक़्त यह स्पष्ट नहीं था।

हिन्दी रंगमंच से आप कैसे जुड़े ?

देखिए, इस निर्णय में भी विवशता थी। जब अंग्रेज़ी छूट गई तो मेरे दोस्त बालेश्वर प्रसाद शर्मा ने हिन्दी के प्रति रुझान बढ़ाया। अच्छी हिन्दी आ रही थी; क्योंकि वह हिन्दी के कवि भी थे। मैं अंग्रेज़ी के खिलाफ होता जा रहा था। क्रिकेट के लिहाज़ से मेरी आर्थिक स्थिति ठीक नहीं थी। छूट गया तो मुझे लगा कि अच्छा ही हुआ। इस माहौल में विजय आनन्द जैसा क्लासफैलो मिला। यह बहुत बड़ी बात थी। मेजर कोइंसीडेंस ! वह गुजराती नाटक करता था। इस तरह रंगमंच की शुरुआत हुई। उस वक़्त यह मुझे नहीं सूझा कि गुजराती व मराठी लोगों में हिन्दी के प्रति कोई दुर्भावना नहीं है। यह 1953 के आसपास की बात है। फिर थिएटर यूनिट ज्वाइन किया। ट्रेनिंग ली, पी.टी. शेनाय जैसे गुरु से बहुत मार्गदर्शन मिला। लॉ करने की कोशिश की, मगर फेल हो गया। सेहत खराब हुई तो तय किया कि कहीं जाना है। बिलासपुर आकर आर. एस.एस. से फिर जुड़ा। उन्हीं की सलाह पर सागर से अंग्रेज़ी में एम.ए. किया। दो साल शेक्सपीयर की लाइनें ही बोलता रहा। अभिनय के बारे में जो बातें तब समझ नहीं आई थीं, दूर रहकर आईं। और हर व्यक्ति की तरह मैं मुम्बई लौट आया। मुम्बई आकर सीधे फ़िल्म ज्वाइन की। तीन महीने के बाद सत्यजित राय से झगड़ा हो गया। मैंने तब उनकी फिल्म *पाथेर पंचाली* देखी थी। मूल्यों पर झगड़ा हुआ। तब मैंने लुई पिरांदो का नाटक हिन्दी में लिया, अनुवाद किया। तब लोगों ने देखा कि पहली मर्तबा टिकट बेची गई। कहा गया कि यह तो पृथ्वीराज के नाटकों से भी अच्छा नाटक है। अजीब किस्म की ताक़त का अहसास हुआ। उसके बाद हमारी क़िस्मत कि अलकाज़ी विदेश चले गए। थिएटर यूनिट में जो नाटक नहीं करने दिए जा रहे थे, वह होने लगे। अल्बर्ट कामू का नाटक 'सपने' किया...

इसी से जुड़ा सवाल है कि लुई पिरांदो के नाटक और कामू के 'सपने', इन अपवादों को छोड़ दें तो इसके बाद एक लम्बी श्रृंखला में आपने भारतीय नाटकों पर अपना ध्यान केन्द्रित किया। बेशक आपने बाद में अंग्रेज़ी में कुछ नाटक किए, मगर विदेशी नाटक को हिन्दी में करने का चलन आपने क्यों छोड़ दिया ?

मुझे पश्चिमी नाटकों से बड़ा लगाव रहा है। यह बात अलग है कि यूरोपियन नाटकों से ज़्यादा अमेरिकी नाटकों से लगाव था, मगर वह नाटक मैं नहीं कर पाया। दरअसल, हमेशा अंग्रेज़ीवालों से प्रतिस्पर्द्धा रही। निर्णय लिया कि इन लोगों के नाटक हिन्दी में करूँगा और अच्छा करूँगा। इसी बीच 'अन्धा युग' का एक्सीडेंट हो गया। मैंने धर्मवीर भारती जी से कुछ रिराइट की बात की तो उन्होंने कहा कि जो करना है, करो, हमको तंग मत करो। थोड़ा शिफ्टिंग करके अद्भुत स्वाद मिला। इस नाटक के बाद प्रमोद जोशी का नाटक हिन्दी में किया। यह अनुभव अलग है। लगा कि जो भाषा से आता है, भारतीयता से आता है, वह इतने स्पष्ट रूप से नहीं आया। यह जो मज़ा है अपनी भाषा का, अपने परिवेश का, वातावरण का--एक तरह की नई खोज थी, जिसकी वजह से नाटक किसी भी भाषा के हों, मैं हमेशा मौलिक नाटक की ओर आकृष्ट हुआ। यह केवल भारतीयता की खोज नहीं थी, मेरी अपनी खोज भी थी। हमेशा मेरा एक लक्ष्य रहा कि नाटक स्वान्तः सुखाय करना है। नाटक मुझे पसन्द आना चाहिए। चुनाव नाटक का मेरा रहेगा। इसके लिए राजनीति भी करनी पड़ी; क्योंकि मेरे शुरू के सभी साथी अंग्रेज़ीभाषी थे। इस प्रक्रिया में मैं अपनी समस्याओं के हल खोजने लगा।

आपने भारतीयता की खोज की बात की। इस सिलसिले में बहुत से निर्देशकों ने लोक नाटकों, लोक रंगमंच व लोक नाटकीय तत्त्वों से जुड़ने की बहुत कोशिश की। लेकिन यहाँ आपसे थोड़ा बहुत 'हयवदन' की चर्चा कर लें या बहुत पहले चले जाएँ तो 'मादा कैक्टस' में आपने कुछ इस तरह का किया, लेकिन उसके बाद आपने बिलकुल छोड़ दिया। आपको क्या लगता है कि इस तरह का नारा उछला था, या पारम्परिक परम्परा का तकाज़ा था ? इस बारे में आपकी क्या प्रतिक्रिया है ?

मैं बिलासपुर में रहकर भी छत्तीसगढ़ी बोलता था। कहा जाता है कि निर्वासित व्यक्ति होने से मैं बिलासपुर में किसी भी परम्परा से नहीं जुड़ पाया। वहाँ से जो वातावरण मिला उसका उपयोग, उसकी समझ, उसकी महत्ता मुझे विदेश यानी मुम्बई जाकर मा़लूम पड़ी। तब उनमें मुझे राऊत नाच दिखाई दिया। मैं विशुद्ध फ़िल्मी संस्कृति से जुड़ा था। हमारी कोई दूसरी संस्कृति थी ही नहीं, केवल फ़िल्में ही देखते थे। हिन्दी सिनेमा के गानों से लगाव बढ़ा और अन्ततः मुझे लगने लगा कि यही हिन्दी के गीत हैं। *हयवदन* 1974 में किया तो उसमें 'तोता मैना' के गाने इसी प्रक्रिया में आए। मुझे यह शुरू से लगा कि लोक की समझ नहीं है। यक्षगान महोत्सव देखकर कारन्त साहब से बहुत प्रभावित हुआ। मगर यह भी लगा कि उसमें बहुत कुछ आधुनिक है। अभिमन्यु, कृष्ण और अर्जुन में झगड़ा करा देता है, फिर दीवारों से सिर टकरा-टकराकर पछताता है। इस तरह की चीज़ें तो किसी भी फ़ार्म में दिखाई जा सकती हैं। आज तो तकनीक इस्तेमाल करता हूँ। इसके लिए सूत्रधार सबसे आसान तरीका है। इससे सेट का टकराव नहीं होता। फिर अपनी बात कहूँ, मैं एक शहरी आदमी हूँ, कभी दूरदराज़ के इलाकों में गया ही नहीं।

आप अपने ही काम को आज चार दशक पीछे मुड़कर देखते हैं तो आपसे एक सवाल पर बहस रोचक होगी कि एक रंगकर्मी या एक निर्देशक के नाते आपके सरोकार क्या हैं ?

इसका एक सीधा और सच्चा उत्तर यह होगा कि जिन सरोकारों के साथ मैं बढ़ा, जैसे कि जो भी राष्ट्रप्रेम संघ की वजह से आया, उससे तो आदमी हमेशा जुड़ा है। जो भी मेरी समझ थी, मेरा व्यक्तिगत नजरिया था, मैंने किसी दल विशेष के लिए नाटक नहीं किया। जैसे 1968 में मैंने 'शतुरमुर्ग' किया तो मुख्य चरित्र को मैंने नेहरू बना दिया। सबने कहा, यह नई बात है। उसमें पाकिस्तान, अमेरिका, इंग्लैंड और चीन चार देश थे। उनके मुखौटे लगा मैंने अनजाने में नेहरू को शूट किया। मुझे पता नहीं था कि मुझमें नक्सलवादी ट्रेट हैं। मेरी समझ, मेरी राजनीति और दर्शन किस तरह से जीती थी, जो मैं जी रहा था। एक अनुशासित रूप में पला बढ़ा, उसमें अपनी ही इच्छा पूरी होनी चाहिए। ऐसा नहीं हुआ। दूसरों के साथ जीना है तो मेरा अपना क्या। 'अनुष्ठान' नाटक मुझे याद है। मैंने ज्ञानदेव अग्निहोत्री से कहा कि यह नाटक मुझे दे दो। उस आदमी ने बहुत मेहनत की थी, मगर नाटक डेड था। वह एंटी नक्सल नाटक था। अब 40 फीसदी नाटक काट दिया तो नाटक करते करते पता चला कि वह नक्सलवादी नाटक हो गया। उस दिन मुझे पता चला कि नाटक की अपनी मर्यादा होती है। तय किया कि कहीं मुझे व्यक्तिगत मूल्यों से भी परे जाना पड़े तो नाटक नहीं रोकूँगा। क्योंकि नाटक सच्चाई से उभरता है। वह एक फ़ैशनेबुल चीज़ नहीं है। इसलिए ब्रेष्ट को मैंने दुत्कारा कि जो फ़ैशनेबुल ट्रेड से कहीं अनजाने में हमेशा विरोध में रहा, वहाँ भी बीच-बीच में संयोग से फैशन आता है।

किसी एक नाटककार की बात करनी हो तो कौन सा भारतीय नाटककार है, जिसने सचमुच कथ्य के स्तर पर या अन्य चीज़ों के स्तर पर आपको बार बार प्रेरित किया ?

वह नाम तो बादल सरकार का ही है; क्योंकि 'इन्द्रजित' से मेरी पूरी ट्यूनिंग बैठती है। आपने देखा भी होगा कि मेरे हर नाटक में इन्द्रजित आ ही जाता है। आखिर में 'इंशाअल्लाह' में भी इन्द्रजित का अक्श गया नहीं। बादल सरकार के और भी नाटक पढ़े। किए भी। 'पगला घोड़ा', के पात्रों के साथ लगा कि इनके साथ मैं भी जुड़ सकता हूँ। साधारण व्यक्तियों का दुख हालाँकि थोड़ा शहरी ज़रूर है। प्रतिभा जी ने अनुवाद कर मुझे भेजा था। उसके बाद विजय तेन्दुलकर जी से पहचान हुई। उन्हें मैं एक महान नाटककार मानता हूँ। महाराष्ट्र की पहचान ही तेन्दुलकर हैं।

चूँकि आपने नाटककार की बात की तो यहीं पर यह भी जोड़ लें कि आपने खुद गम्भीर नाटककार बनने का निर्णय क्यों लिया ?

देखिए, मैं हमेशा शॉ का पक्का भक्त रहा हूँ। शॉ ने 40 की उम्र में नाटक किया।

मैंने नाटक लिखने की कोशिश की और अधूरा रह गया। 1975 में मेरा एक दोस्त नाटककार से झगड़ा हो गया। मैंने बहुत गालियाँ दीं। नाटककार समझते क्या हैं अपने आपको ? एक तीसरी पीढ़ी का नाटककार था। उसके नाटक भी मैंने किए। अपने नाटक वापस लेना उसने तय किया। हमने कहा, ठीक है, खुद लिखेंगे नाटक। 'संभोग से सन्यास तक' लिखना शुरू किया और गुस्से में लिखता ही चला गया। कहीं पर पढ़ा था, लिखा था, शॉ के संवादों का असर भी है उसमें और शहरी लोक रंगमंच का बहाना लेकर एक सूत्रधार भी। खुशी की बात यह कि नाटक मंचित भी हुआ। इप्टा के लिए किया; क्योंकि हमारे पास पैसे नहीं थे। उसके बाद यह नाटक अच्छा हो गया तो बाद में चेंज करते रहे। एक सुख मिला कि आगे जाकर कुछ नहीं तो कम से कम एक पेंटर की तर्ज़ पर लेखक की तरह अकेले रह सकते हैं। चार छह दोस्त हैं, उनको सुनने के लिए मना लेंगे। यह व्यक्तित्व धीरे धीरे विकसित हुआ। इस सिलसिले में धीरे धीरे सात आठ नाटक लिख चुका हूँ। सुख मिलने लगा है और एक स्वतन्त्रता का आभास होता है। मुम्बई में मुझे लगता है कि कुछ दिन आराम करना चाहूँगा तो नाटक करूँगा, मगर बाएँ हाथ से। तीन चार नाटक लिखने के लिए मसाला है। मेरे लिखने में नवीनता इसलिए रहेगी कि मैं अगर समय के साथ बढ़ता जा रहा हूँ और ईमानदारी से सोच रहा हूँ तो लेखन के ज़रिए लोगों तक पहुँचूँगा।

अब हम लौटते हैं आपके व्यक्तित्व के दूसरे पक्ष की तरफ। इधर बरसों से आप रंग प्रशिक्षण को लेकर गम्भीर काम कर रहे हैं। इसके बारे में थोड़ा बताएँ कि यह विकास कैसे हुआ ?

मेरी यह शुरू से ही मान्यता रही है कि इसके पीछे कोई भी हो सरकार के ज़रिए अच्छा नहीं हो सकता, कुछ करना चाहिए। मुझे लगता है कि अलकाज़ी राष्ट्रीय नाट्य विद्यालय आए तो मुम्बई का व्यक्तित्व भूल गए। हालाँकि वह बड़े पैसे वाले परिवार से थे, मगर यहाँ आकर सुविधाओं के चक्कर में उन्होंने नाटक की हत्या कर दी। अंग्रेज़ी के प्रति उनका मुम्बई में जो आग्रह था, वह हिन्दी को लेकर यहाँ नहीं आया। जितनी मेहनत अंग्रेज़ी सीखने में लगती है, उतनी मेहनत हिन्दी में लगनी चाहिए। वह आग्रह यहाँ आकर छूट गया। हाँ, सरकारी पैसा मिलता था, तो वह था। फिर कार्यशालाओं का दौर चला। एक दिन हमने तय किया कि चलो हम दिखा देते हैं कि वर्कशाप क्या होती है। अभिनेता तो अपने आप सीख लेता है।

मैंने शुरू से हमेशा नए लोगों के साथ काम किया है। जब अमरीश पुरी जैसा अभिनेता हमेशा साथ रहता था, उसके बावजूद मैं नए लोगों के साथ काम करता रहा। हालाँकि नए लोगों के साथ काम कम दिखता है। नसीर के साथ काम करता हूँ तो लोगों की निगाह में चढ़ जाता हूँ। फिर भी काम जारी रखा। कुछ परिस्थितियाँ मिल गईं, जगह मिल गई तो मैंने 'एरियल सिडिंग' का कंसेप्ट निकाला। भैया, सिखाया तो नहीं जा सकता अभिनय, लेकिन बीज अगर आपके पास है तो फेंक दो, पता नहीं कहाँ पर कौन सी

भूमि उपजाऊ मिल जाए। कर्नाटक संघ से काफी सहयोग मिला। पूना में मैंने साल भर का वर्कशाप किया था। हर शनिवार व रविवार को मैं पूना में रहता था। वहाँ 'तुगलक' नाटक भी किया, जिसे गिरीश ने फिर से लिखा था। लोक रंगमंच के सूत्रधार के साथ वह बहुत अच्छा हुआ। आज भी मेरे बहुतेरे विद्यार्थी हैं। मुम्बई में मराठी कविताओं के साथ काम किया था। सुषमा दर्ज की कविताएँ थीं, लेकिन वहाँ भी राष्ट्रीय नाट्य विद्यालय की ज़िद। अरे भाई, मंच पर 50 आदमी रहेंगे तो मंच यूँ ही जीवित हो उठेगा। धीरे धीरे राष्ट्रीय नाट्य विद्यालय में आना हुआ। बजाज साहब से आपस में नहीं बनती, पर बच्चों ने क्या बिगाड़ा है ? उन्होंने क्लास लेने के लिए प्रेरित किया। मुम्बई जैसा चस्का यहाँ भी लग गया। मुझे सिखाने का मौका मिल रहा है और जेब से कुछ जा नहीं रहा है। मुम्बई का वर्कशाप मैं फ्री करता हूँ। मैं दावा नहीं करता उनको मंज़िल तक पहुँचाने का, लेकिन बुनियादी बातें तो सिखाता ही हूँ। नए लोगों के लिए मैंने कुछ संशोधन कर नई एक्सरसाइज़ निकाली। एक नई भाषा की कुछ ट्रिक्स के सहयोग से। अब थोड़ा आत्मविश्वास भी आने लगा है।

आज यह चर्चा बहुत ज़ोरों पर है कि 21वीं शताब्दी में शिक्षा कैसी होगी ? संस्कृति कैसी होगी ? मेरा आपसे सवाल है कि भावी रंगमंच की तस्वीर कैसी होगी ?

देखिए, चाहे इसको कोई कट्टरवाद कहे या प्रतिक्रियावादी रुख कहे, मेरे लिए नाटक शब्द है। पहले शब्द बाद में कुछ और। शब्द का अभिनय होना चाहिए, शब्द के लिए प्रकाश व्यवस्था होनी चाहिए, शब्द के लिए संगीत आना चाहिए। शब्द ही है, जो कलाकार को जीवित रखता है। जो भी भविष्य का नाटक होगा यदि वह साहित्य की तरफ नहीं झुकेगा तो नाटक की सीमाओं में ही रहेगा। 21वीं सदी में तो आप *टोटल विज़ुअल थिएटर* की तरफ जाएँगे। इसमें तकनीक हावी रहेगी। लेकिन इस मामले में अगर हम सिनेमा का उदाहरण लें तो क्या तीर मार लेते हैं। लन्दन में जब मैंने 'फैंटम ऑफ दि ओपेरा' देखा तो अद्भुत लगा। ऐसी तकनीक तो भारत में 21वीं क्या, 22वीं सदी में भी नहीं आएगी। इंग्लैंड में जो कुछ हो रहा है, वह 500 साल की परम्परा का नतीजा है। वहाँ के थिएटर में आप जाएँ तो तीन-सौ चार-सौ लाइट्स दिखती हैं। अपने यहाँ मैं कह कहकर थक गया कि सिर्फ नाटक की रीडिंग ही क्यों करते हैं, कहानियों की रीडिंग किया करें। महाराष्ट्र में बहुत अच्छा कथा साहित्य है। लेकिन अपने यहाँ नाटकवाले पुरातनवादी होते जा रहे हैं। नाटक की तलाश केवल अभिव्यक्ति की नहीं होती। सही अर्थों में तलाश नहीं की जा रही है। तकनीक़ में तरक्की दिखाई देती है, लेकिन सोचने में कुछ नहीं। जो आज हो रहा है, उसकी ज़्यादा छाया आपको साहित्य में मिलती है।

मेरे हिसाब से संस्कृति यानी बीस-पच्चीस कविताएँ, आठ दस कहानियाँ, दो तीन उपन्यास—इतना भी आदमी अपने जीवन में जान जाए तो बहुत होता है। साथ ही महत्त्वपूर्ण है भाषा का आग्रह। दिन प्रतिदिन, कुछ परिस्थितियों की वज़ह से और कुछ

आलस्य की वज़ह से भाषा बदली है। बदलती रहनी चाहिए। लेकिन भाषा का उच्चारण तो स्वच्छ होना चाहिए। अभिनेता का शब्दों के साथ जो सम्बन्ध है, वह मेरे लिए बहुत महत्त्वपूर्ण है। ऐक्टिंग मत करो, आपकी ऐक्टिंग शब्दों के पीछे रहनी चाहिए, मगर आजकल ऐक्टिंग में शब्द बीच में आ जाते हैं। यह क्या मजाक है। शब्द ही ब्रह्म है। एक हक़ीक़त और भी, कि देश किस तरफ़ तरक्की करेगा ? दिल्ली में क्या होगा, मुम्बई में क्या होगा ? हॉल का भाड़ा कितना रहना है ? इंग्लैंड में आप एमेच्योर थिएटर नहीं कर सकते, जगह के लिए पैसा चाहिए। मैं चाहता हूँ कि शब्द जीवित रहें तो मुझे कोई गरज़ नहीं। लेकिन हाँ, अगर दर्शक हैं तो उनको बाँधकर रखना होगा। कहानियाँ कीजिए, उपन्यास कीजिए। मेरे हिसाब से तो भविष्य का थिएटर साहित्य से जुड़ा होगा। जो भौतिक परिस्थितियाँ हैं, वह हमारे यहाँ रोज़मर्रा की समस्याएँ हैं। जहाँ भी हमें मौका मिले, कुछ करना चाहिए; क्योंकि कलाकारों को रोज़ी रोटी कमानी है।

आप चार छह महीने लन्दन में रहकर आए हैं। वहाँ का रंगमंच देखने के बाद आपकी क्या टिप्पणी है ?

इंग्लैंड की जो भी पहचान है, वह नाटक से है। जो हमारे यहाँ रामायण, महाभारत है, उनके लिए शेक्सपीयर हो गया। ऐसा नहीं, कि सब लोग शेक्सपीयर को जस का तस करते हैं। जो वह करते हैं, वह शेक्सपीयर की अपनी नहीं, दूसरों की रहती है। लेकिन वह शेक्सपीयर चारों तरफ हैं। इंग्लैंड में रंगमंच से जुड़े लोगों की व्यावसायिकता उच्च कोटि की है। भारत की तरह वहाँ भी ऐसे बहुत से लोग हैं, जो परम्परा को तोड़ने की बात करते हैं, लेकिन उनको भी पैसे दिए जाते हैं। वहाँ की भव्यता भी पसन्द आती है। 'कापनहेगन' देखा, अद्भुत नाटक। तीन आदमी सिर्फ बोल रहे हैं। आपस में भी बात करते हैं, खुद से भी बात करते हैं और इसमें सारे मूलभूत प्रश्न भी। कुछ कहीं उनकी राजनीति भी। लेकिन एक बात ज़रूर कहना चाहूँगा कि इंग्लैंड में मुद्दों पर आधारित नाटकों की कमी हो रही है।

एक अन्तिम सवाल। आपका फ़िल्मों से भी जुड़ाव रहा है। आप क्या सोचते हैं कि कुछ लोग रंगमंच अभिनय व फ़िल्म अभिनय में अन्तरंग सम्बन्ध मानते हैं ? कहने में फ़िल्म का अभिनय अपने आप में एक स्वतन्त्र विधा है। रंगमंच न भी किया हो तो फ़िल्म में अच्छा अभिनय हो सकता है। आपका अपना व्यक्तिगत मत क्या है ?

इसके दो प्रश्न हैं। एक, फ़िल्मों में जाते क्यों है ? रोटी का सवाल है—यह बात मैं नहीं उठाऊँगा। जहाँ तक अभिनय का सवाल है तो अच्छा अभिनेता फ़िल्मों में भी अच्छा अभिनेता ही रहेगा। मेरी समझ से फ़िल्मों में जितना अति अभिनय हो रहा है, वह तो हम रंगमंच में भी नहीं कर पाते। कल्पना भी नहीं कर सकते। अभिनेता अच्छा होना चाहिए। कॉमन-सैंस नाम की चीज़ तो दो मिनट में सप्लाई की जा सकती है। आज जो वीडियो वगैरह हैं, वह तो तकनीक़ी बातें हैं। वही अभिनेता ज़्यादा दिन रहे,

जो रंगमंच से जुड़े थे। बाक़ी अनुभव से सीख गए। मेरा कहना है कि जिसने सचमुच रंगमंच किया है और वह उसको सीढ़ी बनाना चाहता है तो थोड़ा नींव मजबूत कर लो। फिर सीढ़ी बनाओ। इस अर्थ में रंगमंच का प्रयोग होता रहेगा। लेकिन अभी नए फ़ैशन चल रहे हैं। कुछ समझ नहीं आ रहा है। यह तय है कि समय के साथ परिवर्तन आएगा।

●●●